# 西田信春―甦る死

上杉朋史 著
Tomoshi
UESUGI
荻野富士夫 解説

学習の友社

表題揮毫：書家・山田聳宇
挿絵：著者弟・上杉仁史

▲ 1921 年、一高入学の頃（『西田信春書簡・追憶』より）

▲北海道新十津川町大和、西田信春小公園内の雪に埋もれた西田信春記念碑
（福岡民報社『わが地方のたたかいの思い出』第三集より）

# 西田信春

——甦る死——

上杉朋史 著
荻野富士夫 解説

学習の友社

# 目次

序章 …… 5

第一章　少年時代 …… 13
1　誕生　14
2　小学生時代　16
3　札幌一中時代　19
4　一高時代　29
5　関東大震災　36

第二章　東京帝大時代 …… 43
1　入学　44
2　軍事教練反対闘争　49
3　西田の「日記」から　54
4　新人会員として　67

第三章　社会運動のなかで……87
1　労農運動のなかへ　88
2　「三・一五事件」　97
3　無産者新聞時代　104
4　「四・一六事件」と獄中生活　109
5　「君主制」をめぐって――「雨の降る品川駅」問題　122
6　豊多摩刑務所の日々　158
7　統一公判闘争　174

第四章　九州地方オルグとして……209
1　福岡へ　210
2　九州組織の再建　221
3　嵐が来た――「九州二・一一事件」　232

終章　甦る死……247
1　西田信春を探して　248
2　屍体鑑定書――検事・医師の証言　275

あとがき……305
巻末資料……313
付記……323
解説——荻野富士夫……325

# 序　章

「紀和大水災」とよばれる台風災害が紀伊半島を襲った。一八八九（明治二二）年八月、今からおよそ一三〇年前のことである。もっとも多くの人的被害を受けたのは和歌山県であったが、質的に壊滅的な打撃を蒙ったのは奈良県、とりわけ県南部の十津川村であった。

重畳たる山地が九六％を占める十津川村では、台風（颶風《ぐふう》）による未曾有の豪雨によって各地で山腹が崩壊（「クエ」とよばれる）し、十津川や多くの支流を塞いで、河川を氾濫また逆流させた。村内三七ヵ所に新湖が出現し、それがさらに決壊して周囲を水没させた。

「十津川くずれ」といわれる所以である。

全村の死者は一六八人をかぞえたが、とりわけ深刻だったのは住み耕す土地そのものの多くが失われたことであった。生活基盤を失った村民は離村移住を余儀なくされていく。

水災直後から県や郡はじめさまざまな個人や団体による被災民の救援活動がはじめられた。村内各地の被害状況から救援活動、さらには北海道移住の動向にいたるまでを詳細に記録した『吉野郡水災誌』（全一一巻）が出版されたのは、水災からわずか一年八ヵ月後の一八九一（明治二四）年四月であった。

切迫した緊急事態のなかで必死の救援ルートの探索がおこなわれた。その結果、大塔村阪本に救助本部を置いた第一救助ルート（西熊野街道）、高野街道・小辺路《こへじ》をへる第二救助ルート（和歌山県高野山龍泉寺が救助本部）、南の玉置山から西、北にすすむ第三救助ルートが開かれた。

『吉野郡水災誌』（巻之三）に、八月二四日午前九時ころに第一救助ルートの阪本口への出張を命じられた官吏の一団が登場する。この中に、西田信春の父、英太郎の名前がある。宇智吉野郡書記南芳太郎、郡雇玉置保三郎、奈良県属西田英太郎、同県属植月薫明、県巡査稲津重太郎、同巡査蓼原郷一、五條倶楽部員平田秀造らの一団で、救援米や塩を運搬する担夫三二人をともなっていた。

五條を発った一行は、賀名生《あのう》村（現・五條市西南部）の堀重信宅でささやかな食事をとったあと、宗檜《むねひ》村（現・五條市）の吉原に到着した。

ここで騒動がもちあがった。荷担ぎ人夫のうちの一一人が大島村出身（被差別部落民）であったことから、他の人夫たちが「之レト交際スルヲ屑トセズ」（交わることをいさぎよしとせず）、そのことに憤激した一一人が救援物資を捨てて帰ろうとしたのである。この騒動は、五條倶楽部員平田秀造の「坂本口出張復命書（1）」に記録されている。このときは「百方説諭ヲ加ヘテ」おさめた。説得にあたったのは平田一人ではなく、官吏や警官全員で必死になってなだめたのであろう。

ところが、大塔村（現・五條市）阪本の泉屋に到着すると、再び騒動がおこる。「泉屋亦大島人ヲ厭忌シテ已マズ郡吏警吏等交々説諭シ室ヲ異ニシテ投宿セシムルコトヲ得タリ」とある。泉屋（旅館）で差別問題が再燃したため、官吏たちが再度説得につとめ、結局は部屋を別にすることで収束させることができたということである。五條市出身の児童文学者川村たかしは、この騒動について「多少のごたごたもあったが……（2）」と記すのみであるが、十津川大水災という異常事態のなかにあってなおも顔をのぞかせた被差別部落民への差別問題を軽視すべきではないだろう。

阪本で一泊した一行は、翌二五日、大塔村の小代《こだい》、辻堂、閉君《とじきみ》をへて北十津川村に入り、沼田原《ぬたのはら》から山道を抜けて旭《あさひ》にたどりついた。辻堂では「崩壊殊ニ多ク以南各処通路極メテ悪シク担夫恐懼シテ進ミ肯セズ乃チ其荷ヲ半ニシテ之ヲ背負ハシメ以テ進行セシメタリ[3]」という。辻堂より南は崩壊が多く、各所で道路が険悪だったため、人夫たちは恐れてすすみたがらなかった。そのため荷物を半分にして背負わせることで何とか進行させることができたということである。二六日、平田は旭から帰途についたが、他の官員たちはさらに南にむかった。南芳太郎郡書記はじめ玉置保三郎、西田英太郎、稲津巡査らは「米塩及び醃梅[4]ヲ輸送」して上野地《うえのじ》をめざした。ところが、旭川が暴張して道路が断絶していたため、険しい山道を通ってようやく上野地にたどりつくことができた。彼らは上野地から高津《たこうつ》にかけて巡視して、道路の仮設を督励して救助米塩の輸送路を拓いた[5]。

奈良県属西田英太郎は、さらに八月二八日、被害調査のため中十津川村役場に顔を出している。もともと中十津川村役場は武蔵湯泉地《とうせんち》の薬師堂内にあったが、八月一九日夜に崩壊したため、このときは小森字岡村に仮設されていたものである。翌明治二三年四月に小原字堂屋敷に移転する。ちなみに、西田英太郎は小森の出身であった。次いで、西田は、一〇月二〇日に奈良県常置委員の今村勤三、中山平八郎、堀内忠司、大森吉兵衛らとともに、「道路實撿(調査)」のため、大塔村をへて十津川各村へ赴いている。さらに、翌一八九〇(明治二三)年五月一〇日、西田は天川村全域にわたって巡視をおこなった。『吉野郡水災誌』巻壱に、塩谷《しおだに》から塩野、瀧尾、広瀬、山西、庵住《いおすみ》、和田、栃尾《とちお》、南日裏《みなみひうら》、澤原《さわばら》、中谷、沖金《おきがね》、川合《かわあい》をへて洞川《どろがわ》に至る、と西田の足跡がしるされている。十津川(熊野川)の一支流である天ノ川の流域に沿ってほぼ全域を網羅していることがわかる。当該県の官吏としても、西田英太郎の水災直後の活動は突出しているようにもみえる。県の土木担当職員としては当然の仕事ではあったのだろうが。

西田英太郎は、一八六七（慶応三）年一〇月六日、奈良県十津川村小森で生まれた。文武館（現・奈良県立十津川高等学校）を卒業後、奈良県五條警察署につとめたが、一年後の一八八五（明治一八）年七月、満一八歳のときに宇智吉野郡役所の官吏となった。満二〇歳で郡書記を拝命し、一八八八（明治二一）年に奈良県属に転出する(6)。

その翌年の一八八九（明治二二）年四月一日、市制・町村制が新たに公布されて、それまでの十津川郷五五ヵ村が六ヵ村に合併・集約された。それが北十津川村、十津川花園村、中十津川村、東十津川村、南十津川村、西十津川村である。その四ヵ月後、十津川大洪水に見舞われ、翌年六月には十津川村一ヵ村となる。六ヵ村制はあたかも水災を記録するためだけに設置されたかの如きものであった。

西田英太郎が県属として被災民救援に大塔村や北十津川村を走り回ったとき、彼はまだ満二〇歳の青年であった。七年後の一八九六（明治二九）年八月に、西田は奈良県属を退官して伊賀鉄道株式会社に転職している。その事情については不明であるが、おそらくその前後の時期に、英太郎はかめと結婚した。かめの系譜はわからない。

一八九九（明治三二）年一〇月、英太郎が満三〇歳のときに、一家は、いかなる経緯でか(7)北海道庁属となって岩内支庁に勤務することになり、はじめて来道する。渡道以前に、長女愛子が誕生していたと推測される。

西田英太郎の父親（信春の祖父）が水災後に集団移住の一員として渡道し、新十津川村の開拓民になったといった風聞(8)もあったようだが、そうした資料は見あたらない。小森では家屋被害が全潰二戸、半潰二戸あり、全

▲ 1949（昭和 24）年新十津川村自宅にて、父栄太郎・母かめ（『西田信春書簡・追憶』より）

潰の一戸が西田直人の家であった。西田直人（西久保）について、次のような記述がある(9)。

> 小森ハ八月廿日前三時字明圓畑地崩墜ノ為メ西田直人（西久保）宅毀壊セントスルヤ直人急遽避去ノ際足蹠銕釘ニ觸シ為メニ重傷セリ

避難の際、鉄くぎを足裏に踏んで怪我を負ったという。数日間激痛のために食事も寝ることもままならないほどだったが、幸いにも全快したと記録に記されている。同姓だが、英太郎との関係はわからない。あるいは、親戚関係だったとも推測できるが、いずれにせよ、北海道移住者（明治二二年～二三年、第一次～第四次移住者）中の小森からの一七戸のなかに西田姓は見あたらない。石堂清倫・中野重治・原泉が編んだ『西田信春書簡・追憶』に、次のような註があるが、この記述が正しいと思われる。

奈良県の十津川村は、一八八九（明治二二）年八月の台風により未曾有の水害を受け、その年十月から六〇〇戸、二、四八九人が北海道樺戸郡へ開拓のため移住し、そこに新十津川村を建設した。西田家は、この時災害をまぬかれていたので参加せず、一八九九（明治三二）年父英太郎が北海道庁属となって岩内支庁に勤務するのを機に北海道へ移住した(10)。

妻かめ、長女愛子とともに道庁官吏として渡道した西田英太郎は、はじめ岩内支庁に勤めたが、のちに空知支庁に転じ、住居も岩見沢村に移している。空知支庁勤務の時期ははっきりしない。空知支庁が開設されたのは一八九七（明治三〇）年九月以降であった。

## 註　序章

（1）（3）『吉野郡水災誌』（復刻版）巻之弐　十津川村　35ページ
（2）川村たかし『十津川出国記』　道新選書　120ページ
（4）醃梅《えんばい》とは、塩漬けされた梅のこと。梅干し。
（5）『吉野郡水災誌』巻之四　25ページ
（6）『新十津川百年史』　新十津川町　230ページ
（7）西田静子は、「父がたまたま奈良県庁より北海道開拓の使命をもって渡道し……」と書いている（「追憶」石堂

清倫・中野重治・原泉編『西田信春書簡・追憶』土筆社　443ページ　以下、『書簡・追憶』と略記)。

ただし、英太郎の渡道は、奈良県庁退職三年後のことであり、さらに北海道庁属として岩内支庁に勤務することになったことと「奈良県庁より北海道開拓の使命をもって渡道」したことと、どのようにして結びつくのかはよくわからないところである。

(8)石堂清倫は「(西田の)祖父が北海道樺戸郡に新十津川村を建設する組に加わったのである」(『わが異端の昭和史』勁草書房　145ページ)と書き、栗原佑も「……その移住者の一人に西田君の、たしかお祖父さんがいたということでした」(「久遠の青年」『書簡・追憶』339ページ)と記している。

(9)『吉野郡水災誌』巻之六　10ページ

(10)『書簡・追憶』29ページ

# 第一章　少年時代

—野の花—　　厚田村"二輪草にて"　上杉　仁史

# 1　誕生

西田信春は、一九〇三（明治三六）年一月一二日、父英太郎、母かめの長男として生まれた。

ただし、長男とする記述が多いなかで、「次男」が正しいとする記述がある。

「西田信春氏ノ死亡ニツイテ」（日本共産党中央委員会・一九六三年九月九日付）の文書のなかの「西田ハ長男デアッタカラ」の部分について、「中野注――西田ヲ長男トシタノハ二男ノ誤リ。当時ワカッテイナカッタ」との注記がある(1)。この文書は中野重治が原文を起草して中央委員会に提出したものである。この注記は、後日中野が原稿に追記したものと思われるが、その資料的根拠は必ずしも明らかではない。

樺戸郡新十津川町大和に西田家の墓がある。墓誌に「西田元男若子命　明治三十五年三月二十七日　一才」との記述がある。信春が生まれる一年二ヵ月前に〇歳で死んだ幼児が身内にいたということになるが、あるいは西田元男は信春の兄、西田家の長男であったのだろうか。

新十津川町大和の西田家の墓誌には、さらに次のような記録が刻印されている。

| | | |
|---|---|---|
| 西田信貫翁命 | 明治二十七年六月十七日 | 七十二才 |
| 西田信子何稚子命 | 明治三十二年十月二十三日 | 二才 |
| 西田□うめ刀自命 | 明治四十四年八月二十四日 | 八十一才 |
| 西田た□刀自命 | 大正元年九月十九日 | 七十三才 |

信貫は一八二三(文政六)年前後の生まれで、英太郎が誕生した年に四四歳前後であった人物である。□うめ(古うめ・こうめ)とた□(た希・たき)はほとんど同時期で一八三一(天保二)年前後に生まれており、英太郎が生まれたときには三〇代後半の年齢になる。信貫と「こうめ」、又は「たき」が夫婦で、英太郎の父母(信春の祖父母)の可能性もあるように見えるが、今のところ確証はない。

信子は英太郎一家が渡道した一八九九年の一〇月に二歳(数え年だろう)で死亡している。信春には年の離れた長姉愛子(家族写真から推察すると、姉弟は一〇歳程度は離れているとみられる)がいるが、あるいは信子は夭折した次姉であったのだろうか。

▲後ろ愛子、手前、妹春子・静子・信春
(『西田信春書簡・追憶』より)

信春の出生地について、樺戸郡新十津川村橋本とする記述があるが、実妹の西田静子が「兄信春は北海道の岩見沢にある空知支庁に父が奉職当時生をうけ……」と証言している(2)。英太郎が岩見沢に単身赴任していたとは考えにくいし、新十津川村から岩見沢に通勤することは当時は不可能であっただろう。英太郎が空知支庁に在勤中は西田一家は岩見沢村に住んでおり、そこで信春は生まれたとするのが自然であろう。

一家がいつ新十津川村に移住したか、はっきりした資料は見あたらない。ある資料に「岩見沢に生まれた信春は四歳になった頃に樺戸郡新十津川村に転居しています」との記述がある(3)が、その資料的根拠は示されていない。確かに父英太郎は、一九〇七（明治四〇）年四月一日付で新十津川村々長事務取扱に任ぜられているが、それが信春満四歳の時である。

三ヵ月後の六月二九日に英太郎は正式に第四代村長に就任している。

その経緯を『新十津川百年史』中の沿革年表で追ってみると、三月三一日に第三代村長松実喜代太が辞任することによって、翌日西田が事務取扱となり、その後村会議員選挙（二級・一級）をへて、六月一九日に村会が開会されて村長選挙が実施され、その結果として西田英太郎が村長に当選した、となっている。

英太郎がまだ岩見沢に在住時、あるいは新十津川村移住直後に村長事務取扱を命じられた可能性も考えられるが、常識的に見ると西田一家の新十津川村への移住は、少なくとも明治四〇年よりも一、二年以前だったのではないだろうか。だとすれば、移住は信春が満二、三歳ころのことになる。

父英太郎は、一九〇九（明治四二）年五月一〇日まで村長をつとめた。およそ二年一ヵ月間であった。信春が小学生になったとき、父はまだ村長であった。

## 2　小学生時代

信春が新十津川村尋常高等小学校に入学したのは、一九〇九（明治四二）年四月のことであった。

一八八九（明治二二）年一一月までに渡道した十津川移民たちは、空知太（滝川）の屯田兵屋で苦難の一冬をすごさなければならなかった。しかし、それでも彼らは子弟の教育に力を注ぎ、二つの学校を短期間ながら運営している。十津川人は伝統的に教育を重視してきたのであった。十津川移住者による二つの学校は滝川教育の濫觴《らんしょう》となった(4)。

一八九〇（明治二三）年六月、石狩川を渡って対岸のトック原野に入植した十津川移民たちは、文字どおり血と汗と涙を流しながら開拓の鍬を振り下す年月を重ねていった。

そうしたなかにあっても十津川人が子どもたちの教育を軽視することはなかった。早くも翌一八九一（明治二四）年三月、最初の簡易小学校二校が建てられた。上徳富および下徳富簡易小学校である。一八九四（明治二七）年には、それぞれがさらに二つの小学校に分割され、村内に四校の簡易小学校が建つことになった。四校は翌年四月に簡易から尋常小学校へと名称を変えた。

下徳富、中徳富、上徳富、徳富高台の各尋常小学校である。

他方、一八九五（明治二八）年二月に私立新十津川文武館が開校した。これは、母村の文武館を模した学校で、主に尋常小学校卒業生を対象にして高等小学校教育を施す機関であった。生徒は寄宿舎に入り、国・漢・地・歴・理・数の学科と剣道中心の武道を学んだ。明治三五年九月一五日に廃館するが、その理由は財政的困難と同時に、全村を通学区域とする新十津川高等小学校が設置されることになったことがあげられている。

新十津川高等小学校は、旧文武館の校舎と寄宿舎を利用して、一九〇二（明治三五）年九月一五日に開校した。ところが明治三九年一一月八日に校舎と寄宿舎が全焼したため、近所にあった中徳富尋常小学校を仮校舎として半日授業をすすめながら新校舎建設にとりくみ、翌明治四〇年九月に新校舎を竣工した。その際、尋常科を併置して新十津川尋常高等小学校として再出発したのである。

西田信春が入学したのは、この新十津川尋常高等小学校が再出発してから一年半後のことであった。この年六月には高等科第三学年を併設し、さらには信春が二年生になった明治四三年四月に中徳富尋常小学校を併合している。信春が卒業したのは一九一五（大正四）年三月であるが、六年間に学校長は萩谷三五八、下野熊太郎、寺本菊次郎、永井政蔵の四人が交代している。

信春の小学校時代を追想できるような資料は、ほとんど存在しない。

妹の静子によると、二年生のときの日記だけが残されていたそうで、「又今日も子守。」といった書き出しが多いらしい(5)。この日記は未見であるし、今も実在するものかどうかもわからない。

もう一つの資料は、北海道民衆史道連発行のパンフレット『新十津川アイヌ強制移住事件』中の西田信春に関する記述である。

西田家が住んでいたところは、現在の中央みどり区です。隣家に大槻利夫（妹静子さんの小学校同級生）が住んでいました。二七五号線通りには金滴酒造があり、周囲に安楽寺、石狩川開発建設部があります。すぐ南側に徳富川、東側に石狩川が流れています。信春は川で魚釣りをし、真夏には川で泳いでいたのではないかと想像されます。

父英太郎が村長を辞任したのは、信春が尋常高等小学校に入学した翌月のことであった。

小学生の兄に子守された妹静子が「ついぞ叱られた事も記憶にありません」というほどに、信春はやさしい兄であった。おそらく小学生時代にも、内心の不満がたとえあったとしても外にそれを表すこともなく、妹たちの面倒を見たり、合間には近くの徳富川や石狩川に行って魚釣りや泳ぎを楽しむ、そんな少年時代を中空知の閑静な農村風景のなかで過ごしていたのではあるまいか。

天皇が死去して元号が明治から大正に変わったのは、一九一二年七月である。西田信春は小学校四年生であった。一九一四（大正三）年七月二八日、ヨーロッパで第一次世界大戦が勃発した。信春が六年生のときである。八月二三日、日本は第二次大隈重信内閣のもとでドイツに宣戦布告し、東アジアのドイツ権益奪取をめざして軍事介入を強行していった。早くも一〇月一四日には、赤道以北のドイツ領南洋諸島を占領し、一一月七日、青島を占領した。

## 3　札幌一中時代

一九一五（大正四）年四月、信春は札幌第一中学校（旧制）に入学した。正しくは北海道庁立札幌第一中学校である。一八九一（明治二四）年九月、北海道炭鉱鉄道会社社長堀基《もとい》の私財によって、私立北鳴《ほくめい》学校が札幌区北八条西五丁目に開校された。札幌農学校予科（中学卒業を入学資格とした）の予備校的性格をもった北鳴学校は、

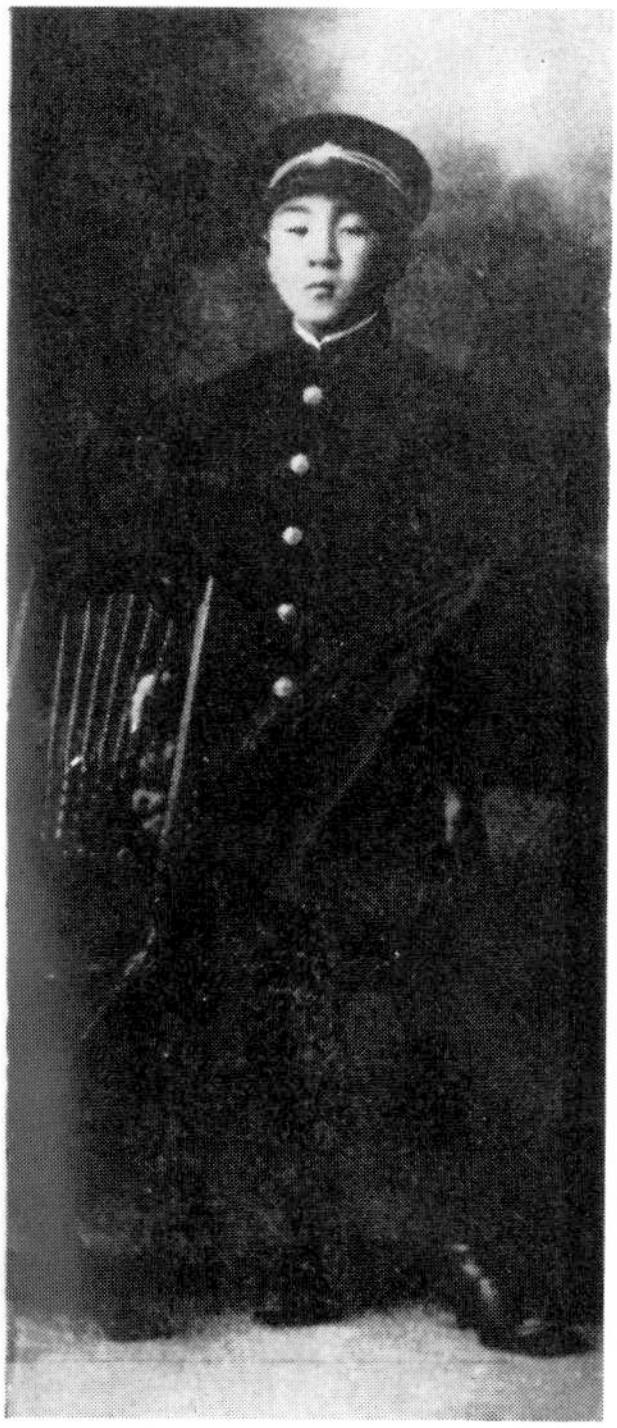

▲1915（大正４）年、
札幌一中入学
（『西田信春書簡・追憶』より）

翌明治二五年八月、中学校令によって本道最初の中学校として認可された。新渡戸稲造が教頭・校長をつとめている。

一八九五（明治二八）年、札幌農学校が文部省移管になると同時に、公立中学校の設置が決まり、札幌尋常中学校が設置されることになった。札幌尋常中学校は、廃校となった北鳴学校の校舎を借りて七月二日から授業をはじめたが、その直後の七月三〇日に、札幌区北八条西四丁目の新校舎に移転する。

新しい地区には農学校附属農園が広がり、「寄宿舎には夜な夜なキツネの鳴き声が聞こえ、校舎の屋根に上ると、はるか篠路の屯田兵兵舎の建物まで見通すことが出来る見渡す限りの野っ原で、目を遮るものがなかった[6]」。札幌尋常中学校は、その後、札幌中学校、北海道庁立札幌中学校と名称を変更し、信春が入学した大正四年四月に文部省告示によって庁立札幌第一中学校と改称された。一九一三（大正二）年に札幌第二中学校（現・札幌西高等学校）が創設されたことに伴う改称であった。

当時まだ道内の公立中学校は、札幌中学校のほかには小樽中学校、函館中学校、上川中学校があるのみであった。私立は北海中学校のみであった。札幌区内に「高等普通教育ヲ為ス」（明治三二年「中学校令」中改正）中学校の増設運動が、「期成会」中心にすすめられた結果、札幌第二中学校が開設されたのであった。第一中学校から第二中学校に百人の生徒が送り出された。

戦後、北海道立第一高等学校となり、一九五〇（昭和二五）年に北海道札幌南高等学校となって、今日に至っている。

札幌第一中学校に入学するためには、入学試験に合格する必要があった。

当時の入学試験は二日間にわたって実施されたらしい。一日目は身体検査、二日目が学科試験で、試験科目は国語（講読、作文、習字）と算術の二教科であった。信春が入学した年の志願者は四三八人、入学者は一五一人、競争率は二・九倍であった(7)。「狭き門」であったといえよう。

校舎は札幌区北八条西四丁目（現・札幌市北区北一〇条西四丁目）にあった。信春が卒業した翌年に、現在地である中央区南一八条西六丁目（当時の住所表示は札幌区山鼻町西一丁目）に移転している。

信春は、一中時代の五年間（満一二歳〜一七歳）を札幌ですごしたのであった。

当時は新十津川村はもとより、隣接する滝川村にも中学校はなかった。信春は札幌で下宿生活を送ることになった。同級生の玉井武によれば、信春の下宿は、現在の北区北九条西三丁目にあった。「南向きの平屋建て」の家だった(8)。

一中時代の信春の様子を伝える数少ない資料の一つに「日記」がある。その「日記」の一部が北海道民衆史道連パンフレット『新十津川アイヌ強制移住事件』中の「反戦弾圧犠牲者「西田信春碑」」に紹介されている。

「日記」は、学校から毎日の記録を義務づけられた学校指定の「修養日記」であった。上段に「月・日・曜日」および「晨起《しんき》」（起床）「就褥《しゅうじょく》」（就寝）「登校」「帰宅」の時刻を記入する欄があり、さらに「勤学」「交友」「外出」欄がある。下段は自由な書き込み欄となっている。

信春の「日記」をみると、「勤学」欄には、授業で校長の美談講話や修身があったこと、射撃（学年で異なる）の記述などがある。当時、札幌尋常中学校が制定した「校則」によれば、教科は修身、国語及び漢文、外国語、歴史、地理、数学、博物、物理、化学、習字、体操で、授業料は七〇銭であった。山田幸太郎校長の「美談講話」はおそらく修身の時間に行なわれたものだろう。

また、一八八六年以来、「兵式体操」の名による学校教練（軍事教練）が体操の授業の中で実施されていたはずである。西田が在学中のころは少なからず形骸化の傾向にあったと思われる。だが、在学中に第一次世界大戦が勃発し、さらには大戦終結後の軍縮気運のなかで軍事教練強化の必要性が強調されていく。それは、臨時教育会議の「兵式体操振興ニ関スル建議」を受けて、一九二五（大正一四）年に陸軍現役将校学校配属令を制定し、旧制中学校以上の教育機関に配属する現役将校による軍事教練の制度化として現実化する。

学校行事では「御真影奉戴式、札幌神社参拝、農大（現北海道大学）運動会に札中選手参加、兎狩り、……雪戦会、撃剣試合、野外演習（射撃等）」。「母校（新十津川町小学校）の四方拝、玉置神社（現新十津川神社）元日参拝」も同列に記載されているが、これは私的な活動で学校行事ではあるまい。

西田の四年後輩になる佐々保雄（一中二八期）もまた、在学中の学校行事を回顧している。

二二式や村田銃をかついで軍事行軍や、学校林の下草刈り、兎狩が、解放感にあふれて楽しかった。その日の獲物の兎汁（豚肉の方が多い時もあったが）は、バケツにいっぱい、大勢で食べるとおいしく、瞬く間に空になるのであった。

（『さっぽろ文庫30　旧制中学物語』）

とくに雪戦会は、勇壮なる一中の伝統行事の一つであった⑼。これは、一中一期生として入学した北鳴学校出身の生徒たちが、北鳴学校時代の雪中旗取り合戦を導入したものからはじまっている。全校生徒が紅白二軍にわかれて、高さ六メートルの円柱形の雪城を攻略しあう行事であった。その運営は、生徒会の自主性に委ねられていた。当日は二万人を超える市民が観客として集まり、イギリスやアメリカなど外国にまでも紹介されるほどであった。

弁論部主催の討論会などもおこなわれた。とりわけ第七代目山田幸太郎校長（明治四一～昭和一二）の下で、生徒の自主・自立が尊重され、多くの行事は生徒自身の企画・運営に任せられた。「自由と独立、質実剛健」の校風が定着していく。

庁立札幌中は、明治四四年に摂政宮（のちの大正天皇）の来道記念として、札幌郡豊平町大字月寒村厚別通りに九九町歩余の未開地の払下げを受け、毎年この地に落葉松などの植栽をおこなっている。同年秋から毎年、その学校林への遠足や草刈り作業を実施している。当然、信春も参加したことだろう。

「交友」欄では、一年時に二四人の友人の名が出てくる。二年時にも一九人いるが、五年の時には六人に激減している。しかし、個人名の記入がないだけで、進級するにつれて友人が信春から離れていったわけではないだろう。

「外出」欄には、「富貴堂、維新堂、神田館、円山公園、活動写真、遊園地、農科大へ（カブトムシ、蜂蜜取り、写生）、野球観戦が好きで、放課後や日曜日に農大グランドへ一中試合を応援に、高学年になると選手（ピッチャー）として出場」とある。

富貴堂は明治三一年、維新堂は明治三九年創立の書籍・文房具店で、前者は南一条西三丁目、後者は南一条西四丁目にあった。札中や北海中学校の教科書を取り扱っていた文光堂（南一条西四丁目）などもあった。神田館は、明治四五年に開館された活動写真（映画）館で、狸小路四丁目にあった。

日記記載内容の特徴は、次のようにまとめられている。

1年時（13歳）

毎日まじめに書いているが、ほとんど授業内容ばかりで特に特徴はない。ただ、本人もだんだんと日記をつけることの意味がわかってきて、1915（大正4）年9月9日付の日記には「『修養日記』なるものは唯装飾のみであって其の心とすべき物はない」と批判めいたことを書いている（担任・学校がみる）。

2年時

時々、故郷（新十津川）から父が札幌まで公私でやってきている。信春は夏・冬等の長期休みには帰省し、羽根を伸ばしている。石狩川横断水泳（8月2日、水泳は度々）、自転車乗り、イワナ釣りしながらのピンネシリ登山など。正月に友人らとカルタ・トランプ。

3年時――1919（大正8）年、15歳

書く日は激減、4月16日に担任から「日記は……」と言われている。忘れているのではなく、書くことに意義を感じず、怠惰・面倒になっての結果である。

4月22日の日記には「毎日学校で余りに運動するも一考を要すべき問題あり。……乱りに遊ぶべからず、乱りに学ぶ可からず」と意見・感想を述べている。9月1日には小樽に行き、軍艦見物をしている。なお、一中同期に高倉新一郎がいた。

一中時代の同級生の追悼文がある。

玉井武は、西田のことを「ノブヤ」とよんでいた、という。西田は、授業で国文や漢文を指名されると、「美しい、はずみのある声で読み上げ」た。休み時間には校庭の草野球の名手だった。「「タマイ！」と呼んでくれた西田君の声が今も耳に残っております。札幌市北九条東三町目と思いますが、彼が中学時代に下宿していた南向きの平屋建てがあります。その前をたまさか通ると中学生姿の西田君がニコニコと出て来てくれそうな気がいたします」と追想する(10)。

信賀宗次は、色褪せた二葉の写真を前にして、西田への思いを巡らせている。写真の一枚は一中卒業記念に全員で撮ったもの、もう一枚は東京本郷の下宿で二人で写したもので、いずれも一九二〇（大正九）年の撮影である。一中時代の西田について、信賀は、新十津川村出身は知っていたが、どこから学校に通っていたかは知らなかったし、学友会のどの部に属していたかも覚えていない。しかし、「感じのいい少年であった事は記憶に残っている」という。信賀と西田の交友関係は一中在学中だけではなく、「関東大震災を挟んでその前後数年」におよんでいた(11)。

北海道史研究の権威である高倉新一郎（北大名誉教授）は、一中時代の西田の同期生であった。『西田信春書簡・追憶』（一九七〇年一〇月発行）が出たおり、「「本屋から買って、それを拾いよみして歩いていたら、自動車にやられたんだ」と、高倉先生は、数十年を経た友人の消息に仰天」した、と澤田誠一が紹介している。澤田はつづけて、「凄さは、ガンとして口を割らず、氏名不詳のまま警察で死んでいった西田信春の強固な意志である」と書いている(12)。

西田は、一九二〇（大正九）年三月に一中を卒業（一中二四期）したが、その後の一年間を東京で一高をめざす受験生として暮していている。

信賀は、次のように書いている。

大正九年受験生時代に、彼は一高の附近の下宿に居り、私は弓町の下宿に居たので、折にふれて往来はあった。商船学校へいった桐山勝三君と共に彼の下宿へ遊びに行った時、桐山が写してくれたのが、あの時代の面影を伝える唯一の材料として残っている。

（「西田信春君のこと」）

それが、本郷の西田の下宿で撮った写真である。信賀は、西田の面影を、「彼は中肉で身長もあり口数は少ないがやさしい眼ざしで語る物腰態度は如何にも育ちの良さを思わせ風貌も整った好青年であった」と語っている。

西田の受験生時代は、一九二〇年四月からの一年間であったが、その前後の時期と思われる証言がある。姪の高井貞子（信春の姉愛子の娘）は、大正九年に彼女の父が病気療養で須磨に転地することになったため、「西田の祖父」（英太郎）に引き取られて北海道に行くことになった。このとき、母親の愛子はすでに亡くなっていた(13)。そのとき、東京ではじめて「兄さん」（信春）に会った、という。「その時兄さんは霜降りの詰襟服姿でしたから、きっと一高在学中でしょう。背が高く姿勢がよく静かな人の印象が残っています(14)」。

ただ、高井貞子が東京で西田に会ったのが大正九年のことであれば、西田はまだ受験生で一高入学以前であり、一高生になっていたとすれば大正一〇年以後でなければおかしいと思うのだが……。

玉井武は、「確か大正十年の四月かと思いますが、当時、妹さんが北海高等女学校に入学されて、その付添で来たのだと云って、私の北十条東七丁目の家の玄関に立たれたのが私にとっての最後の思い出です」と語る⒂。北海高等女学校とは、現在の私立札幌大谷高等学校の前身である。一九〇六（明治三九）年に私立北海女学校として創立され、一九一〇（明治四三）年に私立北海高等女学校に組織変更された。北海道における最初の私立高等女学校であった。創立以来、校舎は札幌市中央区南六条西七丁目（現在の住所表示）にあったが、一九二二（大正一一）年に現在地の東区北一六条東九丁目（当時の住所は札幌村仲通）に移転している。

「大正十年四月」とは、西田が一高に入学した年であり、月である。このとき、西田は満一八歳。北海高等女学校（旧制女学校）の入学年齢は十二歳だから、信春の六歳下の妹とは静子と考えられよう。静子は、一九九五（平成七）年八月二六日に八七歳（数え年であろう）で死亡したことが西田家の墓誌でわかる。一九〇九（明治四二）年のころに生まれた計算になるから、間違いないだろう。静子の姉春子の可能性もないわけではない。

大正一〇年には北海高等女学校はまだ中央区南六条西七丁目の地にあったはずで、北一〇条東七丁目の玉井の家とかなりの距離がある。東京から久しぶりに札幌に帰ってきた機会に是非とも会っておきたいと考えたのであったろうか。

あるいは一高入学のために上京する前の時期だったのかも知れない。

二高から東京帝大に進学して医者になった鈴木孝二は、一中時代の五年間、西田と一緒だった。鈴木は、西田の思い出を『北方文芸』に綴っている⒃。

中学生の時一―三年までは殆んど思い出す事は出来ないけれど、四年の時からそして五年の時は特に印象に残っている。五年の一学期僕等の時から始めて四年修了の資格で高等学校の入学試験を受ける事が出来る様になった。僕は二高、君は一高をうけ一緒に落ちて一緒に五年の甲組にいたのです。

始めて津軽海峡を渡り内地で入学試験をうけ落ちた刺激も大きく学校に帰ってから僕は何だか気の抜けた様な感じだった。……

西田君は然し英語も毎日予習して来られるし、常にポケットに英々の小さな字典をいれて、極めて淡々と悩みなくあせらず悠々と勉強し素直に学問が進んで行く様に見えた。五年の修学旅行が例年の通り函館方面に行われた時、行かぬ者には積立の旅費を返すというので僕等生意気になって来たものはこれをよい事に行かぬ事にしたが君はチャンと修学旅行に行ったし勿論遅刻早退欠席のあろう筈もなく此の頃より特に君の姿勢のよいのが目につく様になった。君は運動神経もよく敏捷であったし、剣道も真面目に稽古していて剣道部の連中とも仲がよかった。そんな風であったから先生からも信用あつかったし級の誰からも万遍なく好かれていた。此頃君は南七条西五、六丁目にいた様です。が僕は君の下宿に行った事もない。唯僕は山鼻の自宅から通っていたから時折日曜の朝などヒョッとして南七条辺で君の絣着物姿に遇ったわけで会えばニコニコとお互いに笑を交すのが挨拶であった。

一中五年生のときに、西田が一高を受験して失敗したということ、さらに一中時代に西田が下宿を北九条東三町目と南七条西五（又は六）丁目とにかわっているらしいこと（その前後関係は不明だが、多分、南七条があとである）などがわかる。そのころから西田の「姿勢のよい」のが目立っていたようだ。教師の信頼もあつく、友人たちからも好かれていた、とある。

鈴木は、この一文のなかで、二高受験のときに北海中学の野呂栄太郎と一緒だったこと、さらには「後年……偶然札幌の円山病院で女医さんの中島先生とお会いし、先生は西田君の御親戚だと伺い、なつかしくも君の噂話をした事があった。当時先生も君の消息が全くないことを心配しておられた」とも書いているが、円山病院の中島先生については不明である。

# 4　一高時代

一高の歴史は、一八七四（明治七）年、東京英語学校の開設まで遡る。これが東京大学予備門となり、東大から独立して文部省直轄となったあと、一八八六（明治一九）年四月、中学校令にもとづいて第一高等中学校と改称した。その三年後に、校舎が一ツ橋から本郷区向ヶ岡弥生町に移転した。内村鑑三「不敬事件」の三年後、一八九四（明治二七）年に、第一高等学校（旧制一高）と改称された。

第一高等中学校時代は、本科（大学進学のための予備教育）の修業年限が二年、本科に進学するための予科が三年となっていたが、第一高等学校に改称された翌年に予科が廃止され、高校は大学予科（修業年限は三年）と位置づけられた。一九〇二（明治三五）年には、学科課程が改正されて一部甲類（英法・英政治・英文）、乙類（独法・独文）、丙類（仏法・仏文）、二部甲類（工）、乙類（理・農・薬）、三部（医）に分類された。

すでに明治二三年中に、寮の自治制が認められて東、西、南、北寮が開寮し、「自重・親愛・辞譲・清潔」という寮規定が制定されていたが、一九〇一（明治三四）年に「本校生徒ハ在学中寄宿寮ニ入ルベキモノトス」として全寮制になった。「同じ年ごろの若者が千人以上も同じ屋根の下で寝食を共にするという当時の一高の全寮制度は、……私たちに、人生とか社会とか文学芸術とか宗教とかのさまざまな問題について考えたり、読んだり議論したりするのに誠に格好な場所となってくれた」と、岡崎次郎は述懐している。

岡崎次郎は、西田と同じ文科甲類の同級生で、のちにマルクス経済学者となって『資本論』などを翻訳する人物であるが、一高から東京帝大時代にかけて、さらにその後も西田の親しい友人でありつづけた。彼は、「もし人に、これまでの生涯のなかでいつが一番楽しかったか、いつが一番充実した時期だったか、と問われるならば、私は躊躇なく、それは一高の三年間だ、と答えるであろう。この一高時代に、さらに私は終生忘れえない友、西田信春を得た」と語っている(17)。

岡崎によれば、一高の寮は東西に長い八棟からなっていた。各棟の両端に一階と二階をつなぐ階段があって、その間に一〇～一二室があり、各室は一階が自習室、二階が寝室になっていた。しかし、各室の一階と二階をつなぐ階段はなく、自室の二階にあがるには一度廊下に出てから建物の両端の階段のどちらかを利用するしかなかった。

西田信春が一高文科甲類に入学したのは、一九二一（大正一〇）年春のことであった。新高等学校令によって、この年から四月に新学期開始となったのである。四月一六日の入学式に西田は出席したはずである。

文科甲類の同級に、岡崎次郎のほか大橋武夫（戦後、民主自由党代議士）や大槻文平（日経連会長）、渡辺佐平（経済学者、法政大学総長）、石田英一郎（文化人類学者）らがいた。理科に堀辰雄（作家）、沖中重雄（内科医学者）、清水健太郎（脳外科医）らがいた。一年先輩に手塚富雄（ドイツ文学者）、二年先輩に古在由重（哲学者）、志賀義雄（日本共産党活動家）、尾崎秀実（ゾルゲ事件に連座して処刑）、伊藤好道（戦後、日本社会党代議士）たちがいた。

同年、一高と東大間で敷地の交換交渉がはじまっているが、最終的に一高が駒場に移転するのは、一九三五（昭和一〇）年のことである。西田が在学した当時の一高は、本郷区向ヶ岡弥生町にあった。

西田は、どこの寮に入ったのだろうか。碓井雄三（文科丙類）はクラスも寮も一緒でなかったが、「あるいは和寮十番であったかもしれない」と語っている(18)。一方、西田より半年早く入学して西寮一番に入った中平解は、その後南寮一番に移ったが、大正一〇年に入学した一年生が西寮一番に入ったとき、恒例の新旧コンパを開いた。そのコンパの席で新入生のなかに西田を見た、という。岡崎次郎や柳田保がいたのも覚えていると。柳田保は、のちに医者になったが、民俗学者柳田国男の親戚だと自己紹介したらしい。

中平は、「西田はからだも大きかったので、わたしの注意を惹いたが、自分は北海道の新十津川の出身で、新十津川は、大和の十津川村の者が洪水か何かがあって、明治何年かに……北海道へ移住して開いたところだ、という話をした」ので、西田の自己紹介を興味深く聞いたことを覚えている、という(19)。

「西田は西寮一番に入寮したと推測した」とする中平の記憶の正しさは、岡崎次郎の次の文章によっても裏づけされる。

一高の寮では入学当初の一年間だけは学校側で編成した各部類の生徒約十人を一組にして一室に住まわ

せることになっていた。私が配属された西寮一番室には、私の属している文科甲類四人、乙類一人、丙類一人、理科甲類三人、乙類二人、合計十一人という一組が入った。この編成は大体学校での各部類の生徒数に比例するものだった。……文甲の四人のなかに西田信春がいた。（『マルクスに凭れて六十年』）

二年になると寮の室替えがおこなわれる。西田は文科のボート部の部屋に入った。

入学後、西田は漕艇部（ボート部）に入部した。文科ボート仲間の一人であった碓井雄三は、次のように西田の思い出を語っている。

……隅田川でのボートの練習の帰りに、古本屋の並んだ本郷通りを、一高の寮に帰る途中、先に歩いていた西田の後姿を見て、誰かが云った。

「西田の歩きぶりはすてきだな。あいつはきっとメッチェンにもてるぜ」

西田は五尺五、六寸の均斉のとれた身体つきで、歩きぶりがなかなか優雅だった。……また男っぷりも、キリッとしたなかに、笑うと目や口元にやさしさがあふれるようで、誰もが親しみをもてる好男子であった。（「追憶」）

同級生の大槻文平は、一年のときは西田と一緒に組選（組の選手）としてボートを漕ぎ、二年次には西田が文科の選手、大槻は対校選手としてボートに打ち込んだ。二年の三学期から三年にかけて、西田と寄宿寮で同室となって共同生活をおこなったが、「起居を共にし生涯忘れ得ない向陵生活を満喫した仲間(20)」であった、と述懐している。一高は本郷区向ヶ岡にあったので、当時の生徒たちは一高時代を向陵時代とよんでいた。大槻は、東大にすすんでからも西田と同じ寮で共同生活を送っている。

安田宗次もまたボート仲間の一人で、二年生のとき、文科端艇部の第一選手として、約八、九ヵ月間苦楽を共にした。秋の利根川遠漕は楽しかったが、後半はつらく、「ただ機械になって了ってもう何も分ら」ない状態だった。そういうとき、後ろで漕いでいる西田が、荒い呼吸のなかから時折励ましの声をかけてきた、という(21)。

一高時代の西田をボートと結びつけて記憶している学友は少なくない。

西田は、寡黙だが無愛想ではなく、むしろ微笑を絶やさず周囲の者に信頼感を感じさせるような人間であった。地味で穏やかな印象を与えたが、そのなかに誠実さと意志の強さを感じさせる人物であった。肉体的には、長身で「一度裸になれば筋骨隆々」だった。

他方、一高時代の西田は、社会問題に関心を寄せることはほとんどなかったようである。西田が入学する二年ほど前の一九一九（大正八）年二月に、一高に社会思想研究会が結成され活動をおこなっていた。同じ時期に、早大に民人同盟会、法政大に扶清会、さらに民人同盟会から別れた建設者同盟などが結成されている。前年の一二月には、東京帝大に新人会ができており、また、吉野作造らによって黎明会も結成されていた。第一次世界大戦直後の大正デモクラシーの新たな高揚のなかに、多くの学生や青年が突入していく濃厚な時代の雰囲気が漂っていた。

小樽中学校出身の同級生であった碓井雄三も、三年のときに社会思想研究会に参加している。彼自身は講演会に顔を出す程度の会員にすぎなかったというが、校内で東大新人会などの指導下に社会主義学生運動の準備がすすめられていたらしい(22)。

碓井によれば、当時の研究会のリーダー格は菊川忠雄で、長野昌千代、相良万吉、石田英一郎、与謝野譲らが会の世話をしていた。研究会は、クロポトキンの『青年に訴う』や『パンの略取』、山川均の『資本主義のからくり』、ブハーリン『社会主義のABC』（渡辺政之輔・田所輝明訳）など社会主義の宣伝パンフや図書を売ったり、月一回位、社会運動家や学者を呼んで講演会や座談会を開いた。講師に友岡久雄、麻生久、平林初之輔らがいた。集会参加者は大体一五人か二〇人前後であった。

碓井は、「西田は当時この一高社会思想研究会に関係していたかどうか、僕は知らない。僕の記憶では、研究会が催したこういう講演会や座談会に彼が出席していたのを見たことがないように思う」と語っている。同級の友人大槻文平もまた、一高時代、友人の多くは『共産主義のABC』の輪読会などをやっていたが、「彼（西田）は珍らしく殆んどこの方面には見向きもしなかった」と証言している(23)。

月日は不明であるが、一九二一（大正一〇）年というからおそらく西田が一高の一年生のとき、従兄弟の津本賢秀と東京で会っている。従兄弟とはいえ、両人にとってこのときが初対面であった。前年まで津本が台湾にいたためでもあった。

西田の両親が上京して、上野駅前の旅館に突然よばれたのである。津本にとって、伯父夫妻と顔を合わせるのもこのときがはじめてであった。翌日、朝から夕方まで四人で連れ立って東京見物をした。案内役は一高生の信春であったが、まだなじみの薄い彼らはあまり会話を交わすことがなかった。

津本と西田が二度目に出あったのはその二年後、一九二三（大正一二）年六月のことであった。この年、津本は徴兵検査を本籍地で受けることにした。「旅費と宿泊費の出るこの機会に、一度生れ故郷の十津川へ行ってみたい」と考えたからだが、奈良県吉野郡下市《しもいち》町の指定の旅館に着いてみると、思いがけなくそこに西田がいた。一高三年生の西田もまた本籍地で徴兵検査を受けるために下市町に来ていたのであった。津本賢秀は、この二度目の偶然の出あいを次のように語っている。

ここで偶然顔を合せたことは、わたしにとっても西田にとっても望外のよろこびであったにちがいない。というのは、ちいさな旅館を超満員にしている泊り客――いずれも翌日の検査のために、わざわざ吉野の山奥から出てきた十津川の青年たち――のうちで、まるきり顔なじみがなくて、まるではね出し者みたいになっていたのは、わたしと西田の二人きりだったからである。だからわたしたちは、奇遇をたがいによろこび合い、すぐさま部屋の片隅に陣どって話をはじめたのである。そして、その日の午後からあくる日の午後まで、検査を終って吉野口の駅でわかれるまで、ずっと一緒にいて行動を共にしたのである。一緒に食事をし、ふたりきりで雑談をし、一緒に町の銭湯へ行き、そして寝る時にも枕をならべて隣り合せに寝るというぐあいに。

西田とのつき合いで、わたしたちがこんなに長時間話し合ったのは、もちろんこの時だけだし、一緒に風呂にはいったり、枕をならべて寝たこともこの時以外にはない。そしてわたしが、西田に対して特に親愛の情をいだくようになったのもこの時からである。（「わたしの見た西田」）

とりわけ津本の記憶のなかに鮮やかに残っているのは、夜、町の銭湯に行ったときの情景であった。あまり広くない銭湯は先客で満員だった。客たちは翌日一緒に検査を受ける青年たちであった。その青年たちのなかにあって、長身で筋肉がよくしまり均整のとれた西田の身体はひときわ目だった。

「彼が浴槽にはいると同時に、この人だけは太鼓判だとか、この人は歩兵じゃなくて騎兵か砲兵だろうとか、砲兵も野砲か山砲だろうというような讃嘆の声が、期せずして周囲からいっせいにあがった」。――のちに西田の拷問死が明らかになったとき、津本は西田の頑健な体躯を想い、不審をつのらせている。「西田はちょっとやそっとのことで簡単に死ぬ男ではない」。西田の身体が耐えられなかったほどの拷問とは、いったいどのような拷問だったのか、「わたしは背筋が寒くなる」と(24)。

## 5　関東大震災

西田信春は、一九二三年六月に従兄弟の津本賢秀と徴兵検査を受けたあと、夏休みに入って北海道に帰郷したらしい。八月中に上京し、九月一日の関東大震災に遭遇するのである。

道民の多くが大震災のニュースに接したのは、三日の朝ころであった。当時はまだラジオ放送も電話もなく、一般の人々が知る手だてといえば、新聞か口伝えに頼るしかなかった。新聞も、東京市では一六社のうち残ったのは『報知新聞』『東京日々新聞』『都新聞』のみで、それも五日の号外からようやく再刊になる状況であった。地方紙の方が健在であったが、中央からのニュース源は不確実なものが多く、誤報も多く流言飛語の拡大を助長する役割を担うケースも少なくなかった。たとえば、三日付の『旭川新聞』は、「社会主義者及び不逞鮮人は此際に乗じ山本首相を暗殺したとの説がある」と報じ、翌日さらに「暗殺確定」と誤報に念を押した。

西田の実家では、連絡のない信春の身を心配していた。西田としても連絡の手段もなかっただろうが、その彼がひょっこり帰ってきたのであった。

姪の高井貞子の証言がある。

大正十二年関東大震災の時、八月に上京した兄さんがヒョッコリ帰ってきました。皆で心配しておりましたが本人は、お前ら何を心配しているんだ、千葉の海でボートの練習をしていたが東京もあんな様では仕方がないから帰ってきた、避難民列車は無料でおまけに握飯迄くれたよと笑っているので、迎えた私達は拍子抜けがしました。

（「信春兄さんの思い出」）

大震災の渦中にいて、その悲惨な被害の状況をまったく体験あるいは見聞しなかったはずはないだろう。東京も千葉も震災の真った只中にあったのである。

九月一日は一高の二学期がはじまる日であった。おそらく西田は東京市内にいたと思われるから、少なくとも当日の千葉の海でのボート練習はありえないだろう。房総半島南端でも九メートルの津波が襲ってきた、といわれている。千葉県でも家屋の全壊が一万二八九四戸、半壊六二〇四戸に達しており、「殊に相模湾をのぞむ房総半島南西部の沿岸各地の被害はすさまじかった(25)」。千葉県の死者一三七三人、重傷者九八四人、行方不明者四七人、罹災者は一四万一〇〇〇人をこえた。

本州各地の鉄道は壊滅状態に近かった。東海道線はじめ横須賀線、熱海線、山手線などは全線不通、常磐線、房総線は寸断されていた。そのなかで、東北線は比較的被害は軽微だった。ただし、始発駅の上野と日暮里間は線路上に被災した群衆がひしめいていたため、日暮里駅を発駅にした。ところが、荒川鉄橋の復旧作業に手間どったために、結局、東北線は九月四日午後一〇時三〇分に上り線が、五日早朝下り線がようやく開通した。ただ、日暮里駅は混雑が甚だしいので、東北線の始発駅は田端に変更された、という(26)。

西田は、五日以降、田端駅発の東北線に乗車したのにちがいない。鉄道省は三日に避難民の運賃を無料にする措置をとったが、西田の証言と合致している。避難民列車が止まる駅ごとに、住民たちが握り飯などを差し入れてくれたという。西田ももらって食べたのだろう。

列車が止まると現地の自警団が乗り込んできて、「鮮人狩り」を容赦なくおこなった、といわれる。西田がそうした場面に遭遇することは果たしてなかったのだろうか。大震災とその後各地で発生した異常な虐殺事件を、西田がまったく眼にしたり耳にしたことがなかったとは考えにくい。西田は、自らの体験や風聞にあまりにも生々しい残酷と異常を覚えたが故に、かえって実家の肉親にたいして悲惨な真相を伝えることを避け、いかにもお気楽な態度をあえて装ったのではないだろうか。

大地震によって一高が倒壊したり、出火することはなかった。しかし、煉瓦造りの土台が弛んでいて倒壊の危険があったため、工兵隊によって爆破された。

寮は完全な木造建築で、余震のたびにひどく揺れはしたが、傾くことも潰れることもなく、完全に無疵《むきず》だった。学校がはじまったのは一〇月下旬のことであった。

## 註　第一章　少年時代

1　誕生

（1）松下裕『評伝中野重治』筑摩書房　336ページ

（2）西田静子「追憶」『書簡・追憶』442ページ　山岸一章『革命と青春』（新日本出版社）には、「西田信春は、……北海道樺戸郡新十津川村橋本で生まれました」と記述され、また、『わが地方のたたかいの思い出』（第三集　福岡民報社）も「……新十津川村橋本で父英太郎、母かめの間に長男として生まれました」（235ページおよび年表）としている。新十津川町大和に建立されている西田信春の記念碑の背面碑文も「北海道新十津川村生れ」であり、堺弘毅編著『隠された光』（治安維持法犠牲者国家賠償要求同盟福岡県本部）も「一九〇三年一月十二日生まれ、北海道新十津川村橋本出身」（148ページ）と表現しており、新十津川村橋本説は少なくない。

（3）「反戦弾圧犠牲者「西田信春碑」」（民衆史道連パンフレット『新十津川アイヌ強制移住事件』二〇一五年五月　38ページ）

2　小学校時代

（4）拙著『父祖たちの風景』　響文社　387ページ以下

（5）西田静子「追憶」『書簡・追憶』442ページ

3　札幌一中時代

(6)　田代友秀「庁立札幌第一中学校」『さっぽろ文庫30　旧制中学物語』北海道教育委員会　18ページ
(7)　『新札幌市史』第三巻（通史三）　札幌市　71ページ
(8)　玉井武「追憶」『書簡・追憶』245ページ
(9)　浅野国夫「学校行事と市民」『さっぽろ文庫30　旧制中学物語』268ページ
(10)　玉井武「追憶」『書簡・追憶』245ページ
(11)　信賀宗次「西田信春君のこと」『書簡・追憶』241ページ
(12)　『さっぽろ文庫30　旧制中学物語』283ページ
(13)　寺尾としは、「彼（西田のこと――引用者注）の姉さんが私の郷里に近い村に嫁いで姑とのいろいろ複雑なことがあり井戸に投身して死んだというプライベイトの話しさえも打ち明けてくれる間柄であった」と証言している。（「『物語西田信春』を読みて」『風雪』第三四号　一九六七年七月二〇日）
(14)　高井貞子「信春兄さんの思い出」『書簡・追憶』447ページ
(15)　玉井武「追憶」『書簡・追憶』244ページ
(16)　鈴木孝二「西田信春君を懐う」『北方文芸』一九七二年一二月号

4　一高時代

(17)　岡崎次郎『マルクスに凭れて六十年』青土社　57ページ
(18)　碓井雄三「追憶」『書簡・追憶』246ページ

なお、西田の入学直前に、旧東寮のあとに二棟新築して東寮と和寮ができた。さらに、二棟が新築されて西寮と明寮と名づけられていた。

(19) 中平解「西田信春のこと」『書簡・追憶』256ページ
(20) 大槻文平「西田と私」『書簡・追憶』250ページ
(21) 安田宗次「追憶」『書簡・追憶』267ページ
(22) 碓井雄三「追憶」『書簡・追憶』247ページ
(23) 大槻文平「西田と私」『書簡・追憶』251ページ
(24) 津本賢秀「わたしの見た西田」『書簡・追憶』457ページ

5　関東大震災

(25) 吉村昭『関東大震災』文春文庫　43ページ
(26) 吉村昭　前掲書　170ページ

# 第二章　東京帝大時代

# 1　入学

一九二四（大正一三）年四月、西田信春は東京帝国大学文学部倫理学科に入学した。満二一歳であった。

中野重治は同年三月に第四高等学校を卒業（彼は二度落第していた）後、同じ東京帝大の文学部ドイツ語学科に入学し、また、石堂清倫も、中野と同じ四高を卒業して文学部英文学科に入学した。まもなく深い関係を結びあうことになる三人は同級生であった。

この年三月、小林多喜二は小樽高商を卒業して北海道拓殖銀行（拓銀）に就職している。野呂栄太郎は慶応大学二年になるが、三月に発足まもない野坂参三らの産業労働調査所に協力参加するとともに、五月には学内に三田社会科学研究会を創立している。

西田や中野、石堂らが入学した当時、東京帝大構内はあたかも「社会主義の解放区のようであった(1)」。当時、新人会は社会主義への傾斜を強め、学生主体の組織として読書会や研究会などを中心にした活動を活発化させていた。いわゆる「後期新人会」の時期に、西田らは入学したのであった。「医学部方面の一寮と赤門近くの二、三寮のバラックには、新人会の僚友が散居し、新人会と学友会の社会科学研究会に組織された学生の数は、四、五百名はいたのではあるまいか」と、内田佐久郎は証言している(2)。

西田らが入学したのは、大震災の半年後のことであった。

東京帝大は、甚大な被害を受けていた。岡崎次郎によると、「大学の建物は、赤門寄りの医学部の教室を除いて、簡単な応急修理を施したままの惨憺たるものだった。ことに文学部固有の建物は事務室に至るまで尽く焼失し、小さなバラックの教室が二つ三つ急造されただけだったので、授業はすべて他学部の教室の空いている時間を縫って行なわれた(3)」という状況だった。等身大の骸骨がぶら下がっているのを眺めながら浮世離れした哲学の講義を聞いたりしたが、「なかなか趣きのあるものだった」と。

新人会は、一九一八(大正七)年一二月に宮崎龍介、赤松克麿らによって創立された。それは、第一次世界大戦後の民主主義的風潮の高まりを背景にして結成された学生運動組織の一つであったが、結成の直接のきっかけとなったのは、一九一八年一一月二三日におこなわれた吉野作造と浪人会など右翼団体との立会演説会であった、といわれる。

吉野作造は当時、「民本主義」を主唱する革新運動の旗手であった。民本主義は天皇制を前提とした人民の民主主義を主張する思想で、一定の限界を持っていたが、当時は大正デモクラシーの中核思想となっていた。

新人会は次の二つの綱領を掲げた。

一、吾徒は世界の文化的大勢たる人類解放の新気運に協調し之が促進に努む。

一、吾徒は現代日本の正当なる改造運動に従ふ。

新人会員たちは合宿生活をしながら全国各地の大学や専門学校の学生の組織化をすすめ、普選運動に参加し、さらには労働者のなかに入って啓蒙活動をおこなった。

吉野作造自身も、新人会創立直後の一二月に福田徳三東京高商教授らと学者・言論人を対象に黎明会を結成した。その「大綱三則」は、

①日本の国本の学理的解明と、世界人文の発達における日本の使命の発揮
②世界の大勢に逆行する危険な頑迷思想の撲滅
③戦後世界の新趨勢に順応した国民生活の安定充実の促進

というもので、精力的に公開講演会を開き、その内容を冊子にして刊行した。講演会では朝鮮総督府の武断政治批判や普通選挙制の実現、治安警察法第一七条の撤廃などを主張している。

一九二〇年一月、「森戸事件」がおこった。森戸辰男は黎明会の会員であった。

黎明会は新人会などとともに森戸擁護の運動を展開した。黎明会は二〇年八月に解散するが、吉野、森戸のほかに新渡戸稲造、小泉信三、阿部次郎、三宅雪嶺、大山郁夫、与謝野晶子らが会員に名を連ねていた。社会主義とは一線を画し、創立にかかわりがあった堺利彦の入会を拒否した。

当時、相ついで結成された学生組織として、新人会のほかに早大の民人同盟会とそれから別れた建設者同盟（浅沼稲次郎ら）、法政大の扶信会、慶応大の反逆会、明治大のオーロラ会、一高の社会思想研究会などがあった。彼らは急速に連携を深め、一九二二（大正一一）年一一月に二六校の大学・高校の社会思想団体によって学生連合会（ＦＳ）を結成した。

その第一回大会が、一九二四（大正一三）年九月に東京帝大で開かれ、全国四九校の学生・生徒代表が参加して規約を決定するとともに、学生社会科学連合会（学連　ＳＦＳＳ）に改組する。さらに翌年七月には全日本学生社会科学連合会に改称された。学連所属の学生団体は七〇余、会員は二〇〇〇人に達した。

北海道では、一九二三（大正一二）年一二月、北海道帝国大学に社会経済研究会が組織されている。小樽高商でも二四年に社会科学研究会が発足した。小林多喜二も参加したが、彼はこの年三月に卒業している。同年九月

には、学生社会科学連合会と提携して、北海道帝大、小樽高商、東北帝大、弘前高校、福島高商の六校によって東北学生連合会が組織された。

だが、西田がそうした大正デモクラシーの雰囲気にどれだけの関心を抱いたかはわからない。

西田は文学部漕艇部に入部した。

石堂清倫が西田とはじめて出あったのは東京帝大開学記念日（のちの五月祭）のときであった。法科に入っていた宮川精一郎から園部真一を紹介されたとき、一高からきた文学部ボートクルーの西田が園部のわきにいたのである。

従兄弟の津本賢秀によると、西田は入学当初、西巣鴨に住んでいたらしい。「大塚駅から西北へ一キロぐらいの地点で、俗に七曲りと呼ばれていた、くねくね曲った坂道を登りつめたあたりだった。……西田の住居は階上階下で合せて四間ぐらいの、こじんまりした二階家だった。（この家はある金持の篤志家が、学生寮として無償で提供してくれたものだと西田自身がいっていた）(4)」という。

大正一三年五月はじめ、健康を害した津本が静養がてら北海道の西田家に行くことになり、その報告をかねて信春を訪ねた家がそれであった。

九月の東京帝大競漕大会にむけて、漕艇部は八月下旬から合宿に入った。西田が属した文学部の漕艇部は、理学部や経済学部とともにこの年がはじめての参加であった。当時、艇庫は向島にあり、文学部の合宿所は桜餅で有名な長命寺であった。「練習の余暇に桜餅を食べながら駄弁ったことも楽しみだった。西田君はそんなときは大体大人しい無口の性質(5)」であった。

チームメイトであった清瀬三郎によれば、清瀬が二番、西田は「バウ」の漕手であった。東京帝大第三八回競漕大会は、大正一三年九月二三日に隅田川向島でおこなわれた。秋晴れの、風なく波なく絶好のレース日和であった。この学部レースで優勝したのは工学部だったが、工学部クルーの舵手であった海内要道（西田の同級生）によれば、この時の文学部クルーは、舵手―中井精一（一高）、整調―武貞彦一郎（一高）、三番―水谷龍（四高）、二番―清瀬三郎（三高）、舳手―西田信春（一高）であった(6)。

海内は当時の西田を「身長五尺六寸余……肩はなで肩で柔軟な感じだった。童顔で温厚型。然し静かな内に無限のエネルギーを蓄えているという感じがした」「無口で、それでいて一寸も相手を退屈させない。近くにいるだけで、何かほのぼのと暖かさを感じさせるところがあった」と述懐している(7)。

東京帝大構内では、この年の秋学期から社研がブハーリンの『史的唯物論の理論』講座（講師は大森義太郎経済学部助教授）を開講した。これには大学院生の尾崎秀実や早大出の山崎謙らも参加している。学内活動の会場確保のために、新人会は主に吉野作造講師の認印をもらいにいった(8)。

八月、日本共産党中央再建ビューローが確立され、党再建のとりくみが開始された。九月二〇日には全露労働組合代表団が来日、同月二六日、『無産者新聞』が創刊された。

## 2　軍事教練反対闘争

小樽高商軍教事件がおこったのは、一九二五（大正一四）年一〇月一五日のことであった。

小樽高商では、春に旭川第七師団の鈴木平一郎少佐が配属将校として赴任し、教練を担当していた。六月二五日には、手宮公園付近で「敵艦一隻突如塩谷近く顕はれ早くも上陸」なる想定による演習が実施された。だが、小樽高商のみならずどこの学校でも、軍事教練に真面目かつ熱心に参加しようとする学生は少なかったらしい。小樽高商の軍事教練が問題となったのは、鈴木少佐が立案した「想定」にあった。しかし、大半の学生は、当日、それを問題視することもなく、ほとんど遠足気分で目的地の潮見台高地に向かい、簡単な図上訓練をおこなって正午過ぎには解散してしまった。

「想定」に目をとめて最初にこれを問題視したのは、小樽総労働組合執行委員長の境一雄（夏堀正元『小樽の反逆』）とも、「斉藤磯吉らを中心とする小樽高商の四十八人の社会科学研究会の学生たち」（手塚英孝『小林多喜二』）ともいわれるが、きっかけはともあれ、二年前の関東大震災時に発生した朝鮮人虐殺や大杉事件はじめ社会主義者・無政府主義者への残虐テロを想起させる「想定」にたいする抗議の声はたちまちのうちに拡がっていった。

抗議活動の輪は小樽高商の社会科学研究会はじめ小樽総労働組合、政治研究会小樽・札幌支部、朝鮮人親睦会、北潮新報社、青年同盟など外部団体にもたちまち広がり、彼らは合呼応して、学校当局に抗議をおこなった。「想定」は事前に高商の教務部主事の承認を受けたものであったのである。連日の抗議にたいして、鈴木少佐はしぶしぶ謝罪文を書いたが、伴房次郎校長は九項目におよぶ抗議質問書にたいして、納得できる回答を示そうとしなかった。

学連本部は、一〇月二一日、文部省と小樽高商に質問書を提出し、翌二二日には「全日本の学生諸君に訴ふ」と題する声明書を発表した。二八日、学連は各労組、政治研究会、自由法曹団などと提携して軍事教練反対演説会（協調会館）を開催した。翌二九日、学連は、全国代表者のなかから五人の代表を選出して文部省へ抗議行動をおこなった。岡田良平文相は面会を拒絶したが、代表団は鈴置倉次郎政務次官に面会し、二時間にわたって抗議を敢行した。その代表団のなかに慶応大在学中の野呂栄太郎がいた。

小樽高商では、一〇月三〇日、「学生有志」が全国の大学、高専に、次のような「檄文」を送付した。

檄　文

本月一五日吾校に於て行ひたる軍事教育野外演習想定が、大正十二年関東大震災当時の自警団及び憲兵隊を手本とし、無政府主義者及び不逞鮮人を殲滅《せんめつ》せしめんとする不穏当極まるものなりし故に、小樽在住の朝鮮人、労働団体及び政治研究会等が一斉に奮起し学校当局に対し長文の質問書を提出したる事は諸君の既に承知のことと思ふ。吾々は学校当局のこの暴虐に且つ怒り且つ悲しみ翻然として当局が進んで自決する処あるを待った。

然るに何ぞやこの外部からの抗議を徒らに質問書に対し鎧袖《がいしゅう》一触的態度を示して之を一蹴した。吾等は茲《ここ》に於て外部からの糾弾に策応して、内部から猛然積極的に反対運動を起こし之と徹底的に戦はざるを得なかった。吾々は今明白に軍事教育の何物であるかを知り得た。それは虐げられる同胞に対する同胞の威喝《いかつ》の鞭の外何物でもなかった。明日の新社会を建設すべき無産労働階級の擡頭に対する寄生享楽階級の巧妙にて惨酷なる組織的弾圧以外の何物でもなかった。吾々は今轟々たる軍教反対の世論を排し、在営期間短縮の好餌を掲げてまで吾々の真理の追求者たるべき青年学徒に敢へて銃剣を把らせたことの何のためであるかを知って全身の血の逆流するのを覚へる。

吾々は御互にかかる軍事教育を受けることの如何に良心に忍びざるところであり、如何に吾々の心を憤激せしめ之と徹底的に抗争し闘撃することを誓はしたかを知ってゐる。吾々は御互の熱愛する全国に自由と正義が吐血して倒れてゐるのを見て尚ほ起たざる程の御上品な偽善者ではない事を知っている。軍事教育を倒せ！　妥協は堕落である。偸安《とうあん》は裏切りである。無批判の看過は良心的不具者たることを意味する。

全国の学生諸君、内部から軍教に対する積極的反対運動を起せ！

小樽高商には、学連本部から東京帝大の後藤寿夫（林房雄）、東北学連から朝倉菊雄（島木健作）がオルグとして小樽に入った。ただし、後藤は警察当局からマークされていたため公然活動はできず、高倉新一郎（北海道帝大生）や政治研究会札幌支部の太田栄太郎、正木清らにかくまわれながらの隠密活動であった。

一一月三日、小樽で「想定問題批判演説会」が開催され、朝倉菊雄も登壇して「学生の立ち場から」と題して演説した。

前年三月に小樽高商を卒業した小林多喜二は、この時期、北海道拓殖銀行（拓銀）小樽支店に勤めながら小説を書いていた。軍教反対闘争と小林多喜二との関わりについては、必ずしも明らかではないようだ(9)。

一一月六日夜、日大で全国学生軍教反対同盟の第一回協議会が開かれた。一三日には学術研究擁護講演会（報知ホール）が立大、早大、東京帝大各新聞局主催で開かれ、大森義太郎が「軍事教育の正体」、大山郁夫が「軍国主義の教育への侵略」と題する講演をおこなった。早稲田大学の学生たちは、一一月一二日、①今後何らかの形式において、この種の〈軍教批判〉講演会を開催せしめること、②早稲田反軍教連盟の存在を認めること、③全国軍教連盟と相提携して運動することを許容すること、を大学当局に認めさせた。

東京帝大で弁論部主催による軍事教育批判演説会が開かれたのは一一月二一日であった。このときには、新人会と右翼団体七生会の代表数名ずつが立合演説をおこない、「超満員の学生熱狂のうち新人会の発言者圧倒的に支持され(10)」た。

石堂清倫は、この演説会の様子を次のように記している。

軍事教育が学園を軍国主義化するものとして反対する新人会と、これとは逆に軍国主義を支持する七生会との立合演説会の形をとった。会場である法学部三十番教室は超満員となり、物々しい対決の場に化した。新人会からは宝積一、田中正文（稔男）、小倉司郎、是枝恭二の四名がたった。双方の応援と野次の怒号で、そのあと一週間くらい声がかれてしまうほどわめいた。軍備と国家の問題をめぐって、論点は学生らしくやや抽象的であったが、圧巻は、パリ・コンミューンの例をひいて、プロレタリアートこそフランス人の自由と独立をまもった真の愛国者であると主張した是枝の結びの雄弁で、完全に七生会の発言を圧倒し粉砕する観があった。

私とならんで声援していた学生が西田信春であった。西田はこれを転機として新人会に入って活動をはじめ、私とは生涯の友となった。

この演説会は一般学生の民主主義志向がどんなに深いものであるかを示した。しかしそれと同時にこの志向を恒常的に社会主義運動のチャンネルにひきいれることをマルクス主義学生がまだ知っていないことをも明らかにした。われわれは「民主主義」を社会主義より一段と低いものとみなし、社会主義のためのたんなる手段としか考えなかったのである。（『わが異端の昭和史』）

さらにその後、新人会主催の軍教反対演説会が構内三六番教室で開かれた。田中稔男《としお》は弁士のひとりとして演壇に立ったが、西田が非常に感動したということを聞いている(11)。一二月一一日にも東京帝大で軍教批判演説会が読書会や東大社研、新人会主催で開かれている。会場は工学部新館だった。このあたりが中央における軍教反対運動の最期であった。

すでに司法省を中心に、政府は軍教反対闘争で盛り上がった学生運動を敵視し、これを弾圧すべく着々と動き出していた。

小樽高商においても、学校当局によって「首謀者」とされた斉藤磯吉をはじめとする一四人の学生が退学、停学、譴責《けんせき》処分となり、社会科学研究会も解散させられていった。

## 3　西田の「日記」から

西田が遺した一九二五（大正一四）年の「日記」を紹介しておく。

おそらくは西田が大きな思想転換を遂げる貴重な一年間の記録（東京帝大一年終りから二年にかけての一年間）である。ただし、現在見ることができるのはその半年分にすぎない。

北海道を代表する文芸評論家で市立小樽文学館館長もつとめた小笠原克は、一九七一年四月、「西田信春日記」が父英太郎の行李のなかから見つかったことを聞いて、樺戸郡新十津川町の西田家をたずねた。『西田信春書簡・追憶』刊行後のことである。「日記」は中野重治のもとに送られたあとだったが、後日、「日記」が戻ってから再訪してようやく手にすることができた。小笠原克は、『辺境』七号（一九七二年三月）に「あーまたこの二月の月かきた」を発表して、小林多喜二、西田信春、野呂栄太郎の事蹟を詳述し、そのなかで「西田日記」の一部を紹介した(12)。

その後、「日記」の一〜六月分が『北方文芸』一九七二年九〜一二月号（通巻第五六〜五九号）にわたって掲載された。七〜一二月の後半期分は「近刊予定」であったが、未刊に終っている（その後半期に西田は新人会に加入している）。

石堂清倫によると、後半部分は『書簡・追憶』の続巻に入れる予定だったが、それが未刊に終り、その後日記原本がなぜか紛失してしまったらしい。

『北方文芸』一九七二年九〜一二月号に掲載された日記のなかから抜粋して転載する（ルビも掲載誌のもの）。九〜一二月の部分は小笠原が紹介したものである。

一月一日　木　（晴　曇　雨）

〝恭賀新春！〟ほんとに新春がシンボライズする気分を今日の天気は適格に示して暮れて行った。のほか《ママ》な陽の光が射し風も吹かず、近所でうつ羽根の音が堅い音をいかにも冴やかに伝へてくれる。
一、九時頃起きるに起きたが、これから雑煮をたくと云ふ始末、とうとう永野の家へ行って食ふことにする。早々人の飯を食ふ。
二、近所の悪太郎ども空気銃にて伝書鳩を打ち此を死に至らしめたること、其《それ》を余は毛をむしりしに、憐愍の情に堪へず此《これ》を庭の椿の木の下に埋葬せしこと。
三、夜又花を弄せしこと。
こんなつまらないことでも、日が日丈にいやな気持を起こさせるには充分である。こんな馬鹿なことをと否認しても又しても幻想が沸起《わきおこ》る。

認識論対形而上学の闘争である。

睡眠不足なるが故か気分落《おち》つかず、無為なり。
一、今後花札を弄せぬこと。
二、支出を明《あきらか》にすること。
右の条々を固く守ることを此の年の始めに於て期する。（下略）

一月三日　土（晴　無風）

性欲の猛烈に昂進する時には、此を無理に圧迫して押し止むるよりも反《かえ》って適当に此を緩和せしめる――適度に過剰なる分泌物をself-abuseを以て発散せしむる――のが一番有効であるのを知った。すると一日中あの堪へられぬ様な焦躁から解放されることも出来るし、無理強ひ《じ》に強い執着を以て追って来る妄想に悩まされることも尠し、あの悍馬がその怒を如何にしても押へることが出来ない時には――自《みずか》ら、自らの血管を歯で食ひ切って其の満ち漲る血を排除してそれから免《まぬが》る丶様に、（後略）

一月十一日　日

朗らかな陽射し南の窓に岡崎と語る。雪解て流れおつる雨滴《だ》れの音静か。松の枝からは時々静かさを破って雪が落ちる。何処かで暢びやかな蓄音機の音、曲はmillitary marchか。（後略）

一月十二日　月（晴　風強し）

生命を、全生命を投入し得る仕事を、と呼んだ私は、又今日もこ丶で其感を又改めて呼ばねばならない。統一のない生活、中心点のない困《ママ》乱した生活、それを内省することは堪へ難い寂寥を感じさせる。

誕生日だ。今更感慨めいたものも記せない。何かの紀念と思って、本も買ひたいが、金がない。（下略）

一月二一日　水

岡崎と二人で昼から丸善へ行く。本の高いのは見るのさへいやだ。岡崎は昨夜藤田（健次）を尋ねて、色々と話しをして来たらしい。そして余程藤田が勉強をして居るのに刺戟されて、心がわく丶丶して居るのが、私にははっきり判る。哲学史の必要なこと、……。

リッブスの倫理学の根本問題を買って来て読む。

一月二十六日

……直截的に端的に魂の混迷からゆり覚してくれるものを切実に願ひ求める。理論を調合して作った哲学から学び得るものは一としてない。

一枚の原稿紙に、一箇の壺に、将又《はたまた》一枚の画に無限の生命の歓喜を直接的に僕は摑みたいと思って居るのだ。そして又今私は悲惨な程に自己否定のどん底にある。……私と云ふ人間が果して、貧しい人々の労働から取り収めた金で維持されて居る大学の教育を受ける価値や天分を、他の人よりより多く持って居るだらうか。私はそれを疑って居るのだ。静かな黙々として土に親しむ農家の生活、土へ還るのが私の運命ではなからうか。

二月九日　月

風が枝を鳴らさないので昨日よりも暖い。道も余程よい。

帰りの電車の中で一緒になった、春日町から竹早町まで、美しい女学生の顔を今晩はよく想ひ出した。一度何でも行く道で一緒になった時の顔を僕は未だ確に覚えて居たのだ。誰かに似て居るのだがはっきり思ひ出せなくて一寸物をつまらせた、便秘した時の様な一種焦燥な不快に閉ざさるゝ。唇が非常に、唇と鼻との間が、美しい。黒い瞳も、才場知った顔はして居るが、陰《ママ》れた情熱がありそうな所が堪へられぬ程親《ママ》はしい。私はこんな人に対して坐って居る時つくづく私自身の格構を考へて恥かしいと思ふ。

崇高なるもの、美なるもの、善なるもの、真なるものを見る時に、此を自己自身心に内的経験をする時に、感情移入で彼の中に私が入り込む時に、彼此のCONTRASTの激越であるので、誰も驚きの目を見張るものだ。

もう彼女は寝たらう、寝顔が美しいことだらう、ア、此奴引込んで居れと云ふのに、此の小悪魔のメフィストフェレスめの私の妄想よ、引込んで居れと云ふのに、判らないのか？

三月十七日　火

夜十時、急行にて帰郷。

三月三十一日　火

菊水町へ行く。役場、岸尾へ立ち寄る。小母さん居らず。

四月二十九日　水

夜、御殿であった倫理学部《ママ》新入生歓迎会に出席。

感じたこと

一、大した奴の居らぬこと、二、教授等が文芸的に無知である、三、人の好さそうなこと、四、友枝と云ふ人は猥談向き、五、五十嵐と云ふ男はものになりそうだ、六、堀内と云ふ男は未だ判らない、七、一高から行った仏法の奴は恐《ママ》らしいが、理科から行った男は駄目な男、八、ペニスの水は綺麗だそうだ（吉田教授から聞く）

五月十日

東大、京大に勝つこと一艇身半。（中略）

而し適確に私の感性を表現するならば、私には最早《もはや》、共感することが——全精神を以て彼等と共に相抱擁して戦勝に酔ふ——出来ない大きな溝が作られて了った。何れかを優れりし《ママ》と何れかを劣って居るとするものでない。相互の立場の相異をどうすることも出来ないのだ。此の故にこそ、此の多勢の中の孤独の苦しみから脱れ去るためにこそ私は会にも出ずに永野等と帰ってきたのだ。

五月十四日　木　（晴後曇）

図書館で河上肇の〝社会組織と社会革命〟の中、福田徳三博士の論文に対するマルクスの唯物史観の立場よりなる真高《ママ》よりの痛快なる論文を見る。福田博士の論旨が徹頭徹尾ツガン・バラノウスキーの説と相似たる点を挙げて抑揖《ママ》せるあたりは読み《ママ》ものをして、痛烈骨を断つの概がある。

そして二三日まへから私はツガンの〝唯物史観の理論的根拠〟の抄訳せる〝唯物史観の改造〟を面白いと思って読んで居たので、尚教へらるゝ所が多かったが、河上氏から、駁せられたのはこの第二篇であるから、私の読んだ範囲外にある訳ではあるが、私自身が、飛っちりを食って、野次り倒されたやうな一種の苦笑を感じない訳には行かなかった。更に不思議なのは図書館から借りて読んで居たと同じ人が訳したものではない。水谷長三郎訳が僕の本立の中に、〝唯物史観批判〟とした標題で平然として、入って居るのを見た時に又、食はされたと思ったのだ。重ね重ねの変な廻り合せとも考へられる。

五月十五日　金　（雨）

（前略）

夜は河上さんの「近世経済思想史論」を半分程読む。せめてこんな本を高等学校時代に真面目に読んで居たらと吾ながら情ない。日曜までには此と「唯物史観研究」を読み了り度い、そして閑があったらツガンの「唯物史観の批判」も。

五月二十二日　金

大山郁夫著〝現代日本の政治道程〟を買って来て読む。先の日コールの社会理論で機能主義の唱へらるゝのを見た私は此処にも、これを根本的に同じ立場に立った多元的国家論の説かるゝを見たのである。著者が単に象牙の塔に立ち籠って、抽象的論理を弄び、徒らに教授の講義たるの立場から離れて、日々、移き《ママ》行く日常生活に関する、政治、政党に関する推移に絶へず、注目しつゝ、其の学理を此に応用して、学術を其の科学の本質的価値とも云ふべき現実的価値に立ち帰って説明してあるのは頗る面白いと思ふ。（後略）

五月二十七日　水　（ひるから雨になる）

……

有嶋さんの知識階級、河上さん、つゞいて室伏高信氏の知識階級に対する感想を読む。室伏氏の意見と同様なのは同時にツガンにも見らるゝ。

唯物史観、階級闘争を教ふるマルクス主義を読んで、猶吾々は其処に伸び行く生命の躍動、と新しい時代に対する燃ゆるやうな憧憬の心、現代社会に対する革命的気溥《ママ》を育てることは出来ない。ウィリアム・モリスの書が読み度い。

六月二日

……

苦闘と享楽。ボートの苦闘が果して真の苦闘と云ひ得らるゝ権利を有するだらうか。それは苦闘と云ふ仮面を被った享楽に過ぎない。誤魔化しだ。そして此には勿体らしくもメタフィジクの幻影さへも被らせて、若い人々の魂を衰へさせてしまふ。若き日の涙！　それが如何に愚かなるものの空虚に響く高笑であったことだらう。

六月七日　日　（晴）

正午渋沢さん来りて明夕、新旧克己寮会をやるとて参拾円渡さる、ために私は三越でコップ一打を買ふ。

……夜大槻かへる。

六月十日　水　（曇り）

……本郷へ行って泳ぐ、そして新人会の東洋民族問題（実は支那罷業問題）に関する演説を聞く……

六月十二日　金

朝静子から送って来たリリーはすっかり腐って居た、午過春子から又手紙が来る、学校の先生もやり度い由、私の此の矛盾した心持。

六月十六日　火

……明日克己寮の新旧コムパ。

六月十七日　水　（晴）

新旧克己寮の対面、……何等の粉飾もなく此会を云ふならば、畢竟渋沢さん自身が或る優越感を味って陶酔するための一夕の会合に過ぎない。……

熱烈な、身も心も融け去るやうな恋がして見たい、凡ゆる社会からの拘束力を焼きつくすやうな。

九月二十二日

我労働組合の招待に応じて来た労農露国の代表者を正午東京駅に見に行く（歓迎ではない、私の今の態度は其処まで積極的に徹底し得ない。頭ではなっても心から出来ない私のみじめさ！）

十一月二日

ローザルクセンブルグの小伝を読んで熱そのものの様な彼女の短いけれど一線に太く引きなぐった生涯を今更ながらに貴く思った。（中略）各自が其独特の性格の上にその独特の才能を以て独特の役割を果すべきではあるまいか。自分の力をも知らずになすべからざることをなすは又失敗に終るのみではあるまいか。

十一月二十二日（欄外に）

私は先ず第一に、エンゲルスのホイエルバッハ論を読まなくてはならぬ。

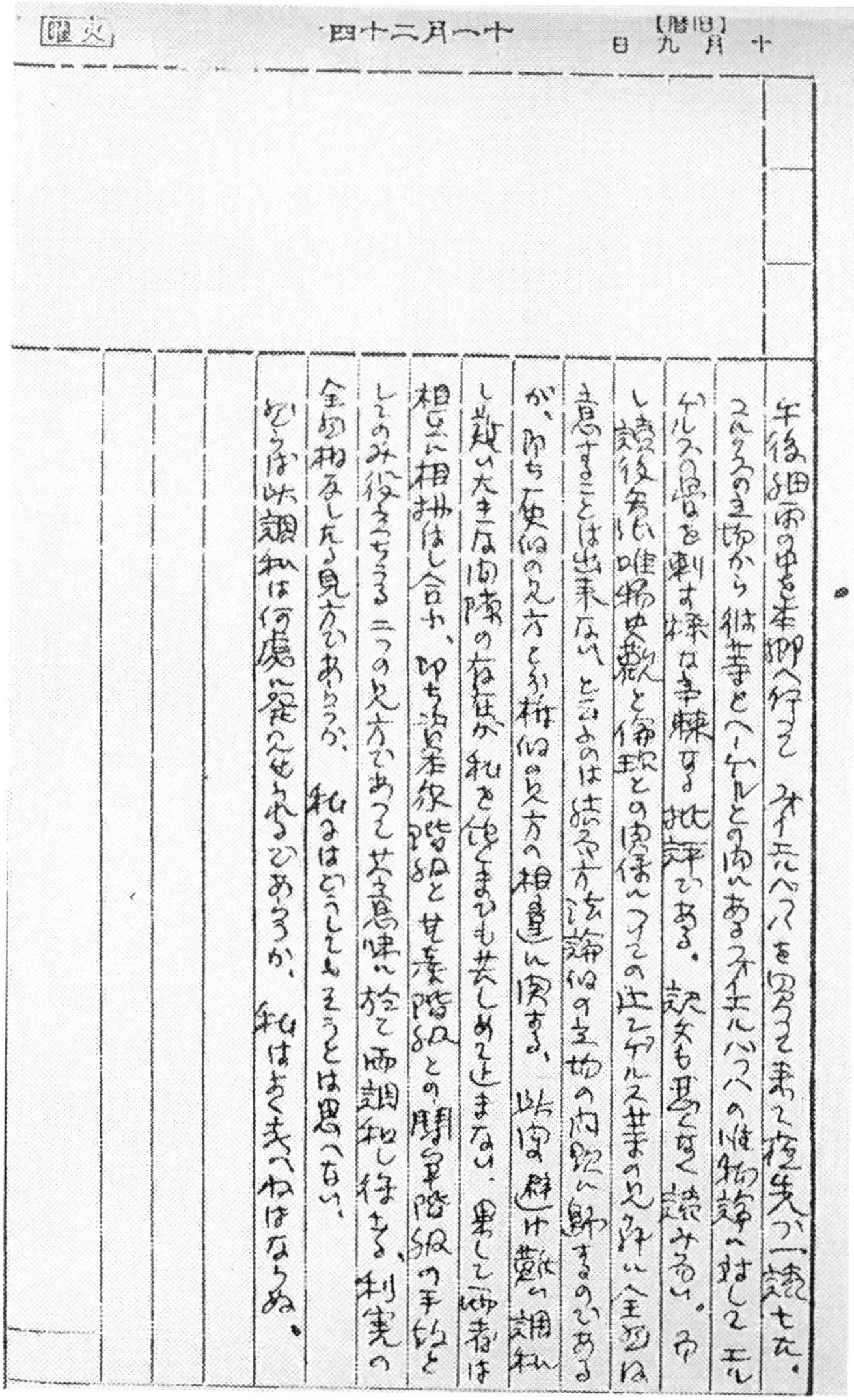


▲ 1925 年 11 月 24 日の日記。
フォイエルバッハ論を読んだ感想が書かれている。

十二月二十二日
　頁を翻して見ると既に五日から誌していない。而し此の五日から書かない日は僕の後世にどれ丈の展開を示した日となるか、否かは恐らく誰も知ることは出来ない。

「日記」は、満二一歳から二二歳にかけた時期の西田の生きざまの一端を伝えてくれている。

　青年期特有の性欲の猛烈な高まりもあるし、郷里新十津川村からの年賀状に「朝ちゃんの幻ろなる面影」を追ったり、電車のなかで逢った美しい女学生が気になったりする。だが、友人たちから艶談を聞かされても、西田には何も話すものがない。それでも、あらゆる社会からの拘束力を焼き尽すような「熱烈な恋」を夢想する青年であった。

　他方で、西田は、自己の生き方について省察し、「全生命を投入し得る仕事」をしたい、と二二歳の誕生日の日記に記す。「直截的に端的に魂の混迷からゆり覚してくれるもの」を切実に求める、と書いた西田は、その一月二六日の日記に、「貧しい人々の労働から取り収めた金で維持されて居る大学」で学ぶ価値や天分を自分は果たして持っているだろうか、と自虐的なほどに自省の言葉をつづっている。

　とはいいつつも、日常生活のなかではしばしば友人たちと花札につきあったり、煙草やビールを喫することもあり、蹴球見物や築地小劇場、歌舞伎座に行くこともあったようだ。

　当時、西田は克己寮にいた。大槻文平(12)ら友人たちと同居しながら自炊生活を送っていたのだろう。六月ころに、寮を出て下宿を探す思案をしたが、金の問題で頓挫した。西田は、渋沢英雄には批判的な眼を持っていた。克己寮の新旧コンパにたいして、「何等の粉飾もなく此会を云ふならば、畢竟渋沢さん自身が或る優越感を味って陶酔するための一夕の会合に過ぎない」と、突き放している。

「日記」には、およそ三〇人の友人、知人が登場している。頻度の高いのは岡崎次郎。一高時代からの友人であるが、下宿の岡崎と頻繁に行き来して花札をしたり艶談を聞きもするが、遅くまで語りあったり、本郷や銀座を散歩したり、丸善に買物に出たりしている。

大槻文平ともつきあいは長く、飛鳥山に夜桜を見物に行ったりしているが、酔うと「一流の執拗さに嫌気がさす」とか、「押しつけがましい、気が小さいくせに、案外虚栄坊」だ、と親友だけに手きびしい評価をしている。永野（俊雄）も「利己的」で、「独特の平凡なる議論を大きな声で話し出す」ので閉口する友人ではあった。ほかに、藤井、佐奈木、北村、清野、三原、沖野、茂木、信賀（宗次）、西本、中平（解）、花田、荒又、藤田、石上らの名が登場する。中井（精一）からは『裸像⒀』が送られてきた。

このころ、西田はボート漕ぎの活動に懐疑的になりはじめたらしい。一月二三日の日記に、「高等学校で漕いで暮らして来たことを悔んで居る私が……自分の生きやうと努めて居る道を考へるとどうして運動など出来やう」、さらに五月一〇日には、京大に勝利して喜ぶ友人たちの笑顔を見ながら、「私には最早、共感することが――全精神を以て彼等と共に相抱擁して戦勝に酔ふ――出来ない大きな溝が作られて了った」と書いていることから推測できる。

それでもボートは漕いでいたようだが、五月三一日に「レース其ものが、民衆的で一般的ではない」といい、六月二日には「ボートの苦闘が果して真の苦闘と云ひ得らる丶権利を有するだらうか。それは苦闘と云ふ仮面を被った享楽に過ぎない、誤魔化しだ」とまで断定している⒁。

この一年間に、西田の読書傾向は次第に変化していることが見える。

倫理学科の学生として、当然ながら、前半期の読書は哲学史、アリストテレスやカント哲学、『クローチェの哲学と芸術観』、リップス『倫理学の根本問題』、佐野勝也『宗教学概論』など、倫理・哲学関係が多い。文学書も、芥川龍之介（『傀儡子』）、有島武郎、菊池寛（『我が文芸陣』）、島崎藤村の随筆や志賀直哉、夏目漱石の『心』など、それなりに目を通しているようだが、「前を急いで居る私の心を止めるべくもない」というように、文学にのめり込むことはなかった。

四月末には、ジョン・スパルゴ『ボルシェビズムの心理学』とクローチェ『歴史マテリアリズムとカール・マルクスの経済学』（一九一七年出版の英語版だろう）の古本を買い、五月には研究室でマクドゥーガルの『集団心』を借りている。同じ五月に、河上肇の『社会組織と社会革命に関する若干の考察』（一九二二年刊）を図書館で読んで、唯物史観の立場からの福田徳三批判を「痛快なる論文」と評する。同じころ、西田は、ツガン（ミハイル・トゥガン）『唯物史観の理論的根拠』の抄訳である『唯物史観の改造』（高畠素之訳か）を「面白いと思って」読んだ。さらに、河上肇の『近世経済思想史論』（一九二〇年刊）を半分ほど読んで、「こんな本を高等学校時代に真面目に読んで居たらと吾ながら情ない」と述懐し、河上の『唯物史観研究』やトゥガンの『唯物史観の批判』も読みたい、と読書熱は旺盛である。

五月二二日には、大山郁夫の『現代日本の政治過程』を購入して読んでいる。これは、改造社からこの年に出版された新刊本であった。

六月中旬、大山郁夫の『政治の社会的基礎』、高田保馬の『階級考』、さらに図書館でリースティン・ヴェプレンの『有閑階級の理論』を読んでいる。

七月以降は、日記欠落のため多くは不明ながら、それでもわずかに『ローザ・ルクセンブルク小伝』を読んで、「彼女の短いけれど一線に太く引きなぐった生涯を今更ながら貫く思った」と感想を記し、さらに、エンゲルス『フォイエルバッハ論』を読まなくてはならぬとも書いている。

明らかに西田の読書（思想）傾向はマルクス主義、唯物史観の方向へすすんでいると見ることができるだろう。

六月にはまた、多くの講演を聞いていることも特徴的である。高橋亀吉「金融の資本的統制と科学的統制」、大山郁夫「人種起源と国家起源」、さらに、二三～二六日にかけて、八木沢「将来社会に於ける農業の産業的地位」、大沢辦二郎「現代農村の政治運動」、有馬頼寧「農村離村の研究」と、連続して農業問題の講演会に集中している。たまたまの偶然であろうか。あるいは、西田の意識が農業問題に向かっていたのだろうか。西田が北海道の小作争議にかかわるのは翌二六年夏のことである。

多少奇異に感じることは、政治や経済など時事的問題への言及がほとんど見られないことである。犬養毅が革新倶楽部を立憲政友会と合同させたあと、政界を引退することがわずかに五月二八日に触れられているのみである。犬養毅が加藤高明（護憲三派）内閣の逓信大臣でありながら、突然のように引退して富士見高原の山荘に引きこもったことは、大きなニュースではあった（その後、政界復帰して政友会総裁となり、一九三二年「五・一五事件」で青年将校らに殺害される）。しかし、この年三月には、普通選挙法案が議会を通過して、五月に衆議院議員選挙法として公布され、男子普通選挙が実現している。同じ三月に、治安維持法が議会で可決され、四月二二日に公布された。四月一三日には陸軍現役将校学校配属令が公布され、一〇月一五日に小樽高商で軍教反対闘争が発生する。一二月一日には、京都学連事件が起こって、治安維持法がはじめて適用されていく。

こうしたニュースに、西田が「日記」で触れることはなかったようだが、しかし、この間にも社会・政治改革を自己の生き方の問題として自らに課そうとする姿勢と方向性は固まっていった、と考えられる。

それは、一二月五日から二一日まで、「日記」を書かなかったその期間に、西田にとって重大な決断をしたことで示されているだろう。西田は、一二月二二日の「日記」に、その期間が「僕の後世にどれ丈の展開を示した日となるか、否かは恐らく誰も知ることは出来ない」と書いているのである。

これは、小笠原克も明言しているように、西田が新人会に正式に入会したことを示していると思われる。

## 4　新人会員として

西田信春が東京帝大新人会に加入したのは、一九二五（大正一四）年一二月であった。同じ漕艇部にいた園部真一の勧誘があってのことらしい。西田は入会後、巣鴨班に属した。

新人会はすでに一一月七日、ロシア社会主義革命記念日に集会を開き（第二学生控所）、荒畑寒村の講演を聞いていたが、軍教反対演説会のあとにも新人会七周年記念の講演会を開催して約千人の学生を集めるなど、活発な学内活動を展開していた。

京都学連事件が突発したのは、まさにそうしたときであった。

発端は、京都の同志社大学構内に軍教反対のビラ二枚が貼り出されたことであった。ビラには「狼煙ハアガル兄弟ヨ此戦ニ参加セヨ」と書かれていた。一九二五（大正一四）年一一月一五日のことである。

三日後、京都府警察部特高課は同志社大学生大浦梅夫を任意同行し、同人の宿舎を捜索した。本人の承諾があったとはいいながら、正式の令状はなかった。

一二月一日、京都府警察部特高課は、市内各署の警察を動員して京大、同志社大生らの下宿、合宿所、寮などを一斉捜査し、学生三三人を検挙、荷車三台分の文書類などを押収した。この検束と捜索は治安警察法と出版法、手続き的には行政執行法にもとづいておこなわれたが、結局、公訴提起に持ち込むだけの証拠は得られず、七日までに全員が釈放された。大山鳴動してネズミ一匹も出なかったのである。だが、これは事件の序盤にすぎなかった。同日（一二月一日）、農民労働党が結成され、即日禁止されている。

京都帝大では、法学部や経済学部の教授団がそれぞれ意見書を発表して、教育・研究の自由の価値や手続法尊重の必要を強調したが、当局側は捜索を断念したわけではまったくなかったのである。すでに一二月一六日に司法省（警察・内務省ではなく）では秘密会議を開き、司法官僚の指揮のもとで学連の中心人物を全国一斉に検挙する方針を決定したのであった。

翌二六（大正一五）年一月一四日、検挙に先だって各新聞社に新聞紙法第一九条による記事掲載差し止め命令を出したうえで、東京地裁検事局の池田克、黒川渉、平田勲らが京都入りし、大阪地裁検事局からも吉村武夫が応援に入った。いずれも「司法省のなかで漸く育ってきた思想犯専門家の有数な連中⒂」であった。翌日から数ヵ月にわたって、全国各地で学連の中心的活動家の検挙が強行された。京都学連事件は検事局主導による治安維持法の初出動となった。

検挙された学生（卒業生、中退生をふくむ）は三八人をかぞえた。その学校別内訳は、京都帝大二〇人、東京帝大・同志社大各四人、慶応大・大阪外語大各二人、他に日大、明治学院大、早稲田高等学院、関西学院大、神戸高商、三高の各一人であった。河上肇（京都帝大教授）、河野密（同志社大講師）、山本宣治（同）ら教師陣も拘引あるいは家宅捜索を受けた(16)。

被検挙者の当初の容疑は出版法第二六条違反であった。「皇室ノ尊厳ヲ冒瀆シ、政体ヲ変壊シ又ハ国憲ヲ紊乱セムトスル文書図画ヲ出版シタル」罪であるが、検察側はその後治安維持法違反容疑に切り替え、三八人全員を同法違反として起訴、予審請求をおこなう。結社組織罪よりは協議罪、煽動罪の適用を念頭に置いたのだろう、といわれる。

京都学連事件をきっかけとして、行政権力の大学・高校への干渉、学生運動への弾圧政策は急速に強化されていった。一九二六年五月、岡田文相は、全国の高校、高専、大学に内訓「生徒ノ左傾思想取締ニ関スル件」（「思想令」とよばれる）を発した。

一、社会科学研究会、読書会など、名称を問わず「左傾思想研究を目的とする団体」の設立は許さない。

二、生徒が「左傾団体に加入」したり、危険思想を鼓舞・宣伝することを禁止する。

三、弁論大会、講演会はあらかじめ演説や要旨を報告させること。学校外の演説は禁止する。

四、他校生徒参加の弁論大会は禁止する。

五、校友会雑誌などは発行前に記事を審査し、監督すること。

六、違反する者にたいしては、相当の処分をおこなうこと。

京都地裁の難波良蔵を主任とする予審判事の取調べが終結したのは、九月一八日であった。この日、事件に関する報道禁止が解除された。国民はこの日までおよそ八ヵ月間、事件のことを知らされなかったのであった。

当時の裁判は、刑事訴訟法によって、予審判事がまず公訴事実の有無を審理し、被疑者を公判に付すべきかどうかの判断をおこなうことになっていた⒄。予審終結決定書は、被告人らの容疑行為を「無産階級による独裁、私有財産制度の変革などを企図して、その実行に関して協議をおこなった治安維持法違反行為である」と認定した。事件の際には、日本共産党など「非合法」結社は存在せず、被告人たちは協議罪と煽動罪に問われたのであった。六人の学生が出版法違反にも問われ、石田英一郎が中学生時代の日記帳の記述によって不敬罪違反とされた（石田は男爵の爵位を返上して公判に臨んだ）が、これらは公判前に大赦令によって免訴となった。一二月二五日に大正天皇が死去し、翌年二月七日大葬がおこなわれたのである。年号は昭和にかわった。

第一回公判は一九二七（昭和二）年四月四日から、京都地裁（荒井操裁判長）で開かれ、五月三〇日、全員有罪の判決が言い渡された。是枝恭二（東京帝大）、村尾薩男（東京帝大）ら四人が禁錮一年、後藤寿夫（東京帝大）、野呂栄太郎（慶大卒）、岩田義道（京都帝大卒）、淡徳三郎、鈴木安蔵、石田英一郎ら一一人は禁錮一〇ヵ月、その他二三人が禁錮八ヵ月の判決であった。うち一五人に二年間の執行猶予がついた。是枝恭二、後藤寿夫（林房雄）、村尾薩男は東京帝大で西田の一年先輩で、ともに新人会仲間であった。岩田義道も、西田が石堂と住んだ馬込村の家に二七年夏ころ、同居するなどして親密な活動家仲間のひとりであった。

被告、検察双方が控訴した。この間に、東京帝大と京都帝大の総長、大阪外語、神戸高商の校長が譴責処分を受け、京都帝大では在学中の被告学生一六人を停学処分にした。

控訴審は、二八年三月五日から大阪控訴院（前沢幸次郎裁判長）ではじまった。

ところが、その直後、非合法の日本共産党（一九二六年一二月四日に再建）にたいする大弾圧たる「三・一五事件」が発生し、学連事件の被告人の相当数の者が共産党への加入罪を問われることになった。彼らは、別の第一審裁判で有罪判決を受けたうえで、学連事件の控訴審に合流することになった。京都学連事件と「三・一五事件」

を、裁判所は強引に連続したものと認定したのである。

二九年一二月一二日の控訴審判決は、「三・一五を契機に展開する厳罰主義、反共産主義イデオロギーの強化の雰囲気をうけて(18)」きびしい量刑に変更された。後藤寿夫、鈴木安蔵は禁錮二年に、七人は禁錮八ヵ月から一年六ヵ月に、「三・一五」に関係した宮崎菊次は禁錮八ヵ月から懲役七年に、石田英一郎は禁錮十ヵ月から懲役六年六ヵ月へと重刑を課された。もっとも軽い者でも懲役三年であった。後藤ら九被告は上告したが、大審院（刑事第四部）は三〇（昭和五）年五月二七日に上告棄却判決をくだした。

ところで、京都学連事件とほとんど重なる時期に、北海道集産党事件とよばれる治安維持法違反容疑事件がおこっている。国鉄名寄駅の鉄道労働者たちが、一九二五年ころに「新芸術協会」を結成して地域の文化運動をはじめた。これを土台にして「集産党」なる結社を組織して社会科学の研究をすすめようとしたが、わずか一九人のこの小集団が秘密結社と疑われ、のちには「私有財産制度ノ否認ヲ目的トスル結社」ときめつけられて治安維持法違反に問われ、検挙された一二人のうち七人が、二八年五月、旭川地裁で禁錮二年から一年二ヵ月の実刑判決をくだされたのであった。集産党事件は、北海道で最初の、しかも第一条をはじめて適用して起訴された治安維持法違反事件であった。

東大新人会の被検挙者は是枝恭二、後藤寿夫（林房雄）、村尾薩男、松本篤一の四人であった。新人会ではすぐさま幾組かの陳情団を組織して、検挙を口実に大学から除籍させないための陳情活動をはじめた。石堂清倫はじめ佐多忠隆と組んだが、すぐ西田信春に代った。二人が担当したのは島中雄作（中央公論社）、法学部の美濃部達吉教授、文学部の春山作樹教授の三人であった。西田は「気だてがよく、行動的で、たちまちのうちに私は無二の友人をえた思いがした[19]」。

石堂によると、島中雄作は検挙反対の行動をとることを快諾してくれたが、美濃部教授は後藤の憲法の答案を問題視して、「不真面目なものを学内にとどめるわけにいかないだろう」といった。

後藤（林房雄）は、美濃部教授の憲法学の答案に「ブルジョア憲法何するものぞ」と漫罵の一句しか書かなかった。美濃部教授は「たとえマルクス主義にもとづく答案であっても、内容がすぐれておれば、よろこんで優をあたえよう。後藤は大学でまじめに勉学する意志などないのだ」という。石堂らは、「後藤のふざけた態度には友人としてただ恥入るばかりである。しかし司法当局が彼を逮捕したのは、答案の不真面目さによるものでなく、思想の自由を犯すことなのであり、先生にはその思想の自由をまもっていただけるものと期待して伺った」と反論した[20]。

一九二六（大正一五）年一月二六日、学連事件の予審が開始された。

二月には東京帝大内でマルクス主義芸術研究会（マル芸）が、中野重治、千田是也、小野宮吉、山田清三郎、柳瀬正夢、佐々木孝丸、関鑑子らによって結成された。

共同印刷争議[21]がおこったのは、西田が新人会に入会して巣鴨班に所属してから森川合宿に移る直前のことであった。克己寮で共同生活をしていた大槻文平は、西田が「有名な共同印刷の争議の折など、昼夜を問わず熱心に足を向けた[22]」ことを記憶している。中野重治や石堂清倫らも争議に参加していた。

東大新人会では二六年春から合宿を増やすことになり、石堂清倫が責任者となって西田と二人で借家探しをした。結局、森川町一番地に手ごろの家をみつけて入居した。家賃は五〇円、敷金は大間地篤三が大村博から三百円を借りてきた。階下は二室、階上は四室、前後に階段があった。合宿の賄いは、石堂の妹千代を上京させて担当させたが、女学校出たての妹には過重負担であった。見かねた清水町合宿の後藤（林房雄）の母親がやってきて、何かと助言などをしていたようである。

森川町合宿には石堂、西田のほかに、森静雄（のち岩波書店編集部に入り、「日本資本主義発達史講座」を担当する）、川口浩、内垣安造、医学生の金沢達（宮崎達）がいた。亀井勝一郎、瀬口貢（鹿地亘）、砂間一良もしばらく同居している。

評議会の幹部や地方から上京してきた客を泊めることもあった。関東金属幹部の杉浦啓一や出版労働組合の中尾勝男たちが警視庁の予備検束を避けてきたこともある。西田が連れてきた日本農民組合北海道連合会の荒岡庄太郎もここに泊っている。大学に近いので大勢の仲間や友人が訪ねてきた。会員外で中野好夫や大槻文平、永野俊雄らもいた。大槻文平は西田の一高以来の親友であった。

田中清玄は、この森川町合宿で西田に正式に紹介されている。「いつもにこにこしていて……いつでもハンチングをかぶっておった」。ハンチングはチャコール・グレーのチェック模様であった、と田中は記憶している(23)。中野重治と西田の出会いはいつころであったか。中野自身は「一九二五年、六年という頃に、多分はじめて私は西田を新人会生活のなかで知った。西田の方がだいぶ早く新人会にはいっていた(24)」と書いている。中野は一九二五（大正一四）年の夏に大間地篤三、林房雄の紹介で新人会に入った、との記述が「年譜」にある。西田が新人会に入った時期は、一九二五年一〇月から一一月にかけての間、と『西田信春書簡・追憶』中の年譜にはある（先に見たように、西田の「日記」からは一一月入会と推測できるのだが）。だとすれば、中野の「西田の方がだいぶ早く新人会に入っていた」は記憶ちがいであろう。

両人を知る石堂が、一九二五年一一月二一日の東大軍教批判演説会でさかんに声援を送る西田を見て、「そのころまで、新人会の会合で彼を見かけたことがないから、彼が入会したのはそのあとのことだろうと思われる(25)」と記述し、さらに『わが友中野重治』でも「九月ごろに中野が新人会に入ってきて、私たちを大よろこびさせた」「西田信春は中野よりすこしあとに入会し、私の森川町合宿に入り、この合宿へは中野がよくきたから、西田は出身の一高グループよりもわれわれ四高仲間と親しくした。西田ははじめから「おい、中野」と呼んだ」と語っていることからも、中野が西田より二、三ヵ月早く新人会に加入していたと判断してよいのではないか。

ただし、不審がないわけではない。中野重治の新人会入会が一九二五年の夏であれば、同年一一月の軍教批判演説会のとき、彼は会員であった。だが、中野の作品『むらぎも』にこの演説会のことがまったく述べられていない。「たぶん中野は演説会を知らなかったのであろう」と石堂は推測(26)しているが、いかに中野が社会主義文学に傾倒していたとはいえ、新人会員として「学生全般の民主的志向と社会主義学生のリーダーシップがみごとに結合した数すくない例(27)」であったこの演説会に無関心であったとは考えにくい。

中野重治は新人会員として、東大正門近くにあった石堂らの森川町合宿によく足を運んできた。桜木町合宿(本部)よりもこちらのほうが息抜きができたようでもあった。中野と石堂、西田、内垣ら、さらに一時は亀井勝一郎、川口浩、鹿地亘らが加わって議論の花を咲かせることが多かった。

中野の西田評がある(28)。西田は決して際立った性格、人物というのではなかった。新人会員に多かった見るからに革命的な風貌はなく、文学青年や哲学青年型でも、学究肌でも事務的商人的でもない。体格・風采を見ると、弾力的で頑健な肉体、撫で肩の広い肩幅、厚い胸、まっすぐな背中とその上のまっすぐな首、その上のまっすぐな顔と頭。「彼はあかい頬をしていたが、皮膚がうすい棗《なつめ》色だったため、その底に沈んで紅が紅として目立たない。

棗色は全身的のもので、瞳も髪の毛も、nervösということに全く無縁な淡い鳶色を帯びていた」。髪の毛は五分刈りにしていた。目鼻立ちはかなり整っていた。

西田は畳の上に絣を着てきちんと坐り、背も首もまっすぐにして一心に読んでいた。首を落して顎をつき出した姿勢、猫背、かがみ込んだ姿ということが彼にはなかった。それが西田の自然体だった。西田は酒も飲まず煙草も吸わなかった。しかし、彼は決して朴念仁でもユーモアを解さぬ人間でもなかった……と。

一九二六（大正一五）年四月、東大で学生委員の選挙があった。学友会を大学自治の民主的機関にしたいと考えていた新人会は、西田信春と中野重治を候補に立てて当選させた。「あまり発言しない西田が、ほかの委員のあいだでかなり信望があった(29)」という。

四月九日、治安警察法が改正され、第一七条が廃止された。治警法第一七条は、労働者の同盟罷業（ストライキ）などの労働運動を規制する条項であった。ただし、第一七条削除の代わりに労働争議調停法および暴力行為等処罰ニ関スル法律がそれぞれ公布、施行される。

五月、西田は学内の社会科学研究部哲学研究会に所属した。さらに、学外活動として横浜市電共和会で、石堂の後任として学習会のチューターをつとめている。五月ころから西田は、大衆教育同盟本部(30)書記として組合や労農党の研究会でつかう教材のプリントづくりなどにとりくんだ。西田の教育同盟派遣は大間地篤三の指示のはずだと石堂は記憶しているが、大間地は覚えていなかったようだ。

石堂は、このころ、西田と二人でルカーチの『歴史と階級意識』を途中まで読んだが彼の観念論に感心せず、結局、フリダ・ルビナー訳の『レーニン一巻選集』を読むことにした。森川町で共同生活をした二年間、西田がもっとも傾倒したのはこの『レーニン一巻選集』であったようである(31)。

夏前に石堂が発熱したとき、西田が大学病院に掛けあって医師を連れてきたことがあった。大学病院は往診はしないと思っていた石堂には驚きであった。

夏休みで帰省したときに、西田は北海道の小作争議にかかわったらしい(32)。

日本農民組合北海道連合会の第二回大会が旭川市錦座劇場で開かれ（一九二六年九月）、西田はこれを傍聴した。大会を取材した『小樽新聞』（のちに『北海道新聞』に統合）は、「三千の大衆は旭川駅前から隊伍を整え師団道路（現在の平和通り）に出て四条通りより会場に繰り込んだ／汗して働くものに報いがあるべきだ／会場には小作人が何を仕出かすのかと偵察の地主たちが傍聴席に三三五五と姿を見せ／無産農民を入れた会場は生気躍動し場外にあふれ物々しい光景」などと書き、各地の代議員の発言を紙面で伝えている。

西田は、この会場で新十津川村から出席した二人の代議員に会った。新十津川小作人組合（一九一八年結成）の小坂小次郎支部長と、同大会で道連執行委員に選出された井上祐一である。なお、日農北連は前年一〇月に結成され（結成時の組織は五支部六〇〇人）、荒岡庄太郎が委員長をつとめていた。大会終了後、西田は二人の案内で雨竜の蜂須賀華族農場に入り、小作争議の実情調査をおこなった。

同じ九月、学連事件の被告人三八人全員にたいする予審決定がだされた。それは治安維持法の「協議」罪違反で公判に付すというものであった。

秋になって、西田は、石堂および愛甲勝矢（九大生）、常見庸夫（京大生）と四人でチームをつくって「赤羽の稲付の水野成夫の家で特訓みたいなものをうけた(33)」。水野成夫と浅野晃両先輩がチューターで、「福本主義」

の特訓で相当にしごかれた。石堂はこれを「てっきり党学校だろうと思いこんでいた」が、そうでなかったことを戦後になって知った(34)。「二七年テーゼ」以前のことで、福本イズム全盛のときであった。

このころの西田について、岡崎次郎は、次のように語っている。

この年（大正一五年――引用者注）二月、福本和夫が『マルクス主義』誌上で山川均の方向転換論を批判し、日共党内ではいわゆる福本イズムが支配的となった。三月から年末まで福本は本郷の菊富士ホテルに滞在し、そこに群がる多くの青年に福本イズムを説いて聞かせた。思いがけずもこれらの青年のなかに西田もいたのである。彼は菊富士ホテルからの帰途私が下宿していた鹿鳴館に寄り、初めて革命や社会主義を語るようになった。しかし、相変らず口数は少なく、マルクス主義に入信したということは判ったが、福本イズムについてどのように考えているのか、この面倒な理論が彼にわかっているのかどうか、はなんとも言えなかった。彼の場合には、この入信という言葉が当てはまるような気がした。私の机上に『資本論』が開いてあるのを見て、彼は今や論議の時ではなく実践の時期なのだ、と言った。然らば革命はいつごろ起きる見込みかと尋ねたら、七年後くらいだろう、と答えた。私は、そんな説にどんな根拠があるとも思えなかったが、思い込んだらテコでも、という彼の性格をよく知っていたから、ただ、そうか、と言うに止めた。

（『マルクスに凭れて六十年』）

一九二六年一二月四日、山形県五色温泉で日本共産党が再建された(35)。宗川旅館で開かれた第三回党大会は、政治方針と党規約を採択し、佐野文夫、佐野学、徳田球一、市川正一、渡辺政之輔、福本和夫、鍋山貞親からなる中央委員会を選出した。委員長は佐野文夫がついた。翌二七年一月、佐野文夫、渡辺、徳田、福本らは、コミンテルンとの協議のためモスクワへ向かう。市川正一を責任者とする留守中央部がつくられた。

二六年一二月から翌年一月にかけて、西田は、雨竜村蜂須賀農場の小作争議の応援に入っている。これは日農北連委員長荒岡庄太郎の証言で明らかである。冬休みの帰省中のことだろう。姪の高井貞子も「その頃近所の小作人の人が、信春さんは雨竜で演説しとったと噂しました。当時雨竜では蜂須賀農場の小作争議が長引いており、労農党（農民党？）が後押ししているとの事を子供の私も知っていました。この噂を持って来た人は後々も兄さんの消息を気にかけてくれ、ずっと後で自分の初孫に信春と名前をつけました」と記している(36)。

一二月二五日、大正天皇が崩御し、昭和に改元される。

翌一九二七（昭和二）年を迎えると、西田は満二四歳、東大卒業の年である。一月に『社会問題講座』第一一巻が新潮社から刊行された。それには野呂栄太郎の「日本資本主義発達前史」が掲載されていた。

東大では、卒業直前の二月二三日に新人会講演会が計画された。講演をすすめられた石堂は、「演説はとくに苦手なので」西田に代ってもらった。

あっさりと引受けた西田は、ひとつ「ファシズム」でもやるかといって、石堂の書棚からアキラの『イタリアにおけるファシズム』とインプレコール(37)を持ち出して原稿をつくった。講演会は午後三時から三〇番教室で開かれた。西田は大山郁夫や大森義太郎とならんでけっこううまく演説をした、という。

ところが、文学部は卒業論文の提出義務があり、これには日ごろあまり教室に行かない面々は困惑したようだ。だが、西田はそのうちニコニコして、種本を借りてきたといって石堂に見せた。それがマックス・シェラーの「倫理学における形式主義……」とかいう冊子で、西田は「本当は何も知らんがね、俺がこれを要約報告すれば、教授や助手が助かるから貸してくれたのだ」といって、そのうち三、四〇枚のリポートを書きあげて卒論にした、という(38)。

ちなみに、石堂はシェリーを卒論の題目とし、中野重治は「ハインリッヒ・ハイネについて」であった。

そのころ、小林多喜二は北海道の小樽でカール・マルクスの『資本論』を読みはじめていた(39)。ただし、三月八日の「日記」には『資本論』は難解なので『経済学批判』の方にとりかかったが、「やっぱり分らないところが沢山ある」と音をあげている。

一九二七（昭和二）年の春は、三月一五日に金融恐慌が勃発し、四月二〇日に成立した政友会の田中義一内閣がその二日後に緊急勅令で「モラトリアム」（三週間）を発するなど、経済的にきわめて不安定の時期にあった。他方で、第一次山東出兵が決定され（五月二八日）、六月末には東方会議が招集されるなど、対中国侵略政策が着々と準備されていった。

そうした時期に西田らは卒業した。

## 註　第二章　東京帝大生時代

1　入学

（1）（2）内田佐久郎「追憶」『書簡・追憶』290ページ

（3）岡崎次郎『マルクスに凭れて六十年』　青土社　60ページ

西田や中野と同じ一九二四年に東京帝大文学部英文科に入学した上林暁もまた、作品「ジョン・クレアの詩集」のなかで入学当時の東大構内の様子を、次のように描いている。

「……文科の教室がなくて、四十三番、四十四番のバラックの教室で講義をしたものでした。教室はトタン葺きで、夕立のあるときは雨の音がやかましくて学生のノートはブランク勝ちでした。……床板の間からは雑草が芽を出してゐました。外では、営繕課のトラックが埃をまいて地ひびきを立てて、図書館の建築をするクレーンの音がしてゐました」（松下裕『評伝中野重治』筑摩書房　84ページ、より引用）

（4）津本賢秀「わたしの見た西田」『書簡・追憶』457ページ

「ある篤志家」とは渋沢正雄のことで、彼は、「日本資本主義の父」と呼ばれる渋沢栄一の三男であった。克己学寮は、明治四〇年ころに渋沢栄一が三人の息子たちの学習のために設けた寄宿舎（自治寮）で、明治四二、三年ころに青山六丁目から小石川白山御殿町に移ったらしい。正雄が家督をついだので、克己寮も正雄の管理下におかれたのであろう。克己寮出身者に篠原三千郎（東急社長）、芦田均（首相）、永野護（運輸大臣）、永野重雄（富士製鉄社長）らがいる。

西田は、大槻文平や北村岩介（陸上競技選手）らと一緒に克己寮に入寮した。西田が克己寮生であった期間ははっきりしないが、一九二五（大正一四）年六月の西田の「日記」に記述がある。大学二年のときの記録であるが、大学入学直後の二四年五月はじめに津本は克己寮で西田に会っており、二六年春に西田と石堂が森川町一番地の新人会合宿所に入居してから、「二人とも渋沢という人の世話になっている」大槻文平が西田を訪ねてきている（石堂清倫「思いだすままに」）。おそらくは大学入学後、卒業まで在籍していたのではないだろうか。ただし、西田は「日記」のなかで、新旧入寮生の対面の寮会について「渋沢さん自身が或る優越感を味って陶酔するための一夕の会合にすぎない」と書き、好意的評価を与えていない。

高井貞子（西田の姪）も、次のように書いている。

「東大在学当時上京した祖父（西田英太郎のこと——引用者注）は兄さんを訪ねました。その住居は渋沢某という金持の人が無償で貸与された家で学生課（？）の世話によって地方出身者で将来見込める者とて選ばれた（？）由ですが、日曜日には屢々その家主が沢山の牛肉を持参し話をしたがる、ところが兄さん達にはそれがうるさくてしようがない、そんな相手は御免とて家主も祖父も置き去り何処かに逃出す始末で、どうもけしからん奴共だと祖父もあきれたそうです」（「信春兄さんの思い出」）

（5）清瀬三郎「西田信春君のこと」『書簡・追憶』307ページ

（6）「海内は大学のボート部の主みたいになったが、一年のとき学部対抗レースでは、工科のクルーとして文科の西田信春らに何挺身も差をつけたのが自慢であった」（石堂清倫『わが友中野重治』193ページ）

（7）海内要道「西田信春君の思い出」『書簡・追憶』294ページ

（8）石堂清倫『わが異端の昭和史』勁草書房　60ページ

2　軍事教練反対闘争

（9）たとえば、手塚英孝『小林多喜二』（新日本新書）は、小樽軍教反対闘争と小林多喜二のかかわりについては一切触れていない。倉田稔は、「結論的に言うと、小林多喜二はこの軍教事件には関与していないように見える」

（『小林多喜二伝』論創社　356ページ）と述べている。また、ノーマ・フィールドは、『小林多喜二――21世紀にどう読むか』（岩波新書）のなかで、「……卒業して一年半もたち、この事件に関わった様子はない」としながら、「後に「年譜」や「故郷の顔」や小説「転形期の人々」で自分の歩んだ道を振り返る際、いかに軍教事件が小樽の「左翼の伝統」にとって重要であったかを強調している」（112ページ）と指摘している。

これらに対して、江口渙は、「ひとたび軍事教練反対闘争がまき起こされると、彼はそのつとめ先である北海道拓殖銀行小樽支店を毎日はやめに逃げ出しては、母校の学生たちの闘争に加わってさかんにげきれいしたことは有名な話である」（『たたかいの作家同盟記』上巻　43ページ）と記述している。森正蔵『風雪の碑』には、「在学時代「軍教反対」の運動をやり」（131ページ）とあり、多喜二自身も「高商にいる頃軍教反対運動に加わり」（「コースの変遷」）と書いているが、高商在学中はありえないだろう。倉田稔は、江口が書いたような関わりはあるいはあったかもしれないと推測しているが、その資料的根拠は明らかでない。

(10) 石堂清倫・堅山利忠編『東京帝大新人会の記録』経済往来社　387ページ

(11) 田中稔男「西田君について」『書簡・追憶』312ページ

3　西田の「日記」から

(12) 小笠原克の「あーまたこの日かきた」は、一九七二年一二月出版の『《日本》へ架ける橋――北海道にて』（辺境社）に採録され、さらに『小林多喜二とその周圏』（翰林書房）にも再録されている。

(13) 大槻文平は、大正一三年九月から一四年三月まで富山の中学校で英語教師をしていた。その後、一四年四月から東京帝大法学部に再入学して、再び克己寮で西田と共同生活をはじめた。西田が「社会科学に目を向け始め次第に実践運動に入って行った」（大槻文平）のは、西田が大学二年になったころからのことである。

「あらためて東大生になった大槻に西田は東大の正帽をくれて自分は古びたソフト帽をかぶっていた、と大槻は言っていたから、このころから西田は内面的にも外観的にも変身を始めたのであろう。私は西田のソフト帽すがたは憶えていないが、そのころ一度克己寮に西田を訪ねたとき、机上に河上肇や大山郁夫の著書があるのを見て、おや、西田よお前もか、と思ったのを憶えている」と、岡崎次郎は『マルクスに凭れて六十年』のなかで述懐している。

(14)『裸像』は、中井精一や中平解、大間知篤三、中野重治、大島文雄、深田久弥らによる同人誌で、一九二五（大正一四）年一月から五月にかけて全四冊出ている。

4　新人会員として

(15) 奥平康弘『治安維持法小史』筑摩書房　70ページ

(16) 慶大生野呂栄太郎は卒業直前であったが、「その下宿、慶大館の居室を家宅捜索されて、執筆中の卒業論文、原稿、そして種々の資料を押収され、もち去られてしまった。卒業を目前にひかえての事件だけに大きな損失であり、痛手だったが、彼はただちに残された資料と、記憶から、ふたたび「銀行および生産の集中と金融資本の制覇」というテーマの論文を大急ぎでまとめ、卒業論文とした。これを彼のもとに出入りする学生たち、大塚嘉次氏その他が手分けして清書をしてくれた。まだ寒い二月の夜で、みんな毛布で足をくるんで、夜を徹して清書した」（塩澤富美子『野呂栄太郎の思い出』新日本出版社　157ページ）という。四月一二日、野呂は検挙され、一六日に京都刑務所未決監に収容される。この間に、野呂は慶大経済学部を卒業し、産業労働調査所に入所するが、

四月一八日の卒業式は獄中でむかえることになった。（松本剛『野呂栄太郎』新日本新書　76ページ）

(17) 予審は旧刑事訴訟法下の裁判手続きで、治罪法（一八八〇年制定）によって導入された。「予審制度とは検察官が請求した事件について予審判事と呼ばれる裁判官が公判前にこれを審理するという制度で、公判を開くまでもなく手続を打ち切る事件については予審限りで被告人を解放するという自由主義的な側面と、公判前に非公開の手続で綿密に証拠収集を遂げ、公判における有罪判決をほとんど完全に準備するという糾問主義的な側面とを併せ持つ制度であった」（内田博文『治安維持法と共謀罪』岩波新書　96ページ）。

(18) 奥平康弘　前掲書　73ページ

(19) 石堂清倫『わが異端の昭和史』66ページ

(20) 石堂清倫『中野重治と社会主義』勁草書房　49ページ

(21) 共同印刷株式会社（東京小石川）の操業短縮・賃金カット命令に反対して、日本労働組合評議会傘下の関東出版労働組合の組合員約二〇〇〇人が、一九二六年一月二〇日から三月一八日（六〇日間）にかけてストライキをおこなった。会社側は暴力団や臨時工を雇って対抗した。組合側は全国的な支援を受けて闘ったが、争議団全員が解雇されて闘争は敗北に終わった。争議に参加した職工の徳永直は、その経験を小説『太陽のない街』に描き出している。

同年四月二六日には、浜松で日本楽器争議が発生している。

(22) 大槻文平「西田と私」『書簡・追憶』251ページ

(23) 田中清玄「追憶」『書簡・追憶』309ページ

(24) 中野重治「とびとびの記憶」『書簡・追憶』313ページ

(25) 石堂清倫「思いだすままに」『書簡・追憶』272ページ
(26)(27) 石堂清倫『わが友中野重治』54ページ
(28) 中野重治「とびとびの記憶」『書簡・追憶』313～315ページ
(29) 石堂清倫「思いだすままに」『書簡・追憶』275ページ
　石堂は、西田の信望があった理由について、「西田が一般の新人会員といろいろな点でかわっていると思われたこと、つまりいっこう左翼臭のないところがあり、そのうえ寡黙であるために、無言の圧力をつくりだしているのだろうというのがわれわれの結論であった」と記している。
(30) 一九二四（大正一三）年六月に、無産政党を組織するための準備団体として、安部磯雄、賀川豊彦、嶋中雄三、大山郁夫、青野季吉らによって政治研究会が組織された。翌二五年に無産政党組織準備委員会に加入するが、次第に左右の対立が激しくなり、二六年三月に結成された労農党（委員長杉山元治郎）から左翼四団体（日本労働組合評議会、政治研究会、無産者青年同盟、水平社無産者同盟）が排除されると、同年五月一六日、政治研究会は大衆教育同盟（委員長佐野袈裟美）に改組したが、まもなく自然消滅した。西田が大衆教育同盟ではたらいた期間はごく短いものであったと思われる。
(31) 石堂清倫「思いだすままに」『書簡・追憶』276ページ
(32) 藤原忠雄「ある家族の戦中と戦後の生活」『トック』第一一号　21ページ
(33) 石堂清倫「思いだすままに」『書簡・追憶』277ページ
(34) 石堂清倫『わが異端の昭和史』82ページ
　なお、石堂は、「そのころの福本主義」（「現代史資料月報」『現代史資料』20付録）で、「それは、卒業まで三ヵ月ほどつづいたが、峻烈非情をきわめたといってさしつかえないほどのドリルで、こんな苦しい経験はあとにもさきにもない。浅野氏（浅野晃――引用者注）は後年になって福本主義を奉じたことはないと書いているそうだが、当時私たちにとってはスーパー福本主義者として映じた」と書いている。

(35) 党再建大会は「福本イズム一色で塗りつぶされ」（立花隆『日本共産党の研究』上　111ページ）ていたといわれるが、日本共産党の党史でも、大会の政治方針には「重大な誤り」が含まれていた、と指摘し、その主要な原因を「福本和夫の観念的な、反マルクス主義的な理論が、党にもちこまれた結果」と分析している。（『日本共産党の五十年』38ページ）

(36) 高井貞子「信春兄さんの思い出」『書簡・追憶』450ページ

(37) インプレコールは、コミンテルン第二回大会（一九二〇年）で刊行が決定された各国語による定期刊行物『国際通信』（Internationale Presse-Korrespondeuz）の略称。

(38) 石堂清倫「思いだすままに」『書簡・追憶』278ページ

なお、西田の卒論の題名は「意志の自由について」であったらしい。それがわかった経緯について、中野重治が一九七二年一〇月二七日付の手紙で石堂に語っている。

「香川経済学部教授山崎怜という人、村山籌子のことをしらべていて家（原および中野）へ話をききに来、あれこれから原が西田の話をし、本を一冊買ってもらったところ、大学新聞で昔のことをしらべ、西田の卒業論文のことをしらべて、われわれのとちがって、当時の帝大新聞によれば、西田の論文の題は「意志の自由について」とあったと知らせてくれた。他の人のもしらべてくれた」（石堂『中野重治との日々』64ページ）

(39) 荻野富士夫編『小林多喜二の手紙』岩波文庫　51ページ

# 第三章　社会運動のなかで

—野の花—　厚田村“二輪草にて”　上杉　仁史

# 1　労農運動のなかへ

一九二七（昭和二）年三月はじめ、西田信春と石堂清倫は評議会（日本労働組合評議会）の杉浦啓一に呼び出され、西田は全日本鉄道従業員組合、石堂は関東電気労働組合で働くことを勧められ、その場で承諾した。同期の卒業生は三九人であったが、「そのうち一四名が、労働組合や農民組合や無産政党、運動関係の弁護士事務所などに入った（1）」。西田と石堂のほかには、内田佐久郎が組合同盟へ、大間知篤三と入江正二は労農党、枝吉勇は労農党か日本農民組合長野県聯へ、坂本喜亮は産業労働調査所へ、高畠春二は上村進弁護士事務所へ、色川幸太郎も弁護士へ、中野重治や鹿地亘は文学運動へと、それぞれすすんだ。

西田を全日本鉄道従業員組合本部書記の赤島秀雄に「信頼できる、りっぱな青年だ」として紹介したのは、評議会の杉浦啓一であった（2）。

中野は関東化学労働組合にゆくことになっていたというが、中野にその認識はなかったらしい。これは、評議会が本人の意向を確かめずにきめたものだったが、「これが不思議に思われないのが一般の空気であった（3）」。卒業後、石堂は、化学労働組合の幹部が中野の赴任してこないとこぼすのを聞いている。

その中野が全日本鉄道従業員組合の本部書記として働く西田を訪ねたことがある。

一度私はそこを訪ねたことがある。多分その時分、芝の協調会館で何かの演説会があって、西田と私とが下ごしらえに行ったことがあったが、建物玄関のところへ立看板を出さなければならない。演壇の上の框へは演題を書いた紙を吊るす必要がある。長い幟型の紙切、模造紙の大きな枠張り、大皿の墨汁、大きな筆、そこで西田がそれに跨るようにして書いて行くのを見て私はおどろいていた。それは見事な筆蹟だった。一尺角大の文字が、誰にでもあんな風に書けるものではない。西田の文字の芸術性を云々する積りはないが、それは平明で正確な文字だった。……（「とびとびの記憶」）

赤島秀雄は、西田との出会いについて次のように語っている。

評議会（日本労働組合評議会）の杉浦啓一君が、私が国鉄の従業員組合で本部書記として苦闘していた時に、協力者として推薦してくれたのが彼であった。たしか、昭和二年の晩春の頃のように記憶している。目の細いオチョボぐち、浅黒い顔に油気のない長髪が垂れさがりがちなのを、かき揚げながらうつむき加減な姿勢で話す彼の言葉が未だに私の耳の底、目の底に残っている。笑みを含みながら説得型に話す言葉は極めて落着いていたが、時々輝く眼光には冒しがたいものがあった。組合本部（国電浜松町駅の西北五〇メートルのところにあった）で書きものをしたり、若い組合員の話を聞いている時など、よくゴールデンバットを、うまそうにくわえがちであった。

……私が彼と出会うまえに聞かされた杉浦啓一君の話は、一高、帝大の倫理科卒業であること、ボート部の選手であることだけであった。……然し生活を共にし、夜を徹して話し合う度ごとに、理論的であり、科学的であり且つ堅い信念の持主であることを知って、倫理の奇異よりも更に大きな畏敬の念を抱くに至った。……私が更に彼を尊敬するに至ったのは、自分を規制するのに極めて厳であったのに拘らず、私を始め一般組合員に対する寛容は実に見事と云う一語につきるものがあった。(「西田信春君を偲ぶ」)

当時、全日本鉄道従業員組合の組織率は二%に満たないほどの弱体であったが、それにも拘らず臨時大会で労農党支持を決議したため、当局の強烈な弾圧を受けて相当数の青年組合員が解雇された。彼らは、退職金の一部を費やして近所の安酒場へ飲み集った。

赤島もその仲間に加わった。「ほてる酔顔を外気にあてると同時に歩みよって来るのは常に西田君なのである。いつも私を陰に陽に見守ってくれているのであった。しかも温容そのもののような面持で。私はその時ほど、人間としての西田君の、何か出来あがった人間の偉大さ、と云うよりは近づきよい良さに尊敬と親しさを痛感したことがない。七十歳になる私の生涯に於いて、今日もなおこの感慨は生ま生ましく迫って来る(4)」。

西田は、組合書記として「山田春男」を名のっていた。

五月、西田と石堂は共同生活をはじめた。彼らが組合からもらう給与は食費と交通費にも足りなかった。二人の通勤に便利な京浜線の沿線で低家賃の家を探した結果、「大森駅から馬込谷中の弁天池をすぎて街道をわたったところに、新築の一棟二軒の家(5)」を見つけて、引越すことになった。六畳、三畳、三畳の三室で、家賃は五円であった。石田という仮名で借りた。

住所は東京府荏原郡馬込《まごめ》村谷中(現・大田区東馬込二丁目一一一九)であった。

ただし、西田と石堂が二人だけで過ごしたのはほんのしばらくにすぎなかった。五月下旬に岩田義道と栗原佑が「押しかけてきた」のである。

二人は京都学連事件の被告であった。その第一審公判が四月四日に京都地方裁判所で開かれたが、その公判闘争後、被告学生の多くは勇躍して労農運動に参加し、東京や関西で活動しはじめた。岩田と栗原も相前後して東京にきて、井之口政雄と是枝恭二が住んでいた大森の不入斗《いりやまず》の家に四人で同居した。井之口、是枝は無産者新聞、岩田は産業労働調査所、栗原は労農党本部（芝桜田本郷町）でそれぞれ働いていた。

栗原佑と岩田義道は、京都帝大在学中に社会科学研究会で活動していて学連事件で検挙された。仲間に淡徳三郎、石田英一郎、鈴木安蔵らがいた。栗原佑は、父基が広島高等師範学校教授時代に広島で生まれた。栗原基は、その後、三高教授（京都）をつとめたが、栗原家は社会運動に参加しようとする学生たちに寛大で、門戸を大きく開き、援助を惜しまなかった。佑の妹俊子は、そうした学生の一人鈴木安蔵と結婚する。

鈴木安蔵は、マルクス主義の立場から憲法学を大成させる学者で、戦後憲法調査会を創設して「憲法草案要綱」を起草し、ＧＨＱの憲法草案作成に重要な影響をあたえた。鈴木安蔵夫妻は、島崎藤村の姪こま子の貧窮を支援しつづけたことでも知られている。学連事件で起訴された野呂栄太郎は、第一審公判のため京都に行った際、栗原家に約二週間滞在している(6)。

岩田義道は、愛知県葉栗《はぐり》郡北方村（現・一宮市）で生まれ、旧制松山高校（愛媛県）を卒業後、京都帝大経済学部に入った。河上肇教授の研究室で、鈴木安蔵、山田盛太郎らとともに社会主義を学び、学連事件で禁錮一〇ヵ月の判決を受けて下獄している。その後、京都帝大を中退して上京し、西田信春らと知りあうのである。

五月下旬になって、井之口が陸軍予備役（第二期召集）で入営することになり、それを機に不入斗の家を解散することになった。まもなく岩田が引っ越し先を見つけてきた。「下見分もせずに早速移ったのが大森の谷中の家」だった。そこには西田と石堂がすでに住んでいたのだった。栗原は、「この家は二人で住むには少し余裕がありすぎるので、われわれ二人の新参者が割りこむことを許してくれた(7)」と書いている。

その後、さらに大間知篤三も泊り込むことになって（ただし、相前後して栗原は巣鴨に移ったらしい）、石堂にいわせると「二人で暮らしたのはほんのしばらくで、……しかもこの三人が六帖を占領し、西田は台所わき、最年少の私はあがり口の三帖に押し出された(8)」というありさまであった。

馬込村谷中の共同生活は、しかし、五月から一〇月までの五ヵ月間にすぎなかった。しかも、各自が勤務先を持っており、その他種々の集会や研究会参加などの活動もあった。

「朝は八時ごろにはそろって出かけ、夜は帰ってくるのがまちまちなので、みんなで顔を合せるようなことはほとんどありませんでした。皆でそろって飯を食ったことなど、ほとんど一度もなかったばかりか、そもそも鍋釜食器類などもなく、薬缶と茶呑み茶碗があるくらいで……番茶か、せいぜい紅茶でパンぐらいかじったことはあったかと思いますが、白い飯にはついに一度もありつけませんでした。家では寝るだけで、朝になると顔を洗って食事もせずにとびだす、というような生活でしたが、それでもみんな元気なものでした。運動に生きがいを感じていたのです。外から帰ってくると、晩春初夏の夜気を肌に感じながら、運動や学生時代のこと、運動に参加するまでの遍歴や生いたちについても語りあったこともありました」と、栗原佑は当時を回顧している(9)。

栗原は、西田が十津川郷士の子孫であることに興味を覚え、さらに「この十津川郷に明治二十二年大洪水があって、その罹災者は先祖代々住みなれた故郷の地を後に北海道に移住し、そこに新十津川というのをつくったが、その移住者の一人に西田君の、確かお祖父さんがいたということでした」とも書いている。

石堂は、馬込村の数ヵ月を「生涯のうち、これくらい充実した時代はなかった」と述懐している。手狭だが、にぎやかで愉快な生活がつづいた。金はなく、年中空腹だったが、生ぬるい湯で烏龍茶を飲んだり、二〇銭でトマトを買ってきて五人で食べている最中に栗原の母親から蜂蜜一罐が送られてきて、歓呼の声をあげたりした。石堂たちが何より困惑したことがあった。ふだんは陽気な岩田義道が時々ふさぎ込むことであった。眠っている石堂を揺り起こして、「国の娘に一目あいたい」と嘆くのであった。岩田は愛媛県松山に妻と二人の娘を残し、単身上京して産業労働調査所で働いていたのであった。そんなとき、西田は「そんなことを言う奴は好かざーる」とやり返した。岩田が片言のロシア語で「タワーリシチ・レーニン　スカザール」（同志レーニン曰く……）を口癖にしていたからである(10)。

共同生活がはじまった五月三〇日、学連事件にたいして京都地裁の三八人全員有罪の判決がくだった。禁錮一年が四人、一〇ヵ月一一人、八ヵ月二三人であった。治安維持法が適用された最初の判決で、双方が控訴した。

このころの日本は、はげしい金融恐慌の嵐が吹き荒れていた。資本の攻勢にたいする労働者や農民の生活防衛の闘争が全国に波及するなか、田中政友会内閣は、一九二七年五月、第一次山東出兵を強行する。労農党を中心とする無産政党などは、即時撤兵を要求して対支非干渉運動を組織した。

七月一五日、渡辺政之輔、鍋山貞親、徳田球一、福本和夫ら再建日本共産党代表参加のもとで、コミンテルン日本問題特別委員会がモスクワで開かれ、「日本問題に関する決議」（二七年テーゼ）を決定した。二七年テーゼは、先の二二年テーゼ（綱領草案）を受けついで、日本革命の性格を、「君主制の廃止」による民主主義革命から社会主義革命へ転化する「二段階革命」論を基調としていた。当時の日本共産党の指導理論になっていた福本イズムや山川イズムは否定された⑾。

テーゼは、行動綱領として、帝国主義戦争反対の闘争、中国革命への干渉反対、ソヴィエト連邦擁護、植民地の完全独立、君主制の廃止、一八歳以上男女普通選挙権、八時間労働制、大土地所有の没収などをかかげていた。

また、二七年テーゼは、日本の革命運動にはじめて統一戦線の課題を提起した。非合法下にあった日本共産党は、二七年一二月に日光山中で開かれた拡大中央委員会で二七年テーゼを採択し、それにもとづいて「組織テーゼ」をつくった。

一九二八年二月一日、非合法中央機関紙『赤旗《せっき》』が創刊される。謄写版刷りで月二回発行、発行部数は六〇〇〜八〇〇であった。

二七年夏に西田は北海道に帰省したが、このときは田中清玄と一緒であった。田中の追憶談が『西田信春書簡・追憶』のなかにある。

一九二七年の夏だと思いますが、一緒に汽車で北海道へ帰省しました。そのとき私が、おれは会津だ――四代前の家老だった田中土佐が殿様にかわって腹を切った。三代前の田中源之進玄直は会津遊撃隊を率いて五稜郭にたてこもり最後まで戦った、会津では玄武隊の隊長だった。そういうことを話すと、西田君は、私のところは十津川の郷士で、いまの村は新十津川というのだという話がでたわけです。非常に楽しい人でした。話して明るい人です。彼はすばらしい男でした。マルクス主義だのレーニン主義だの共産主義だのという一片のイデオロギーの犠牲にするには惜しすぎました。日本のためにこれから生かしたい人物の一人だったと思います。(「追憶」)

田中清玄は、一九〇六(明治三九)年三月、北海道亀田郡七飯村で生まれ、旧制弘前高校をへて、一九二七(昭和二)年、東京帝大文学部に入学している。西田の三年後輩であった。帰省旅行のとき、西田はすでに東京帝大を卒業していたが、新人会の先輩後輩の繋がりで同行したのであっただろうか。田中の先の追憶は、一九七〇年前後に談話筆記されたものである。

「武装共産党」時代の指導者であり、第二次大戦中に獄中で天皇主義者に一八〇度の転向をはたし、戦後は右翼実業家として「活躍」していた田中は、西田と帰省旅行をした時の田中とは少なくとも思想的には別人格であった。その意味で、「一片のイデオロギーの犠牲にするには惜しすぎました」との田中の西田評価は、正直聞きづらいものがあるし、西田信春にたいする冒瀆というべきかもしれないと思う。田中の「追憶」中に次の文言がある。

十津川郷が山津波や水害で壊滅状態になって、明治維新後、だいぶ十津川の郷士は屯田兵で北海道へいっていたので、それの後続部隊として水害を機会に全部おれのところも移ったのだということを言っていた。

屯田兵制度は、明治政府が北海道開拓使を通じて全国から徴募した屯田兵(とその家族)を道内要所に配置して北方警備と開拓にあたらせたもので、明治八年の琴似屯田にはじまって明治三二年の剣淵・士別屯田で終了するまで、二四年間にわたって全道三七兵村に七三三一戸が配置された。だが、明治二二年の大水災以前に奈良県十津川村から屯田兵が応募した事実はない。水災後、十津川移住民のなかから九二戸（家族を含めて三二一人）がはじめて滝川屯田兵に入隊している。私（筆者）の父方の祖父はその一人であった。新十津川村出身の西田がそうした事実を知らなかったはずはない。田中清玄の追憶がはたして西田の言葉を正しく伝えているものかどうか、疑わしい。

九月になって、四人の共同生活を解散することが決まった。各人は労農党や労働組合など合法部門に勤めていたのだが、次第にその範囲が狭められる気配があり、弾圧に備える必要が出てきたからであった。

西田と石堂は、新人会の先輩金井満がいたところに移ることになった。「金井の旧居は高円寺からあるいて十五分くらい、電信隊の団地をこえて、雑木林のなかに十戸ばかりの住宅群のなかの一戸で、二室の小じんまりした家(12)」であった。雑木林ごしに西武電車が走っているのが見えた。当時の住所は北多摩郡野方町上沼袋六五番地（現・中野区大和町）であった。

野方町に引っ越したころ、石堂は組合をやめて無産者新聞編集局に移った。

無産者新聞の主筆は佐野学、編集局の中心は是枝恭二と関根悦郎で、ほかに豊田直、上田茂樹、水野秀夫（早大）らがいた。学生の砂間一良や安藤敏夫、山根銀二が編集の手伝いにきていた。

野方の家では「湯を沸かしたこともない。昼間は二人ともいないので家賃も電燈料も払わなかった。十一月頃には電燈の引込線もきられ、蝋燭生活に入った。本を読んでいるうちに居眠りして、朝おきてみると、西田も私も前髪を焼いていることもめずらしくなかった。冬はひどく寒く、われわれは電信隊用地から、火鉢がわりにこわれた壺をひろってきて、木片や何かを焚いた。煙だらけの室内で、ザンメルバンドの勉強をつづけた(13)」と、石堂は当時をふり返っている。ザンメルバントとは『レーニン一巻選集』（フリダ・ルビナー訳）のことである。家を引払うとき、台所のあげ板をめくるとそこに手つかずの木炭一俵がみつかって、口惜しい思いをした。

野方の家にいたのは二ヵ月ほどにすぎなかった。西田の入営が迫ったからである。西田との別離を記念して「最後の晩餐」を銀座の中国料理店アスターで開くことになった。大間知篤三と中野重治が加わって談論風発のにぎやかな会食になった。

## 2　「三・一五事件」

西田信春が京都伏見連隊に幹部候補生一年志願兵として入隊したのは、一九二八（昭和三）年一月である。ただし、この入隊年月は妹静子の記録(14)によっている。昭和二年一二月とする記述もある。いずれにせよ、日本共産党が「二七年テーゼ」を採決した時期で、そのころに西田の入党も承認されたらしい。

この間の事情を、赤島秀雄は、次のように語っている。

> その中に彼（西田——引用者注）は一年志願兵として奈良か京都の聯隊に入営せねばならなくなったので身辺の整理も兼ねて北海道に帰省することになった。昭和三年の二月中旬の頃と思う。党の上部から彼の入党手続をとるように命ぜられた私は、彼の入営途中東京駅で会合する予定であったが、行違いになってしまった。

そのうち私は三月十五日の弾圧をのがれたものの、翌四月八日に捕まり富坂署にぶち込まれてしまった。
（「西田信春君を偲ぶ」）

この記述が正しければ、西田の入営は昭和三年二月中旬以降ということになってしまう。入営前に北海道に帰省したという事実に触れた記録も他には見当らないようである。山岸一章は、「一九二七（昭和二年）年十二月、西田信春は一年志願で兵役にとられました。本籍地は奈良県吉野郡十津川村小森五六三番地でしたので、入隊したのは関西でした。共産党はその前に西田信春さんが連絡することができないうちに、本人は、入党を認められたことを知らずに入隊してしまったのでした」と書いており、入隊を昭和二年一二月としつつ入隊前の帰省については触れていない(15)。

入営中の西田の動向はほとんどわからない。

わずかに入獄中の一九二九年一一月一三日付で妹静子にあてた手紙のなかで、「演習で沢山松茸を食べた」思い出を語るのみである。妹は「軍隊生活も意にそわぬまま、昭和三年十一月乙種幹部候補生にされたのですが、数々の苦労と圧制があったとは本人は一言も語らず、後々に至って知らされた事であります」と語っている。西田は伍長を任ぜられたらしい。

西田にとって、一年間におよんだ兵舎（バラック）の兵役は苦痛以外の何物でもなかったのではないだろうか。中野重治にあてた手紙（一九三一年二月二日付）のなかで、西田は、次のように述懐している。

僕自身の経験、それは一九二八年の殆んど全部をバラックで送らねばならなかったこと、即ち約一年間も運動から遊離して了つて居たこと、此事がその後の僕の活動に於て全く致命的な意義を持つてゐたこと、殊に運動が急角度を描いて転回したり、又上昇したりしたあの場合に於て。

西田信春が一年志願兵として伏見の連隊に入隊していた間にも、日本の政治情勢は激動した。一九二八（昭和三）年二月二〇日、第一回普通選挙（これは第一六回目の総選挙であった）が実施された。労農党から山本宣治（京都二区）、徳田球一（福岡）、井之口政雄（沖縄）らが立候補した。北海道一区でも労農党の山本懸蔵が立候補した。小林多喜二はその応援に「奮戦(16)」し、東倶知安方面の遊説に参加している。

第一回普選の結果、政友会と民政党が圧倒的多数を占めたが、無産政党は八議席を獲得した。労農党は約一九万票の得票で、水谷長三郎（京都一区）と山本宣治（京都二区）の二人、社会民衆党四人（安部磯雄、西尾末広、鈴木文治、亀井貫太郎）、日労党一人（河上丈太郎）および九州民憲党一人（浅原健三）であった。無産政党全体の得票数は約四九万票（全有権者数の約五％）であった。田中内閣のもとで露骨な選挙妨害や弾圧が展開されたなかで、無産各政党は善戦したといえるだろう。

一九二八年三月一五日、田中義一内閣は全国各地（一道三府二七県）で共産党員や労農党員、評議会などその支持者たちを一斉に検挙した。「三・一五事件」の勃発であった。被検挙者数はおよそ一六〇〇人にのぼった。その大半は逮捕令状なしの「検束(17)」であった。四七三人が起訴されたが、そのなかには野坂参三や志賀義雄、河田賢治、水野成夫、春日正一、石堂清倫、岩田義道、上田茂樹、亀井勝一郎、栗原佑、是枝恭二、波多野（福永）操、浅野晃、伊藤千代子、下田富美子、杉浦啓一、福本和夫らがふくまれていた。北海道でも、二一三人が検挙され、六二人が治安維持法違反として起訴された。特高警察は逮捕者に残忍かつ非人道的な拷問を加えた。

「三・一五事件」を機に、権力側の反動攻勢は一層つよめられていった。

四月一〇日、内務省は、労働農民党、日本労働組合評議会、全日本無産青年同盟を解散させ(18)、さらに、第二次山東出兵を強行した田中義一内閣は、その直後（四月二七日）に治安維持法中改正法律案を閣議決定し、衆議院に提出した。これは審議未了となった（五月六日）が、大陸侵略の野望を露骨に示した張作霖爆殺事件（六月四日）を起こした直後の六月一二日、田中内閣は、治安維持法改正緊急勅令案を枢密院に諮詢《しじゅん》する。枢密院を通過した治安維持法改正案は、六月二九日、「緊急勅令」（第一二九号）として公布され、即日施行されることになった(19)。

治安維持法中左ノ通改正ス

第一条　国体ヲ変革スルコトヲ目的トシテ結社ヲ組織シタル者又ハ結社ノ役員其ノ他指導者タル任務ニ従事シタル者ハ死刑又ハ無期若ハ五年以上ノ懲役若ハ禁錮ニ処シ情ヲ知リテ結社ニ加入シタル者又ハ結社ノ目的遂行ノ為ニスル行為ヲ為シタル者ハ二年以上ノ有期ノ懲役又ハ禁錮ニ処ス

私有財産制度ヲ否認スルコトヲ目的トシテ結社ヲ組織シタル者、結社ニ加入シタル者又ハ結社ノ目的遂行ノ為ニスル行為ヲ為シタル者ハ十年以下ノ懲役又ハ禁錮ニ処ス

前二項ノ未遂罪ハ之ヲ罰ス　（以下省略）

田中内閣が第五五議会に提出して審議未了となった治安維持法中改正法律案と緊急勅令との相違は、前者の第一条中「結社ノ役員其ノ他指導者タル任務ヲ担当シタル者」とあった箇所を、「結社ノ役員其ノ他指導者タル任務ニ従事シタル者」と修正したところにあった。

全国の府県に特高課が設置されたのはその直後（七月）のことであった。内務省警保局が拡充され、新たに司法警察権を有する警務官、警務官補が設けられた。

八月七日、日本共産党中央委員事務局責任者岩田義道が検挙された。一〇月四日、日本共産党中央委員国領五一郎が検挙された。国領は四三年三月一九日、堺刑務所で獄死する。一〇月六日、日本共産党書記長の渡辺政之輔が台湾のキールン（基隆）港で銃撃戦後、自殺する。

小林多喜二の小説「一九二八年三月十五日」（八月一七日執筆完了）が『戦旗』に掲載されたのは、一一月のことであった。厳しい弾圧の嵐のなかにあって、同年一二月二五日には、治安警察法第八条によって結社禁止処分にされた日本労働組合評議会に代わって、日本労働組合全国協議会（全協）が組織され、さらに同月、労働農民党に代って政治的自由獲得労農同盟が組織された(20)。

西田信春が、乙種幹部候補生、陸軍歩兵伍長の身分で除隊してきたのは、その一二月のことであった。ただし、西田の除隊を一九二九年一月とする記録もある。中野重治は「二九年の一月になって彼は兵隊から帰ってきた(21)」と書いている。西田は一九二九（昭和四）年の元旦を新十津川の実家でむかえた、との記述がある(22)。その資料的根拠はわからないが、次のような傍証がある。海内要道の証言である。

昭和二年春、彼も僕も、ともに大学を卒業し、僕は大倉礦業に入社して北海道の茂尻炭礦に赴任し坑内生活を始めた。昭和三年だったか四年だったか、そして何月頃だったか、……或日彼西田君がヒョッコリと僕を訪ねて来た。彼の郷里は北海道の新十津川で、茂尻炭礦とは比較的近くだったので帰郷の途次立ち寄ったのだろう。後で聞いた話だが同じ時に大槻文平君（当時北海道の三菱美唄炭礦に勤務していた）のところへも立ち寄ったとのことだ。……一晩泊って帰って行った。

（「西田信春君の思い出」）

大槻文平の追憶談。

大学を出て私は三菱鉱業K・Kに入社し北海道の三菱美唄炭礦で炭坑社会の近代化の為に若い情熱を燃やしていた。忘れもしない昭和四年の二月、日暮の早い北海道の暗い雪の中を多くの同僚と一列に並んで帰宅の途中、突然「オイ、大槻」という声に驚かされた。それはまぎれもない西田の声であった。……雪の降りしきる中に彼は鶏を一羽持って立っていた。その夜は久し振りに私は彼と鶏の肉をさかなに酒をくみかわして久濶を叙した。

彼は京都の聯隊から除隊して帰郷し（彼の郷里は北海道新十津川村で私は学生の頃一度訪れた事がある）翌日上京するのだという事だった。そして彼は翌朝早く上京の途についた。この再会が彼との今生に於ける最後の別れとなったのである。（「西田と私」）

これらの証言から、西田信春は除隊後新十津川村に帰郷し、二月に上京する途次海内要道と大槻文平の職場を訪ねたと思われる。

さらに、妹静子の証言がある。

……然し除隊直後（これは今なお健在の元農民党であった小坂小次郎翁談）七月であったと思いますが、夕張を始めとし旭川市役所二階に於て判事検事の立合いのもと、労働者・農民解放運動のため演説を一週間続けたそうです。聴衆もたえず三千人位あったとか、大変立派な演説であったとの事です。

当時兄は伴勇治と名乗っていたそうで、たった一人の隣人小坂翁に片眼をつぶって合図、父母には黙ってくれとのことであったとか。私共の家には勿論よりつかず、知る由もありませんでしたが、風聞に、類似した人もあるものだという事から、ああ信春であったかと後々に知った次第です。（「追憶」）

「七月」はおそらく誤りで、一月ないし二月が正しいであろう。一週間も夕張や旭川で演説会に出席したとすれば、この時の帰郷の期間はそれなりの長さに及んだものと推測される。ただし、北海道には帰ったが、旭川の活動は新十津川村の家族には内密にしていたのであろう。

## 3　無産者新聞時代

一九二九（昭和四）年二月に上京した西田信春は、中野重治が住む東京市外高円寺二五番地の家に同居した。当時、中野は妹の鈴子と住んでいたが、他に三人の同居人がいた。

「居るところがないからお前の所に置いて呉れ」と西田に頼まれて、「四・一六事件」で検挙されるまで一緒に住んでいたが、それは「みんなで一しょに一軒の家を持って居たといふ方が正確」であったと、中野は西田の父英太郎への手紙で語っている。

西田は、除隊後、『無産者新聞』の編集局員になった。西田を無産者新聞社に入れたのは、「合法面の編集者」であった園部真一であった。「それは表の編集局で、園部真一、学聯の幹部であった道瀬幸雄、私の最後の無新原稿を救ってくれた松本広治のほか、新人会の谷川巌と長谷川浩がいたそうである。もとの編集局員の砂間一良と安藤敏夫は、新しい任務についていた。裏の編集局には木下半治、三田村四郎、岩田義道、井之口政雄らが前後してはたらいていたことがわかっている(23)」。

『無産者新聞』は一九二五（大正一四）年九月に創刊された大衆的政治新聞であった。それは、前年三月に解党した第一次日本共産党の再建をめざす「コミュニスト・グループ」（非合法の秘密結社）が、無産階級の全国的政治新聞として発行したもので、無産階級の日常闘争の武器として、さらには「階級的な無産階級の成立と発達とのために精力的な援護隊」たることを期して発行された「日本共産党の合法機関紙」であった。

主筆は佐野学で、編輯局（執筆・編集担当）と事務局（発送・販売・会計事務など担当）の二組織があり、印刷は外部発注であった。創立当初は毎月二回発行、その後は週刊をへて一九二七年九月からは毎月六回発行したが、日刊はついに実現できなかった。発行部数はほぼ二万五〇〇〇部だったが、第一回普選が実施された二八（昭和三）年二月には本紙一〇号、号外四回で三万五〇〇〇部を発行している。このときが『無新』の最盛期であった。無産者新聞社は当初、東京市芝区南佐久間町二丁目一八番地にあったが、二七年一一月に芝区烏森《からすもり》一番地の新興ビル内に移転した。新興ビルは新橋土橋口ガードのそばにあった五階建てのビルで、その三〇坪足らずの四階が事務所であった。西田はその新興ビルの事務所で編輯に携わったのであった。

道瀬幸雄は、当時の西田を回想している。

彼といっしょに仕事をはじめたのは、一九二八年の秋からであった。無産者新聞の編集室（当時新橋駅の近くの新興ビルにあった）で原稿を書いていた私の前にひょっこりと現れたのが彼であった。「やぁ、久しぶりだなぁ」と思わず私のほうから声をかけた。というのは私は彼とはじめて大衆教育同盟の本部であい、口をきいたことがあったからである。その時は彼のほうが先輩で、「道瀬君は何年です。……二年生か、まだいいなァ」と先輩ぶった口を利いたが、今度は私の方が少しく先輩というわけであった。

無産者新聞の編集部で彼がどのような仕事をしたかは、私にははっきりした記憶がない。編集部に関してだけいえば、当時は園部真一が公然の編集長格で、直接編集に参加していたものはわれわれ三、四人であった。つまりそれが合法的編集部を形成していたのであるが、一九二九年二月下旬、その無産者新聞本社が警察に封鎖されて、私たちは編集室を使うことができなくなった。しかし私たち無新のスタッフはすぐ連絡を回復し、編集部も転々と編集室をかえながら、集っては原稿を書き、割付けを行い、方針を協議した。その間山本宣治労農党代議士が右翼の刺客に殺害される事件があり、われわれは多忙をきわめた。西田と私たちはこの追い込まれた状態の中で、不便をきわめた編集、校正、大組などの仕事を非常に楽天的に、大胆に行なっていたことをおぼえている。われわれには追われているものの悲愴感などはなく、活撥に討論し、冗談をとばしていた。園部真一はその時すでに逮捕されていたので、社外の編集メンバーには加っていなかった。新聞は依然として五日刊で発行されていた。

そして四月十六日の一斉検挙によって、われわれの活動は中断された。（「追憶」）

道瀬幸雄は一九〇四（明治三七）年生まれであるから、西田より一歳年下であった。明治大学政経学部出身で、無産者新聞社に入ったのは一九二八年一〇月である。西田と一緒に『無新』で仕事をしたのは「一九二八年の秋からであった」というのは、おそらく道瀬の記憶違いと思われる。一九二八年の秋は西田は明らかにまだ入隊中であった。

内務省警保局『昭和四年中に於ける社会運動の状況』によれば、昭和四年四月中旬までは『無新』の編輯は難波英夫（最高責任者）が共産党政治部砂間一良の指導を受けて安藤敏夫らの部員と編輯会議を開催していたが、「編輯部員ノ会合ヲ為シ能ハザル場合」は、主として安藤、難波両名が街頭などで協議し、両名の「潜居」などで編輯事務をおこなっていた、と認めている。そのうえで、「編輯ハ、一面記事ハ主トシテ共産党員及其ノ指示ニ基キ安藤敏夫、難波英夫担任シ、二面及三面ハ党員園部真一主任格トナリ、南良一、西田信春等数名ニテ担当シ、文芸、小説欄ハ中野重治等ノナップ会員ニ於テ、漫画及「カット」ハ「ナップ」会員柳瀬正夢等之ヲ担当シツツアリタルモノナリ(24)」とある。これは、道瀬の一文にある「一九二九年二月下旬」に本社が警察に封鎖されて云々の時期に重なると思われるが、まさにこの時期に西田は最初の受難に遭遇したのであった。

渡辺政之輔（前年一〇月台湾で自殺）の労農葬を「三・一五事件」一周年に催そうということで、解放運動犠牲者救援会が中心になり政治的自由獲得労農同盟、全協、無産者新聞社などで労農葬実行委員会をつくって協議を重ねていた(25)。無産者新聞社から西田信春が記者として出席していた。

「一月のある日曜日」のことであった。救援会事務所があった牧野充安法律事務所で協議中、突然、所轄である築地署の私服が入ってきた。「その会合が総検束となり、皆が築地署に持って行かれ(26)」た。

救援会はすぐに築地署に差入れをおこなうとともに、太田が『無新』に行って園部に報告した。園部は「大事な人をやられて困ったことになった」と嘆じたが、その園部も西田が二九日間の拘留で出て間もない二月二〇日に検挙されてしまう。逆算すると、西田が検束された「一月のある日曜日」は一月二〇日であろう、というのが山岸一章の推測である(27)。とすれば、西田の出所は二月一七日になるだろうか。

治安維持法改正案（緊急勅令）が衆議院本会議で可決されたのは二九年三月五日である。そして三月一九日、貴族院の承認によって改正治安維持法は恒久法として成立する。

前年六月に田中内閣のもとで公布・施行された改正治安維持法は、緊急勅令であるから直近の帝国議会で承認を得なければ失効することになる。田中内閣は二八年末開会の第五六通常議会に、勅令の内容をほとんど変えないままに「治安維持法改正案」として提出した。

緊急勅令および改正案は、結社の目的である「国体」変革と「私有財産制度」否認を分離し、「国体」変革を目的とする結社の組織者や指導者に対して「死刑又ハ無期若ハ五年以上ノ懲役若ハ禁錮」に処すると規定した点で、一九二五年の治安維持法と大きく異なっていた。死刑、無期懲役という厳罰を導入した改悪立法であった。「勅令は、……天皇制的・絶対主義的な利益を、断然優位なものに祀りあげた(28)」。

さらに、「国体」変革、「私有財産制度」否認のいずれを目的とする結社においても、組織者や加入者ばかりでなく「結社ノ目的遂行ノ為ニスル行為ヲ為シタル者」も新たな処罰対象とされた。この目的遂行罪は、結社との正式な所属関係の如何を問わず、実質的なつながりを持つと判断された人間を徹底的に追及するために採用された新しい規定であった。行為者の「違法」行為の認定は、行為者が目的を認識し認めたかどうかを問う必要はなく、権力側が一方的に犯罪行為と認定して検挙できる道を開くことになった。「簡単にいえば、日本共産党の活動を支えて党の目的に寄与すると見なされた、あらゆる行為を罰することができた」目的遂行罪の導入は、「後には拡大適用されて猛威を振るうことになる。厳罰よりもよほど重大な改正点だった(29)」といわれる。

野呂栄太郎は、一九二六（大正一五）年に慶応義塾大学を卒業後、野坂参三の勧めで産業労働調査所に入って病躯をおして活動していた。一方で学連事件の被告として公判闘争にとりくみながら、他方で「日本資本主義発達史」（二六年一二月）、「日本資本主義発達史」（二七年三月）、「日本資本主義発達の歴史的諸条件」（二七年一二月）などの経済論文を脱稿している。

二八年の「三・一五」では検挙をまぬかれたが、産業労働調査所の所員の多くが投獄されたため、その再建のために奔走している。二九年三月五日、野呂は、逸見重雄とともに山本宣治代議士の神田の宿舎を訪ねている(30)。農民問題で教示を得るためであった。その部屋で山宣は凶刃に斃れたのであった。

三月一五日、渡政・山宣労農葬が東京青山斎場（京都は三条会館）でおこなわれた。山宣の遺体は、細迫兼光の手によって労農党の赤旗でつつまれて、棺におさめられた。労農葬で、大山郁夫は「われらの行くところは戦場であり、墓場である」と語った。各地で数百人が検挙された。直後の三月二〇日に西田は日本共産党に入党し、無産者新聞細胞に所属した。

## 4　「四・一六事件」と獄中生活

一九二九（昭和四）年四月一六日払暁、前年七月全国府県警察部に設置された特高警察は、全国一斉に日本共産党幹部および党員・支持者らの検挙を強行した。その規模は一道三府二四県におよんだ。四月中に高橋貞樹、市川正一、鍋山貞親、三田村四郎らが検挙された。六月には佐野学が中国で捕えられ、八月末上海総領事館に引き渡された。

二九年中に四九四二人が治安維持法違反容疑で検挙され、三九九人が起訴された。「四・一六事件」では、北海道では一一五人が検挙され、二五人が起訴された。小樽では森良玄、風間六三、島田正策ら七人が起訴されている。小林多喜二は二〇日に家宅捜索されて拘引されたが、すぐ帰された、という(31)。

西田信春もこの日に検挙された一人であった。西田は、同居していた杉並区高円寺二五番地の中野重治の家で検挙されたのであった。西田以外は一日か二日で帰されてきた。

中野重治によると、前日の夜、中野の家ではすき焼きをして酒を少し飲み、遅くまでお喋りをして後片づけもそこそこにして寝た(32)。一六日未明に警察に踏み込まれ、杉並署に連行された。このとき、中野の家には中野兄妹、西田のほかに同居人が三人いたが、なぜか中野だけは残された。

検挙された西田は、四月一六日から一ヵ月間は杉並署ほかの警察署をたらい回しされながら留置され、その後一九三一（昭和六）年一一月に保釈出獄するまで、およそ二年七ヵ月間の刑務所生活を余儀なくされるのである。

西田が市ヶ谷刑務所（牛込区富久町一一二）に入所したのは、母かめにあてた五月二〇日付の手紙に「私は去る十五日治安維持法違反のかどで市ヶ谷ノ刑務所に入れられました」とあるように、五月一五日のことであった。夜の九時ころ、「サテ愈々来たナ」と思って寝ようとしたが、最初の夜はなかなか寝つかれなかった。「夜更けに梟の鳴く声が聞えて「随分遠くへ来て了つたなあ」と思つてあの声を所謂「わびしく」聞いたものだつた。雨の降り出した晩」と、入所からちょうど一年後の一九三〇年五月一五日付の手紙で、中野重治に述懐している。

市ヶ谷刑務所に入った西田は未決囚として予審判事の審問を受ける立場にあった。五月二〇日付母あての手紙が市ヶ谷から肉親にあてた最初の便りであった。

私をあれほど愛して育て、下され、大学まで卒業させ、私の将来の成功と立身出世をあれほどまでに待つて居られた年をとられた御両親に、私が今に至つて大きな御心配をかける親不孝の罪は幾重にもおわび致します。もちろん私は私のおこなひが今の世の中では、親兄弟は云ふにおよばず、親るいの人達にも大へん迷惑をかけることも存じて居りましたが、労働階級のあはれな人々のために、一身をさゝげ様と決心したからには、どうとも致方なく、まじめに生きて行くにはこの道を歩むより以外に道はなかつたのです。……

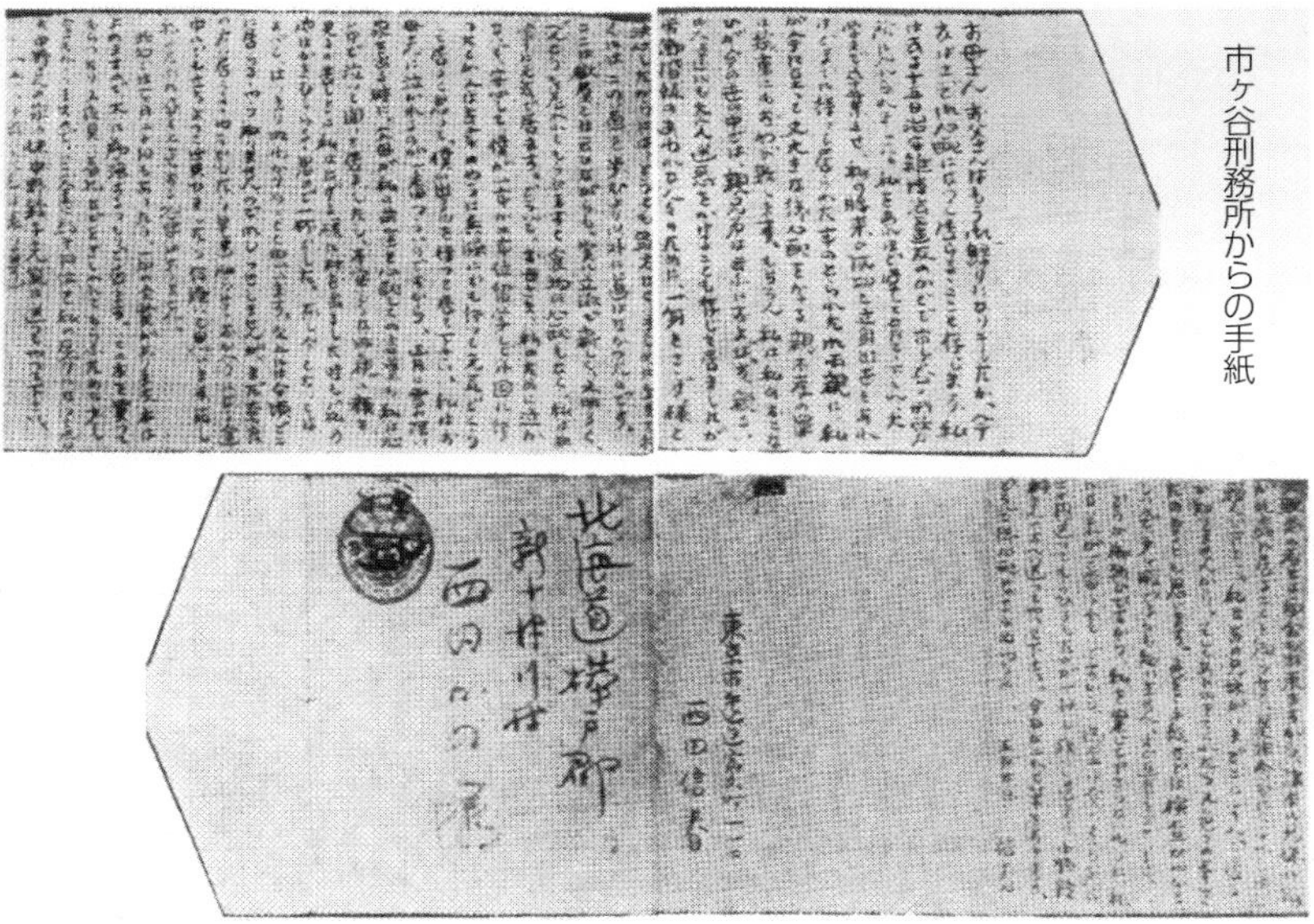

市ヶ谷刑務所からの手紙

▲1929年の4・16事件で検挙された西田信春の獄中からの手紙（『西田信春書簡・追憶』より）

どうぞ、お母さま、私のために泣かないで、安心して、僕が一年か二年位留学して外国に行つたとか又は去年のやうに兵隊にでも行つて元気でくらして居ると思つて、僕の出るのを待つて居て下さい。私はお母さんに泣かれるのが一番つらいのですから、正月に雪の深い家を出る時に、父母が私の前途を心配しての言葉も私は心の中で泣いて聞いて居りましたし、不安さうな両親の顔を見るの苦しさに私はにげる様に村を出ました時も、私の胸はかきむしらるゝ思ひで一杯でした。……

二日後にふたたび母かめあてに出した手紙のなかでも、「然し僕は何といつてもお父さんには一番感謝して居ます、僕がこの方の運動をして居ることを充分お知りになつて居ても、かくべつに意見がましいことをお叱りもせずに、僕の考へるやうに自由に教育させて下さつたお父さんには何とも感謝の言葉もありません」と、両親への特別の思いを切々と語っている。

この時期、父英太郎は娘の静子と十津川村小森の家に滞在していた。父は北海道移住後も、所有する山林の管理のため小森の元の家に時折帰るのを常としていた。父の所在が不明確だったため、西田は新十津川村の母あてに通信したのだったが、その直後に父からはじめての手紙（六月一日付）が届いたらしい。父への返信が六月一二日付で出されている。そのなかで、西田は「不幸の罪」を詫びつつ、あらためて自分の立場と決意を次のように書いた。

……身に何不足もなく順境の家に御両親の深い慈愛の中に育った私は真面目な快活な男として生を享けて、小学、中学、高校と次々に進んで来ました。そして私が一度社会科学の研究に身を委ね、社会の現実を見、自分の将来の道を深思した時に、私はどうしても「マルクス主義の道」を捨てゝ、虚偽と怯懦への道に足をふみ入れることは断じて出来ない自分を発見したのでした。そしてそれに必然に伴つてくる凡ゆる苦悩をも勇敢に堪へて行かうと決心もしたのでした。然し一度この様に決心したものの、愛する両親や妹のことを思い浮べ、その人達に及ぶ色々の迷惑などを考へる時に私は幾度となくためらひ、嘆息したかも知れませんでした。

父への最初の手紙で、西田は「僕も未だ若いんです、人生はこれからです、「大きな苦悩は大きな結果を生むでせう」」と書き、最後を「お父さんに手紙をかきましたから今晩はよく寝られるでせう」と結んでいる。

西田が、中野重治と彼の妹鈴子あてに金を送ってほしいと母かめに要請したのは五月二〇日付の手紙であった。おそらくその要請を受けて、母が一〇円、父からも三〇円が中野家に送金された。中野重治から西田英太郎への手紙の冒頭に、手紙と金三〇円を受け取ったことが記されている。

この手紙（日付は不明だが、前後関係からたぶん六月初旬）のなかで、中野は、西田とは大学時代からの友人であること、除隊後西田は中野の家に同居していたこと、西田は無産者新聞（労働者・農民の新聞）の記者として働いていたこと、そして「四・一六事件」で検挙されたこと、などに言及し、西田の容疑は不明だが、「大体から言へば、日本共産党に関係して居たという嫌疑」、言い換えれば「日本の労働者・農民の利益のために身命を賭して働かうとして居たといふ疑がある」ということであろう、と説明している。

父英太郎が十津川村の第一六代村長に就任したのは七月はじめのことであった。妹静子からの手紙（七月九日付）を二四日ころに受け取ってその事実を知らされた西田は、突然の父の就職（村長就任）を驚きながら、次のような思いを妹に書き送っている。

どう云ふ事情で突然就職に決定されたのか、勿論私には判りませんが、然し何だか漠然としてではありますが、僕には父上が就職を決心せらるゝに至つた御心持がわかる様な気持がするのです。そして御年を召してからのこの御苦労に引き較べての現在の私の有様を顧みて、色々と考へざるを得ません。

（一九二九年七月二九日付　妹静子への手紙）

だが、結局、父英太郎は翌年一月に十津川村長を辞任している。息子が「赤」だという理由で村会の反対を受けたらしい(33)。西田自身もその事情を父からの手紙で知ったようである。妹あての手紙に「父上からは村会の模様も知らして来てくれました、今更何とも申しますまい」と書いている(34)。

西田が拘置された市ヶ谷刑務所のルーツは、東京八重洲口近くの鍛冶橋にあった内務省管轄の警視庁鍛冶橋監獄署であった。一九〇三（明治三六）年、くしくも西田が生まれた年に司法省に移管されて東京監獄と改称し、牛込区市谷富久町（現・新宿区富久町）に移転した。市ヶ谷刑務所と改称されたのは一九二二（大正一一）年であるが、当初は未決囚の拘置所として機能していた。その後、一九三七（昭和一二）年に豊島区西巣鴨に移転して東京拘置所となり、市ヶ谷刑務所は閉鎖されている。

西田が市ヶ谷刑務所にいた期間は一九三一（昭和六）年六月までの約二年二ヵ月間である。三一年六月から一一月末に仮釈放されるまでの間は豊多摩刑務所にいた。その間の刑務所生活の様子については、西田が両親や妹、中野重治夫妻と妹鈴子にあてた書簡（『西田信春書簡・追憶』所収）以外に知り得る資料はほとんど見あたらない。石堂清倫にあてた西田の手紙は、疎開先の小松で焼失してしまった。

市ヶ谷刑務所は古い木造建築で、三畳ほどの狭い独房は畳敷きであったらしい。「拳骨で壁を叩けば音が相手に聞こえる」とは野坂参三の証言であるが、西田の住んだ部屋の様子はあまりわからない。ただ、「西日の射す窓へは深く竹のスダレをたれた(35)」とあるから、入口が東面し、奥が西に面していたと思われる。

その「西日が射す」奥の窓のことだろうが、中野鈴子への手紙に「僕の窓から刑務所の建物を越えて町の家並が見える」として、次のような観察を書いている。

その家と云ふ家が皆背中だけを見せたり全くすねたやうに向ふ側を向いてゐるのに、たつた一軒の家の二階丈がその間から正面を見せてくれる。窓に人影が射すがどんな職業の人か、顔は勿論のこと、年恰好も全く判らない。たゞ白いエプロンをかけた女の人が朝は手拭を被つて掃除をするのや、日向で洗濯物を乾し、雨の降る日にぼんやり下の通りを眺めてゐるらしいのが目にうつる。若い女の人か年まの人か、それも見分がつかぬ。白いその割烹着の背中の割目からは時々気のせいか帯の赤い色がチラツと射すこともある。夏の暑い日の夕方はよく男の人が此の窓に出て涼んだ。遠いい《ママ》のと檜の梢、それに鉄棒と金網の邪魔臭いこと。……（一九三〇年一〇月一日付　中野鈴子への手紙）

西の窓には鉄棒と金網が張られていた。西窓は中野重治あての手紙にも登場する。

西風が強く吹くと、新宿の方から来る風が、市電省線の響、自動車の警笛、雑然たる大都会の凡ゆる音響を西向の窓から矢鱈に監房の中へ送りこんでくる。豆腐屋の吹く笛が豆腐の味を思ひ起こさせるが、時たま、真ひる間に聞く大国座（？）の鋭い拍子木の音は一寸うすら寒い感じを起させる。世の中には変つたこともなきや。（一九三一年五月二〇日付　中野重治への手紙）

その窓のところに雀が巣をつくっていたらしく、「雛が大分大きくなつたらしい」と、中野鈴子への手紙にある。

独房は狭いうえに夏は暑く、冬は寒い過酷な住環境であった。建物が古く風通しが悪いので、夏は余計に暑い。梅雨時には「部屋の隅の塵籠の中へ棄てた夏蜜柑の皮などは四五日もしたら、もう真黒な黴が来て不思議にネエプルの様な芳香を立[36]」てた。当時、市ヶ谷刑務所の官食の悪さはまさに「地獄の一丁目を思わせるような」態のものであったらしい。市ヶ谷は未決囚を拘禁する所だから、空腹を感ずれば差入れ弁当を買えばよいということであった。

ただし、西田の手紙に食事にたいする不満はほとんど見あたらない。むしろ「ここの生活は菓子も食へますし、金さへ出せば牛乳や弁当も買へます」（弁当は一食三〇銭で、二九年末には二五銭に値下げになった）とか、「昨日の朝は生瓜の味噌汁、……一日の晩はソーメンを食べました」とか、「伊勢神宮遷宮の日はここでも皆に紅白の餅が分配されました」「明治節に松茸の切の浮いた味噌汁を食べました」などとある。

三〇年九月二日付の父への手紙には、「昨日は震災記念日、去年は特菜としてゆで卵が一つづゝついたのに今年は姿を見せません。緊縮かも知れません、而しその代りかは知りませんが、蓄音機を三枚ばかり晩聞かせました。野菜が安いせいでせう南瓜、茄子が幅を利かせて居ます」とある。

原まさの（中野重治夫人原泉）への手紙には、「今日の昼は弁当を全く有難う、今日だから殊に、中野は仲々気のきくよい女房を持つたもんだと少々感心もしました(37)」と、親しい仲間らしい礼を述べている。一一月七日はロシア社会主義革命記念日であった。

西田は未決囚だから、刑務所での労役はない。予審判事も教誨師もなかなか会いにこず、かなり意図的に放置された状態がつづいていた。そんななかで、西田は自身の健康を気遣い、読書と学習に積極的にとりくみ、手紙や差入れなどを通じて外部との接触を意識的に追及する規則的な生活を組みたてる努力を自らに課した。

健康については、肉親らに心配をかけまいとする心遣いもあっただろうが、もともとボートなどで鍛えた頑健な身体であり、ほぼ良好な状態を保っていたようだ。体重は六〇キロ強を維持していた。一時的に風邪を引いたり、痔を悪くしたり、歯痛を起したりしたが、いずれも大事には至らず治癒している。

二九年七月はじめから、父の経験にならって冷水摩擦をはじめたり、「時々三〇男が狭い三畳の部屋で一日中頭、腕、脚を伸ばし、縮め屈め飛び上る有様を他人事の様に考へて自分でをかしくなることもあるのだ(38)」というように、狭い独房のなかで体操をしたりしていた。

多くの手紙に、西田は「私は丈夫で体の始末に些か困つて居る位」とか「僕は依然として壮健を極めてゐる」「体が相変らず丈夫、精神状態も意気軒昂です」などと記しており、それは三一年六月以降の豊多摩刑務所でも持続されたようである。

読書と学習は刑務所生活の中心であった。手紙同様、差入れ本にも検閲があって不自由を極めるなかで、西田は精力的に読書にとりくんでいる。自然科学や経済学を中心にしながら、英・独語やエスペラント語の習得につとめ、外交史関係などの書物の差し入れを求めたり、購入している。一九三〇年一二月二四日付の妹静子への手紙に、「一月五円程度で本の差入れをしてやらう」と申し出てくれた一高時代の友人が登場する。彼は「現在でも暢気に遊んでゐる男」で、「北海道男ですが金持の一人婆さんの処へ養子に行つた男で、思想的には虚無主義の男だ、と書かれている。

西田に「暢気な虚無主義者」と断ぜられた友人とは、岡崎次郎であった。岡崎は、「幡ヶ谷の義兄の友人宅に下宿していた晩秋のころ」西田が市ヶ谷刑務所に収容されていることを知って、「試みに、本でも差し入れようか」と手紙を出すと、すぐ返事がきた、ということであった(39)。

内外情勢についても関心を寄せながら、検閲などがきびしく、思うように情報が入らないもどかしさを覚えていた。西田の入獄中に、世界恐慌（二九年一〇月）が発生して日本にも波及し、台湾では霧社事件（三〇年一〇月）がおこり、三一年九月一八日の柳条湖事件に端を発して満州事変が開始され、日中戦争・アジア太平洋戦争へとつづく「一五年戦争」に突入する。

一方、国内では、「四・一六事件」後、田中清玄を中央委員長とする「武装共産党」(二九年七月～三〇年七月)が登場して極左冒険主義路線を強行し、和歌浦事件(三〇年二月二六日)、東京市電争議での武装行動(同年四月)、川崎武装メーデー(同年五月一日)などを引きおこした。

東大新人会が「戦闘的解体」をして非合法の日本共産青年同盟に吸収されたのは、二九年一一月二二日である。三〇年六月、獄中にいた水野成夫、浅野晃、門屋博、田中稔男《としお》、是枝恭二らが、「コミンテルンとの関係断絶」「君主制廃止スローガンの放棄」などを主張して「天皇制の存在を前提とした共産主義運動」を提唱した。彼らは「日本共産党労働者派」(いわゆる「解党派」)を結成して日本共産党から離脱する。田中委員長らは解党派を除名するが、同年七月、田中も検挙されて「武装共産党」時代は終わる。

中野重治にあてた西田の手紙(三一年八月七日付)に「解党派が表面から姿を消したが……」と記されている。特別の感想はないが、「解党派」の主要メンバーは新人会時代の仲間であり、西田の胸中は複雑であったにちがいない。

代って登場したのは、風間丈吉、岩田義道、飯塚盈延《みつのぶ》(松村昇)、紺野与次郎らによる「非常時共産党」であった。「スパイM」は飯塚のことである。

そのころ、コミンテルンでは日本問題にかんする再検討の作業を開始していた。ゲオルギー・サファロフらが作成した草案の一つがそれを日本に持ち込んだ風間たちによって翻案され、『赤旗』に発表された。それが「三一年政治テーゼ草案」とよばれるものである。

「三一年政治テーゼ草案」は、「二七年テーゼ」を否定して、日本の国家権力を金融資本独裁と規定し、当面の革命の性格を「ブルジョア民主主義的任務を広汎に抱擁するプロレタリア革命」とした。日本の革命戦略路線の転換を求めるこの「草案」は、共産党内外に混乱をもたらしたが、その後、サファロフの失脚とコミンテルンの「自己批判」によって廃棄される。「三一年政治テーゼ草案」は、コミンテルン側からの要求で「君主制」（モナーキー）に代って「天皇制」の呼称が使われることになった。

同じ時期に、野呂栄太郎や羽仁五郎、平野義太郎、山田盛太郎らは、日本の資本主義分析や革命の性格規定などについて独自の研究をすすめていた。その成果は、三二年五月から『日本資本主義発達史講座』（全七巻　岩波書店）として発刊されていく。

この間、コミンテルンでは、片山潜、野坂参三、山本懸蔵らが参加して日本問題の新たな検討がすすめられ、それが「三二年テーゼ」（日本における情勢と日本共産党の任務に関するテーゼ）として結実した。三二年五月のことであった。

獄中にあっても、否、獄にあるからこそ肉体的にも精神的にも健康かつ強靭であろうとした西田が、外への手紙で気弱な内面を見せる場面はほとんど見出せない。だが、もとより悩みや心配事がなかったはずはなかった。とりわけ家族のことは、長男の立場からも脳裏から離れることはなかった。

次のような文面が残されている。

　僕が父上やお前の身の上について、毎日どんなに心配して居たか、お前には到底想像もつくまい、夜中に目が覚めては遙に思を馳せ、夜毎々々の夢に父上の顔、お前の顔が何度浮んだことだつたらう、そしてこの不安は未だに僕の頭を去らない。「きつと何かが起つて居るのだ」僕の心の一隅で、いかにも自信ありげに囁く声が未だに耳を去らない。こゝで僕等は通信を制限されて居る、又この様に紙面にも一定の制限はある。……自由な手を持つて居るお前はも少し多く私宛に手紙を書かなければいけない。

（一九二九年一一月一三日付　妹静子への手紙）

……家のことを、どんなにして年の取られた父上母上と静子の三人が毎日暮らしてゐらる、のかを想ふ。而し所詮今のところ何事も出来ない、観念の眼を閉ぢ、「いつかは屹度この皆の苦しみと心配とを償ふ時がくるだらう、いや必ず来させて見せる」と心に誓ひもします。

家計のことも聞きたい、聞いても何もならない、とも思ひます、只御困りのことを遙に押し計るばかりです。

（一九三〇年一一月七日付、妹静子への手紙）

刑務所内での西田の様子をつたえる数少ない証言がある。西田と同じ「四・一六」で検挙された道瀬幸雄のものである。道瀬は明治大学政経学部出身、大衆教育同盟本部書記時代に同じく書記であった西田と出会い、その後、無産者新聞編集室でともに仕事をした仲間であった。

……しかし西田とのたった一度の刑務所内での出会いは妙なものであった。

私たちは監房外を歩くときは必ず編笠をかぶせられたが私たち誇り高き囚人たちは、他の者たちのように、それを顔をかくすためには使わなかった。いつも後頭部に斜めにかぶり、顔をまる出しにしていたから、途中ですれちがうようなことがあれば、すぐにそれが誰であるかがわかった。私が西田に逢ったのもそうである。市ヶ谷刑務所で手紙を書きに筆記所……へ行く途中で、これも同じように筆記所へ行く彼と顔を合せたのである。私はそのとき、その偶然を本当に感謝した。二人は笑顔で眼で合図した。

市ヶ谷刑務所の本館の筆記所は奇妙な構造になっていた。そこは扇形になっていて、扇の開いた方にいる者たちの顔は全然見えず、扇のかなめに当るところに立っている看守だけが見えるという仕組みである。しかし看守と話しをすれば声だけは聞えるのである。

西田と私とは同時にその筆記所に入った。しばらくすると西田は看守に向って、どうでもいいような事柄について質問をはじめた。実に大きな声でであった。そのあとでまた私が看守にわかりきったことを質問した。そういうようにして、私たちは顔を見合わせただけでなく、口もききあったのである。これはまったく奇妙な連絡の方法であった。

しかしやがて私たちが保釈で出獄できるときがきた。私は彼より半年ほど早く出てきた。……一九三一年七月頃であった。（「追憶」）

その道瀬が保釈後面会にきたことが、中野重治にあてた手紙に記されているが、同じ手紙のなかで西田は、中野との交信がもっとも理論的な刺激を受けたことを感謝している。

久し振りで又君のよい手紙を読んで非常に嬉しく思つた。色々と考へることがあの中に含まれてゐるので、めん鳥が卵を温めるやうに暇さへあると考へこんでゐる。……君の丈がしつかりと理論の本筋だけを示してくれるのが何より有難い。君からの手紙が長く杜絶えてゐると、何時の間にか目の先に薄い膜が張り廻されて、非道く渦巻き返してゐる社会から取離されて了つたと云ふ気が起きる。他の人等にもだから理論的な問題について書いてくれと何回となく云ひ送るのだけれ共、彼等は何故か、ちつともこの僕の希望を充たしてくれない。（一九三一年九月七日付　中野重治への手紙）

## 5　「君主制」をめぐって――「雨の降る品川駅」問題

西田の思想を理解する上で、中野重治への手紙で触れられた中野の詩「雨の降る品川駅」について、詳述したい。中野重治にあてた一九三一年（昭和六）五月二〇日付の手紙に、次の一節がある。

〈話はちがふが、一九二九年の二月だったかに改造に出た品川駅頭のことをうたつた君の詩――それについて君自身拙かつたと云ふのを聞いたのだつたが、その理由を僕は聞かなかつた――も当時吾々の間に残つてゐた政治的誤謬の一斑――コムニストたるものが恰もモナーキーの撤廃にのみ狂奔する自由主義者の態度を示した――を示して居たのではなかつたらうか〉二年の後に今更君ニハ問題ではあるまいが、これは僕の自己批判のために一寸言ったまで、何度も言ふ様だがどうも芸術の問題は判らない。

中野が自作の詩「雨の降る品川駅」について「拙かつた」というのを聞いたが、それは「モナーキーの撤廃にのみ狂奔する」態度を表現したことをいったのではなかったか、というのである。モナーキーとは「君主制」つまりは「天皇制」をさしている。

中野重治が「雨の降る品川駅」をはじめて発表したのは、『改造』の一九二九年二月号の誌上であった。詩は、前年の一一月一〇日に京都御所でおこなわれた昭和天皇の即位式（「御大典」）にかかわって、国家権力によって強制的に国外送還される在日朝鮮人の仲間たちを見送り、激励するものであった。だが、『改造』に掲載された詩（以下「改造版」とする）は伏字だらけであった。

その経緯は、当時、編集部にいてその対応に苦慮した上林暁（東京帝大で中野たちと同級であった）の証言がある(40)。「……一字一句おろそかにできない絶唱であった。そして、検閲に引っかかる心配があった。この詩全体が引っかかると言ってもいい。ぼくらは鳩首協議したが、満身伏字だらけであった。終戦後まで、完全な形で読むことができなかった」と。検閲を怖れて自主規制したのであった。

「改造版」は、次のようであった。

雨の降る品川駅
＊＊＊記念に　李北満・金浩永におくる

辛よ　さやうなら
金よ　さやうなら
君らは雨の降る品川駅から乗車する

李よ　さやうなら
も一人の李よ　さやうなら
君らは君らの父母の国に帰る

君らの国の河は寒い冬に凍る
君らの反逆する心は別れの一瞬に凍る

海は雨に濡れて夕暮れのなかに海鳴りの声を高める
鳩は雨に濡れて煙のなかを車庫の屋根から舞ひ下りる

君らは雨に濡れて君らを＊＊＊＊＊を思ひ出す
君らは雨に濡れて＊＊＊＊　＊＊＊＊　＊＊＊＊　＊＊＊＊＊＊＊＊＊を思ひ出す

降りしぶく雨のなかに緑のシグナルは上がる
降りしぶく雨の中に君らの黒い瞳は燃える

雨は敷石に注ぎ暗い海面に落ちかゝる

雨は君らの熱した若い頬の上に消える
君らの黒い影は改札口をよぎる
君らの白いモスソは歩廊の闇にひるがへる

シグナルは色をかへる
君らは乗り込む

君らは出発する
君らは去る

おお
朝鮮の男であり女である君ら
底の底までふてぶてしい仲間
日本プロレタリアートの前だて後だて
行ってあの堅い　厚い　なめらかな氷を叩き割れ
長く堰かれて居た水をしてほとばしらしめよ
そして再び

海峡を躍りこえて舞ひ戻れ
神戸　名古屋を経て　東京に入り込み
＊＊＊に近づき
＊＊＊＊
＊＊＊＊にあらはれ
＊＊顎を突き上げて保ち
＊＊＊＊＊＊＊＊＊＊＊
＊＊＊＊＊＊＊
温もりある＊＊の歓喜のなかに泣き笑へ

伏字は第五連と最終連に集中している。しかし、当時の政治状況などに照らして、伏字部分が天皇あるいは少なくとも日本の権力者を攻撃相手として想定しているだろうことは容易に想像できる。

この詩を書いたとき、中野は満二七歳の若い詩人であったが、すでに大学在学中に新人会、そしてマルクス主義芸術研究会（マル芸）に参加し、また、日本プロレタリア芸術連盟（プロ芸）の中央委員に選ばれていた。一九二八年二月に第一回普通選挙が実施されたときは、労働農民党の大山郁夫の応援で香川県を遊説し、高松で逮捕されている。四月には、全日本無産者芸術連盟（ナップ）の常任委員となって、機関紙『戦旗』の創刊・編集にたずさわり、また、六～一一月にかけては蔵原惟人と「芸術大衆化論争」を展開するなど、すでに詩人でありつつプロレタリア芸術運動の中心的理論家となっていた。

改造版が出た二月には日本プロレタリア作家同盟（ナルプ）が創立され、その中央委員になるとともに、ナップ中央協議員にも選ばれている。

御大典（昭和大礼）は「国家最高至重ノ典礼」と位置づけられて、「皇位の神聖を仰ぎ、国体の尊厳を体し、併せて国民精神を作興する」一大国家イベントとして、莫大な予算をつけて計画、実施されていく。そのために大規模かつ徹底した警備態勢がしかれた。一方で国民に「見せる警衛警備(41)」を追求しつつ、他方、「矯激ナル主義思想」者や朝鮮人、中国人、水平社部落、精神病者などにたいする間接警備の徹底強化が図られた。要警戒者にたいしては、尾行、視察、特別視察、「監視」という名の予防検束が強行された。予防検束や拘留された人数は全国で一五〇〇人を越えたといわれるが、拷問と冷遇によって三重、大阪、神奈川の三県で運動家三人が獄死している。中野自身も二九日間、本郷本富士署に拘留された(42)、という（ただし、年譜などに記録は見あたらない）。

李北満と金浩永は朝鮮へ追放処分となった。李北満の「追放」が『戦旗』一九二八年九月号に掲載された。

「×月×日までには退去しろ！」これが奴等と俺達との間の闘争が愈々激烈になり暫くの間奴等に追ひまわされねばならなくなつた今日、奴等の口から放された言葉であつた。……勿論奴等は俺達を殺すだらう、だが俺達は奴等に殺される事を甘んじてはならない。それとは反対に奴等を×さねばならない。

「雨の降る品川駅」は、李の「追放」にこたえる形で書かれた(43)、とされている。中野自身が明言していることではないが、李の「追放」が七月三一日付で釜山から送付されたとみられること、「追放」が載った『戦旗』九月号を詩作以前に読む時間的余裕が中野にはあったと思われることから、中野が「追放」に刺激を受けて応答したいと考えたとしても不思議はないだろう。

「君主制の廃止」スローガンがコミンテルンから提示されたのは、「二二年テーゼ」からである。「二七年テーゼ」（日本問題に関する決議）もまた、その行動綱領のなかに「君主制の廃止」を掲げていた。「二七年テーゼ」は、一九二八年一月一二日付『インプレコール』でその全文が日本に知らされ、『マルクス主義』三月号にも日本語訳全文が発表された。

「雨の降る品川駅」を書いた当時の中野がもっとも政治思想上で影響を受けたのは、おそらく「二七年テーゼ」であった。コミンテルンが「君主制」に代えて「天皇制」を呼称するのは「三二年政治テーゼ草案」からであるとされている。しかし、第一回普通選挙直前の一九二八年二月一日に創刊された『赤旗』は、「君主制の撤廃」「天皇と結びついた地主と資本家の議会を破壊、労農の民主的議会をつくれ」などのスローガンを掲げたが、選挙運動のなかで流布したスローガンは、「君主制の撤廃」ではなく「天皇制の打倒」であった、という(44)。

第一回普通選挙で無産政党から八人の当選者が生まれたことに恐慌をきたした政府当局側は、「三・一五事件」から労農党など三団体への解散命令、そして治安維持法改正緊急勅令公布（六月二九日）など弾圧政策を強行する一方で、第二次山東出兵（四月一九日）、済南事件（五月二日）、張作霖爆殺事件（六月四日）を引きおこして大陸侵略を拡大していくのである。

そうした緊張した内外情勢のなかで、中野は「雨の降る品川駅」を書いた。

革命達成のためには「君主制（天皇制）の撤廃」が不可欠と認識していたであろう中野の直情が詩に鋭く反映

したとしても不思議はない。初出形である「改造版」は伏字だらけであったが、それだけでも何やら「危険な匂い」を感じさせるものであり、むしろ検閲を通ったことが不思議に思われるほどである。

中野が「雨の降る品川駅」を書いたのは、「三・一五事件」を描いた小説「春さきの風」を発表した直後であった。『戦旗』一九二九年三月号に載った「鉄の話」は、村の大地主に痛めつけられる小作人の息子が主人公であったが、ここにも「御大典」が出てくる。「年貢も納められず税金も出しきれない」百姓に、御大典記念村社改築の強制寄附を押しつける「村長と村会と各部落の有力者とおまけに警察」や、「御大典で殺された三重の大沢君(45)」が語られ、最後は次のような文で閉じられる。

縄を誰の首にかけるか?
縄を奴と奴の眷属の首にかけろ!
それを正確にやるのだ。
何なら「病気で」殺してやってもいい。

「雨の降る品川駅」を書いた時期の中野の思想は、するどく尖っていたようにみえる。「改造版」(および原詩)には、「君主政体撤廃を信じる中野重治の直情が真っ直ぐでて(46)」いたのであろう。中野は『戦旗』の一九二九年四月号に「われわれは前進しよう」を書いたが、晩年になって「そこでの私は、全体的に観念的に革命的、観念的に共産主義的に走つていた」と述懐している(47)。

中野は、自身の詩を「拙かつた」と認識し、友人の西田信春に話した。そのことを明らかにしたのが、先述した一九三一年五月二〇日付の西田の獄中書簡であった。西田は、一九二八年一二月に除隊後北海道に帰っていたが、翌年二月に上京し、「四・一六事件」で検挙されるまでの短い期間、高円寺の中野宅に同居していた。その時期に『改造』二月号が出たのであっただろう。

中野は「拙かつた」と言ったが、その理由は話さなかった。西田は、二年後の手紙のなかで「恰もモナーキーの撤廃にのみ狂奔する」政治的誤謬の一斑、とみた自身の推測を語ったのである。しかし、中野はすでに「改造版」発表の直後から、改作にとりくんでいた。公表後にこれほど作者自身によって改作がおこなわれた詩も、めずらしいのではあるまいか。完成版に至るまで、戦前・戦後をつうじて十数種の改変版が知られている(48)。

早くも二年後、一九三一年一〇月にナップ出版社による『中野重治詩集』が編集された(49)。これは、製本中に官憲に押収されたために出版できなかったが、幸いにも伊藤新吉の機転で一冊だけが作者の手に残された、という。「ナップ版」は、とりわけ次の二点で「改造版」と大きく異なり、ある意味で詩のモチーフが決定的に改変された最初の詩となった。「「天皇暗殺」というモチーフはまったく消去(50)」された。

重要な改変の第一点は、「×××記念に李北満・金浩永におくる」とあった「献辞」(副題)が消されたことである。検閲のない戦後になっても、献辞が復活することはなかった。伏字が「御大典」であることは作者ものちに認めているが(51)、消去した理由は明らかではない。

第二点は、最終連が大きく改変され、さらに二つに分離されて伏字部分が消滅したことである。

さやうなら　辛
さやうなら　金

さやうなら　李
さやうなら　女の李

行つてあのかたい　厚い　なめらかな氷をたたきわれ
ながく堰かれてゐた水をしてほとばしらしめよ
日本プロレタリアートの前だて後だて
さやうなら
復讐の歓喜に泣きわらふ日までさやうなら

なお、第五連の伏字が明らかにされたのは、戦後のことであった。小山書店版『中野重治詩集』（一九四七年七月発行）は、次のようであった。

君らは雨にぬれて君らを逐ふ日本天皇をおもひ出す
君らは雨にぬれて　髯　眼鏡　猫背の彼をおもひ出す

ここではじめて「日本天皇」が姿をあらわすのである。基本的には、この小山書店版が、細かな字句の修正をのぞいて「雨の降る品川駅」の最終版といってよいものであった。「雨の降る品川駅」の最終版（『中野重治全集』第一巻　一九九八年九月）は、次のようである。

雨の降る品川駅

辛よ　さようなら
金よ　さようなら
君らは雨の降る品川駅から乗車する

李よ　さようなら
も一人の李よ　さようなら
君らは君らの父母の国にかえる

君らの国の川はさむい冬に凍る
君らの叛逆する心はわかれの一瞬に凍る

海は夕ぐれのなかに海鳴りの声をたかめる
鳩は雨にぬれて車庫の屋根からまいおりる

君らは雨にぬれて君らを追う日本天皇を思い出す

君らは雨にぬれて　髭　眼鏡　猫背の彼を思い出す
ふりしぶく雨のなかに緑のシグナルはあがる
ふりしぶく雨のなかに君らの瞳はとがる
雨は敷石にそそぎ暗い海面におちかかる
雨は君らの熱い頬にきえる
君らのくろい影は改札口をよぎる
君らの白いモスソは歩廊の闇にひるがえる
シグナルは色をかえる
君らは乗りこむ
君らは出発する
君らは去る
さようなら　辛

さようなら　金
さようなら　李
さようなら　女の李
行ってあのかたい　厚い　なめらかな氷をたたきわれ
ながく堰かれていた水をしてほとばしらしめよ
日本プロレタリアートのうしろ盾まえ盾
さようなら
報復の歓喜に泣きわらう日まで

「雨の降る品川駅」はさまざまに評価されてきた。「別れの抒情」を「反逆の抒情」に高めたプロレタリア詩の記念碑的作品、日朝人民の国際連帯（インターナショナリズム）を香り高くうたいあげた作品、などといった評価がある。こうした評価の対象とされたのは、主として「ナップ版」以降の改変された詩であった。

その一方で、きびしい批判にさらされてきた詩でもあった。批判と中野の自己批判の対象は、改変前の詩（原詩および「改造版」）と改変後の詩の両者にかかわっているのだが、一九七〇年代に入って、「改造版」の伏字部分が明らかになってきたのである。

「改造版」出版のわずかに三ヵ月後の一九二九年五月、『無産者』第三巻第一号に「雨の降る品川駅」が朝鮮語訳されて掲載されていたのである。一九七六年、水野直樹（当時京大大学院修士課程在学中）が、前年に出版された金允植著『傷痕と克服――韓国の文学者と日本』でその存在を知ったものらしい。

『無産者』は、朝鮮プロレタリア芸術同盟（カップ）の機関誌『芸術運動』を受けついだ無産者社（李北満・金斗鎔ら）の機関誌であった。

朝鮮語訳による転載の経緯は不明（中野自身も記憶していないという）だが、水野直樹は「「御大典」を前後する朝鮮人への弾圧に怒りを感じた中野が、それを「雨の降る品川駅」に書き、親しくしていた李北満に原稿を見せたところ、李は感動し、日本語を解しない多くの朝鮮人にも読めるように朝鮮語に翻訳して、発刊準備中の雑誌に掲載することにした、ということになろう(52)」と推測している。

水野はこれを日本語に直訳して、松尾尊兊《たかよし》に託して中野にとどけた。一九七六年一一月二三日のことであった。中野は、いささか不思議なことではあるが朝鮮語訳の存在を知らなかったらしく、驚き、かつ喜んだ、とのことである(53)。

水野が朝鮮語訳から日本語に反訳した詩のうち、最終連は次のようであったらしい(54)。

そして再び
海峡をとびこえ迫り来たれ
神戸　名古屋を経て東京に走りこみ
彼の身辺に肉迫し
彼の面前にあらはれ
×を×［彼を捕え］

彼の×すぐそこに鎌の×を命中させ［刃］
満身のわきあがる血に［満身にとび散る血に］
温かい復×の歓喜の中に［讐］
泣け！　笑え！

朝鮮語訳にも九カ所の伏字があって、水野自身翻訳に自信がもてない部分があることを告白している。この訳詩が、一九七六年一一月二三日に松尾尊兊に託して中野に届けられたものらしい。

ところが、その直後、松下裕《ゆたか》が、「水野氏の朝鮮語訳から日本語の伏字の字数にあわせて調子をととのえ(55)」た改訳を試みているのである。その最終連が『中野重治全集』の「月報9　編集室から」に掲載されたが、その原稿執筆の日付は一九七七年三月一〇日になっている。

松下訳による第五連と最終連は、次のようである。

（第五連）
君らは雨に濡れて君らを追ふ日本の天皇を思ひ出す
君らは雨に濡れて　彼の髪の毛　彼の狭い額　彼の眼鏡　彼の醜い猫背を思ひ出す

（最終連）

おお

朝鮮の男であり女である君ら
頭の先　骨の髄までたくましい仲間
日本プロレタリアートの前だて後だて
行ってあの堅い　厚い　なめらかな氷を叩き割れ
長く堰かれて居た水をしてほとばしらしめよ
そして再び
海峡を躍りこえて舞ひ戻れ
神戸　名古屋を経て　東京に入り込み
彼の身辺に近づき
彼の面前にあらはれ
彼を捕へ
彼の顎を突き上げて保ち
彼の胸元に刃物を突き刺し
返り血を浴びて
温もりある復讐の歓喜のなかに泣き笑へ

のちに水野直樹は、「「雨の降る品川駅」の事実しらべ」（『季刊三千里』第二号　一九八〇年二月発行）のなかで詩の全文を掲載しているが、それは松下訳そのものである。水野は、「伏字以外の部分は『改造』掲載のものをそのまま引用し、伏字部分は別掲の朝鮮語訳にもとづいて復元されたもの（『中野重治全集』第九巻月報「編集室から」参照）にしたがった」と断っている。

一九七七年二月の終わりころ、松尾のもとに中野から一通の手紙（二月二三日付）がきた。水野への伝言依頼であったが、中に次の一文があった。

○　あの朝鮮語訳は直接原稿（最初のもの――つまり『改造』発表で伏字となった原《モト》のもの）によったもののように思います。当時の手続き等は記憶せず。

○　伏字を文字通り起すことは到底できません。しかし記憶をモトにして散文風に書けば、朝鮮から再び戻って東海道を名古屋などを通って東京にはいり、天皇をつかまえて、何か鎌のような類の刃物で、顎のあたりを打ちあげて切りこみ、温い血を浴びて「報復の歓喜に泣き笑え……」という風なものだったろうかと思います。

○　これは伏字だらけで、発表されるなら甚だまずい点に自分で気づき、それを自分で改めたものと思いますが、その時がいつだったかハッキリしません。ただ自分で気のついたことを知人（西田信春）に話したことが、西田信春の手紙でわかりました。これは『西田信春書簡・追憶』の第一六一ページでわかります。

（松尾尊兊『中野重治訪問記』）

ここで重要なことは、『無産者』に載った朝鮮語の訳詩が「直接原稿によったもの」だろうと、中野自身が認めていることである。さらに、中野は、原稿が「天皇暗殺」を教唆するような内容であったことも認めている。「天皇をつかまえ」「刃物で顎のあたりを打ちあげて切りこみ」「温い血を浴びて」を素直に読めば、天皇暗殺あるいは捕えて傷つける行為を示唆しており、「温い血」は返り血ということになりはしないか。

中野が西田に「掛かつた」と話したのは、まさにこの天皇にたいするテロリズムの表現をさしていたのではなかったか。さらに、中野は、「これは伏字だらけで、発表されるなら甚だまずい」ことに気づいた、と語っている。伏字は『改造』誌上で、当然中野の原稿（原詩）に伏字はなかった。発表前の伏字だらけの詩を見たのだとすれば、あるいは改造社編集部が鳩首協議してつくった「満身伏字だらけの」ゲラ刷りを見たのだろうか。だとすれば、中野は、なぜその段階で修正するか、あるいは発表をストップしなかったのだろうか。

西田は、詩を見たのだろうか。見たとすれば、それは原稿そのものか、または伏字だらけのゲラ刷りか、発売された「改造版」であったか。「モナーキーの撤廃にのみ狂奔する……」ことに詩の「拙さ」を推測しているところをみると、西田は原稿（原詩）を見ていた可能性があるようにも思われる。

それにしても、伏字だらけの「改造版」もさることながら、『無産者』の朝鮮語訳が松下訳のような内容であったとすれば（たとえ天皇暗殺でなく報復行為にとどまったとしても）、それは「大逆の煽動であり、教唆であり予備行為」（石堂清倫）にほかならなかったであろう。朝鮮語であったが故に検閲をまぬがれることができたのか。これが摘発されたなら、中野も編集者たちも大逆罪（死刑）を覚悟しなければならなかったのではないだろうか。

「雨の降る品川駅」の「掛かった」点については、中野自身の発言がいくつかある。改修をかさねて完成版ができたあとになってからでも、中野はきびしく自分の詩をみつめ、自己批判を重ねている。

その一つは、『季刊三千里』（一九七五年夏号）に掲載された「『雨の降る品川駅』のこと」である。一九七五年三月一四日付の中野の一文は、『改造』発表のときには「献辞」（「副題ようのもの」）があったらしい、献辞の「×××」は「御大典」だったかも知れません、と原詩の記憶があいまいであること、「辛、金、李、女の李」は個人名ではなく「強制送還される朝鮮人総体」をさしていることを述べたうえで、次のように書いている。

「髯　眼鏡　猫背」――この手の言葉は、詩的表現としていささか低目の次元のものにも今おもいますが、当時の憎悪、ほとんど生理的だったそれに関係しているでしょう。……ただし私は、憎悪というものを一般に低次元のものとは考えていません。

最後の節に、「日本プロレタリアートのうしろ盾まえ盾」という行がありますが、ここは、「猫背」とはちがうものの、民族エゴイズムのしっぽのようなものを引きずっている感じがぬぐい切れません。

これは、水野直樹から朝鮮語訳と日本語訳を見せられる以前に、いわば「完成版」にたいして言及したものである。尹学準は、これは「正に中野の自己批判だった」としている(56)。

二つには、水野が松尾尊兊を介して中野に『無産者』版の朝鮮語訳を紹介したあと、一九七七年四月一三日に水野自身が中野宅を訪問して聞いた中野の言葉がある。

僕の「品川駅」でもテロリズム的な誤りがあるだけじゃなくて、朝鮮の労働者階級と日本の労働者階級との同じレベルでの共同闘争――朝鮮と日本との関係では日本が支配的には力を握っているのだから、なおいっそう平等な立場での共同闘争――が、革命の根幹として必要なんだということが、十分出ていないわけですね。（そのことが）日本の共産主義運動にずっとつきまとってきているんじゃないかと思います。

（松尾尊兊『中野重治訪問記』）

三つには、『中野重治全集』第二四巻（一九七七年九月　筑摩書房）に収録された「著者うしろ書」がある。一九七七年七月二一日の日付がある「楽しみと苦しみ　遊びと勉強」と題した一文である。このなかで、中野は一九三一年五月二〇日付の西田からの手紙の一節にふれて、次のように語っている。

私自身「拙かつたと云ふのを」西田が聞いたというのは、つまるところ今の形への改作にかかわつてのことだつたにちがいない。これを五月に書いた西田は、その年十月五日に出た――伊藤新吉のとつさに隠した一部以外全部警察にとられた――ナップ出版部版の『中野重治詩集』はむろん知つていない。そしてそのまま、一九三三年二月十一日前後、福岡県内で逮捕されるなり殺されてしまつたから三五年十二月のナウカ社版は見ていない。いま引用した手紙は市ヶ谷刑務所からのものである。

ただここで、『緊急順不同』に触れて「雨の降る品川駅」に私の頭が行くのは、市ヶ谷の西田の手紙にある「モナーキー」うんぬんのことからだけではない。なるほどそれは明らかであつた。その一部は言葉の上で改めもした。しかもそれは今日まで残つている。それにこれ以上手を入れるつもりは私に全くない。むしろ私は、仮りに天皇暗殺の類のことが考えられるとして、なぜ詩を書いた日本人本人にそれを考えさせなかつたのか。なぜそれを、国を奪われたほうの朝鮮人の肩に移そうとしたのか。そこに私という国を奪つた側の日本人がいたということだつた。私は私のことでこのことを記録する。同時に、この種のものがまだまだ広く、深く、支配側、被支配側、民主的――革命勢力の側を含めてわれわれのところに寝そべつているように思う。

「雨の降る品川駅」の詩にたいする主な批判点（問題点）について、中野の自己批判や西田の手紙ともかかわらせて素描してみたい。

第一点は、原詩と「改造版」にあった「献辞」が、「ナップ版」以降に消滅したことである。中野自身は、その理由を説明していないが、かなり重要な意味をふくんでいるように思われる。それは、詩の背景にあった「御大典」の歴史的実態が消されたということであり、李北満・金浩永という現実の在日朝鮮人たちが国外追放されたという事実を隠すことになった。

林淑美は、次のように書いている。

この詩が献辞を失ったことは、……「御大典」の仮借ない警衛警備、権力というものの野蛮な本性とかつ周到な監視体制、「饂飩蕎麦ノ立食ヲシテモ検束」というような狼藉、「無産運動ヲスル奴ハ生意気ダカラ何デモ彼デモ片端ニ検束シテシマウト云フ方針」、思想犯は「殺シテ差支ナイト云フ政策」、とりわけ「朝鮮人ニ対スル取締ノ如キハ言語ニ絶シテ居ル」……というようなファナティックで醜悪な権力の意思が隠されてしまうことになった。

（『昭和イデオロギー』）

また、高榮蘭は、「献辞」が李北満や金浩永らの在日朝鮮人組織が日本側の組織に解体・吸収されていく時期（一九二九〜三二年）になくなったことを指摘している(57)。

第二点は、「天皇暗殺」＝テロリズムの問題である。

中野自身が「テロリズム的な誤りがある」「「モナーキー」うんぬんのことからだけではない。なるほどそれは明らかであつた」と認めていることだが、「改造版」および「無産者版」にあって、「ナップ版」以降に大きく改変されたテーマである。

中野が、伏字だらけの「ナップ版」を見て「拙かつた」と自覚して改変にとりくんだ最大のポイントは、詩のなかから「天皇暗殺」を消し去る（あるいは隠す）ことであった、と思われる。西田信春の「モナーキーの撤廃にのみ狂奔する」云々、もこの問題に連動していよう。

「天皇暗殺」がもっとも露骨に表出されているのは、「無産者版」の水野訳を修正した松下訳であろう。これを読んだ中野の親友石堂清倫が、「一読して、中野らしからぬ表現のように感じられた」と語っているほどに、その暗殺場面はすさまじく、詩の最終連のトーンやリズムがそれまでの詩の表情と大きく異なっているように感じられるほどである。

「無産者版」（朝鮮語訳）からの反訳には、水野訳や松下訳とは違うものがある。たとえば、水野が金石範に朝鮮語訳を見せて直訳してもらったものがある。

（第五連）

君らは雨に濡れて君らを追ふ日本の天皇を思ひ出す
君らは雨に濡れて　彼の髪の毛　彼の狭い額　彼の眼鏡　彼の髭　彼の醜い湾曲した背筋を目の前に描いてみせる

（最終連の後半）
彼の身辺に近づき
彼の面前にあらはれ
彼の首筋をつかみ
彼の胸元のまさにそこへ鎌の背をあてがい
満身にしぶく血潮に
熱い復讐の歓喜の中で泣け！　笑へ！

また、満田郁夫、林淑美、申銀珠、趙珉淑の共同研究メンバーが、「中野重治の会」の『梨の花通信』誌上（二〇〇一年四・七・一〇月号）でおこなった共同研究訳がある。その最終連のみを記す。

おお！
朝鮮の男であり女である君ら
底の底までふてぶてしい仲間

日本プロレタリアートの前だて後だて
行ってあの堅い　厚い　なめらかな氷を叩き割れ
長く堰かれて居た水をしてほとばしらしめよ
そして再び
海峡を躍りこえて舞ひ戻れ
神戸　名古屋を経て　東京に入り込み
彼の身辺に近づき
彼の面前にあらわれ
×（彼）を×（捕）獲し
彼の首　正しくそこに鎌先を突附け
満身の奔る血に
温もりある復×（讐）の歓喜のなかに泣き笑へ

鄭勝云は、水野らの朝鮮語訳の誤りを指摘する。鄭によると、「刃物で突き刺し」の部分は「鎌などで〈日本天皇〉を威嚇し、それまでの〈長く堰かれて居た〉鬱憤をほとばしらしてほしい」の意味であり、「返り血を浴びて」は天皇の血ではなく、「満身に迸る（または躍る）血」の意で、「階級革命のための戦意に燃えている血でもあり、闘争により勝利を治め、喜びを満喫している血でもある」と解釈される。「温もり」は、天皇の返り血のぬくもりではなくて、「人間的なぬくもり、〈天皇個人にたいする人種的同胞感覚〉を持っている〈温もり〉である」という。鄭勝云は全文の翻訳はしていないようだが、最終連の一部を次のように訳している。

彼の身邊に近づき
彼の面前にあらわれ
彼を捕え
彼の顎を突き上げて保ち
彼の首筋に刃物を突き付け

結論として、鄭は、「雨の降る品川駅」の詩は「テロリズムでもなく〈天皇暗殺〉でもなく、正当な解放闘争を訴えている詩」であると評価している(58)。

そもそも『無産者』の朝鮮語訳が正確に原詩を翻訳していたのかが不確かなのである。原詩が失われ、作者による復元も困難であったのだから、朝鮮語訳が原詩にもっとも近いものと判断せざるを得ない。

朝鮮語からの正しい日本語訳がどうであるのかはわからないが、少なくとも原詩（および伏字だらけの「改造版」）が「天皇暗殺」を示唆、あるいは教唆した詩であったことは明らかであると思われる。天皇の胸元に刃物を突き刺して殺害し、返り血を浴びるのも、天皇を捕えて胸元か首筋かに刃物を突き付ける行為にとどまることも、本質的な相違はない。いずれの行為も「天皇暗殺」＝テロリズム以外の何物でもないだろう。戦前において、「現人神」たる天皇に近づいて捕え、刃物を突き付けて威嚇するなどという行為は、「大逆罪」の最たるものであっただろう。爆裂弾を実験しただけでも、「天皇暗殺」を放談しただけでも死刑に処された時代であったのだから。だからこそ、中野は「拙かつた」と考え、すぐに改作にとりくまざるを得なかったのではないだろうか。

原詩を書いたとき、中野は天皇および天皇制をどのようにとらえていたのだろうか。中野は、「二七年テーゼ」の影響を受けつつ、プロレタリア革命達成のためには「君主制の撤廃」が不可欠の課題と考えていた。天皇即位式のために朝鮮人の仲間が強制送還されるような事態のなかで、中野が天皇（天皇制権力）にたいして強烈な憤りと憎しみの感情をもったとしても不思議はない。彼自身も二九日間拘留された、という。

「髯　眼鏡　猫背の彼」というように、天皇個人への反感をも隠してはいなかったのである。中野が天皇個人と天皇制を区別し、「恥ずべき天皇制の頽廃から天皇を革命的に解放すること」を主張するのは、戦後のことであった。鄭勝云がいう「天皇個人にたいする人種的同胞感覚」とは、一九四七年一月に発表された『五尺の酒』からの引用である。それは、中野の天皇（制）観の変化を示しているが、一九二八年の時点における中野の思想ではないだろう。

当時の中野にテロリズムの思想があったとは思われない。一九二〇年代後半には、それまで日本の革命運動のなかに支配的であった直接行動論は後退していた。石堂清倫は、新人会合宿時代にレーニンの「なにをなすべきか」を中野も西田も読んでおり、「激烈なテロリズム賛美は、……思想としては結末がついていたのである」と述べたうえで、次のように推測している(59)。

「二七年テーゼ」で与えられた「君主制撤廃」のスローガンは、しかし、「どのような組織により、どんな手順で実行するかという展望」は明らかにされておらず、闘争の戦略や戦術の具体的な展望は見えていなかった。「そのような段階であるから、詩人が君主制反対の行動を歌うのに、もっとも感覚的な方法に訴え、積年の怨みの爆発をテロルや報復で表現しても、一概に責めることはできない」と。また、西田の手紙にある「モナーキーの撤廃にのみ狂奔する」政治的誤謬は西田個人のものではなく、「当時の共産党内の一般的な態度を示して」いた、と石堂は指摘する。それは、「二七年テーゼ」のなかの「労働者階級にとっては、ブルジョア民主主義革命は、社会革命への過程における一段階に過ぎない。ブルジョア民主主義革命を指導するプロレタリアートは決してその階級的展望を見失うものではない」という一節にもとづくものである。つまり、「君主制の撤廃」はブルジョア民主主義革命における重要目標ではあるが、それにかまけて社会主義革命の展望（課題）を見失ってはいけない、という意味であろう。

このことは、たとえば佐野学なども強調していたことで、西田は出獄後に公判対策委員として獄中の佐野と面会を重ね、その意見を感心して聞いたらしいが、手紙を書いた一九三一年五月以前に佐野の意見を知っていたかどうかはわからない。

「故国の同志への通信」を載せた『赤旗パンフレット』（一九二九年二月一日発行）がある。これは「一九二八年五月国外にある一同志より寄せられたもの」（編輯者）だが、そのなかの「第二信　プロレタリアの敵　〇〇」に、次のような一文がある。

日本プロレタリア革命は〇〇の除去なくして行はれることは出来ない。……それは〇〇と正面的に衝突する。そして〇〇を除去することは激烈な内乱を経ずして行はれ得ない。……最も封建的、最も反動的な勢力の除去は当然にブルジョア革命の主要問題である。……

だが単純に〇〇の打倒だけに昂奮するならば、それは無政府主義的昂奮であるか、若しくは単純なるブルジョア自由主義者の昂奮にすぎない。日本のブルジョア革命は直ちにプロレタリア革命に転化する。

（『現代史資料』14）

○○は明らかに「天皇」をさしている。伊藤晃によれば、この文書の筆者は佐野学であった(60)。佐野は、「三・一五事件」の前日に訪ソしてコミンテルン第六回大会に出席し、その後はドイツやインドをへて一九二九年三月に上海に到着して、ここで六月に検挙されている。文書は二八年五月にソ連から送ったものであろう。この『赤旗パンフレット』が発行されたとき、西田は『無産者新聞』編集局員として活動中であり、これを読んだ可能性が高いと考えられる。「モナーキーの撤廃にのみ狂奔する……」という西田の手紙の文面との類似が読みとれる一つの資料ではある。

西田信春の手紙にかかわって、さまざまな分析や批判がある。その一つに、丸山珪一の「『雨の降る品川駅』をめぐって、もう一つの『御大典記念』」（金沢大学教養部論集　人文科学篇）がある。丸山は、「だが西田は、モナーキー（天皇制）の撤廃を戦略目標とすることそのものを『狂奔』と呼んで批判しているのであり、その点では、西田が期待した改作の方向と実際に中野が改作した方向とは同じでない」と書いている。だが、西田は「モナーキーの撤廃にのみ狂奔する」態度を批判したのであって、「撤廃を戦略目標とすること」を批判したわけではない。中野の改作の主要なポイントは「天皇暗殺（テロリズム）」の部分を消去することにあったが、天皇（制）批判のトーンは抒情に隠されながら色濃く残っており、西田が「期待した改作の方向」と大きくはずれているとは思われない。

また、「西田の立場は、三一年政治テーゼ草案（採択されなかったが、直接プロレタリア革命を戦略目標に掲げ、天皇制の比重を軽く見た）に基づいていると思われ、「政治的誤謬」という彼の判断そのものがそこに依存している」とも書いているが、獄中にあった西田が果して「政治テーゼ草案」を読んでいたかどうかは疑問である。確かに「政治テーゼ草案」は獄中でも読まれていたらしい(61)が、風間丈吉や岩田義道らによる「草案」がはじめて公表されたのは、一九三一年二月二五日に再刊された『赤旗』第三九号（四月二二日付）であり、それも冒頭の「一　国際情勢と日本帝国主義の役割」の部分でしかなかった。以下、第四二号（五月一七日付）、第四三号（五月三一日付）、第四四号（六月一五日付）に順次分載された(62)。全文発表は、『無産者新聞』パンフレットが八月一日、日本共産党パンフレット「政治テーゼ草案討論集」が一〇月発行となっている。

西田が五月二〇日までに読めたとしても、せいぜい『赤旗』第三九号と第四二号にすぎなかったと思われる。西田は、「三二年政治テーゼ草案」以前に「モナーキーの撤廃にのみ狂奔する」政治的誤謬とする思想を認めていた可能性の方が大きいと思われるのである。それはむしろ「二七年テーゼ」に依拠したものであっただろう。大西巨人が、西田の手紙を「見当違いの文面」と評し、また、中野の自己批判を「紛らわしい」「あらずもがな」の自己批判であり、「消極的、受動的、コンプレックス的な在り方・行き方を招来・助長しており」「判然と有害」などと断じているが、理解に苦しむところである(63)。

批判（自己批判）の第三点は、「日本プロレタリアートのうしろ盾まえ盾」の表現をめぐる問題である。

この場合、「うしろ盾まえ盾」の解釈が微妙であるが、一般的には日本のプロレタリアートを守る「前衛後衛」あるいは「弾よけの盾」の如くに解釈されることが多かったようである。

たとえば、佐多稲子は、中野重治没後一周年記念集会で「雨の降る品川駅」の朗読を聞いていて「はっとなり、何かうろうろと狼狽した」。「うしろ盾まえ盾」の部分で、「あ、これは、と私は自分の持った反応の内容に、自分自身ショックを受けた」という。なぜ朝鮮人が日本プロレタリアートの「盾」となって日本の天皇制国家権力と闘わなければならないのか。朝鮮人を「盾」にした民族エゴイズムではないのか、といった解釈、批判は多い。中野自身が、これについて「民族エゴイズムのしっぽのようなものを引きずっている感じがぬぐい切れません」（「雨の降る品川駅」のこと）と自己批判の弁を述べているのである。「うしろ盾まえ盾」の文節は、「改造版」から完成版に至るすべての版に共通している（多少の表現の変化はある）。「拙かつた」として改正したあとも克服できなかったものとして、「しっぽのようなもの」と表現したのであろう。

中野はさらに、「仮に天皇暗殺の類のことが考えられるとして、なぜ詩を書いた日本人本人にそれを考えさせなかつたのか。なぜそれを、国を奪われたほうの朝鮮人の肩に移そうとしたのか。そこに私という国を奪つた側の日本人がいたということだつた」（「著者うしろ書」）とも、「朝鮮の労働者階級と日本の労働者階級との同じレベルでの共同闘争……が、革命の根幹として必要なんだということが、十分出ていない」とも語っているが、これもきびしい自己批判である(64)。

中野は、そうした「民族エゴイズム」は「日本の共産主義運動にずっとつきまとってきているんじゃないか」とも指摘しているが、中野の個人的な思想の問題ではなく、そこには「雨の降る品川駅」が書かれた一九二〇年代後半の時期の日本と朝鮮をめぐる社会運動上の問題が横たわっているのである。

「韓国併合」とりわけ第一次世界大戦後、植民地朝鮮からの渡来・居住者は急速に増加した。一九一八年の二万二〇〇〇余人が、二三年には八万人を超え、三〇年には三〇万人に近づく。だが、在日朝鮮人の多くは、日本社会のなかでさまざまな民族差別にあえぎ、また、底辺労働者の立場に押し込められたのであった。そうした状況下で、彼らは、自らの民族意識を高め、階級的自覚を深めていった。

日朝人民の連帯は、しかし、民本主義者や社会主義者の一部に見られたものの、弱々しいものであった(65)。

一九二二年一月、コミンテルン指導による極東勤労者大会（極東民族大会　モスクワ）が開かれた。朝鮮、中国、モンゴル、日本などから約一五〇人が参加、日本からの出席は片山潜、高瀬清、徳田球一ら一〇数人であった。大会のなかで、ジノヴィエフは、日本のブルジョアジーは日本の労働者にたいして中国、朝鮮への「民族的偏見」を母乳とともに吸収させ、「排外主義（悪性の病気）」を若い日本の労働者階級に注入したいと望んでいる、と指摘しながら、「極東問題解決の鍵は日本の手中にある」「日本ブルジョアジーにたいする勝利のみが、日本における革命の勝利のみが、極東問題を終局的に解決する」ことを強調した(66)。他方で、朝鮮代表の青年共産主義者キム・チョウは、「日本労働者階級は朝鮮労働者階級の抑圧者の一つである。……彼等は軽蔑をもって朝鮮の兄弟労働者を見下しており、また朝鮮人を抑圧する帝国主義的・資本主義的日本政府を助けさえしている」として、日本の労働者のなかにある排外主義的傾向を批判し、「主要な問題は、日本労働者大衆が、彼等自身の条件を改善するためには、まず第一に彼等の兄弟たる受難者・犠牲者たる極東の他の諸人民を解放しなければならない、ということを自覚すべきことであり、従って、国際主義の問題は排外主義や同化政策の思想と混同されてはならない(67)」と警告した。

当時の日本の共産主義者の朝鮮観の一端を、共産党機関誌『赤旗』（『前衛』を改題）の創刊号がおこなった「無産階級から見た朝鮮解放問題」アンケート（一九二三年四月）に見ることができる。松尾尊兊は、その「重大な弱点」を三点にまとめている(68)。

1　朝鮮の民族的独立と朝鮮無産階級の資本主義からの解放とを対立的にとらえ、前者を無意義とし、後者とのみ連帯せよとする傾向。
２　朝鮮の解放は日本革命の達成によってはじめて可能である、との見解が支配的であること。
３　朝鮮の無産階級は、日本無産階級と同一組織に属すべしとの主張が見られること。

この組織合同論は、「朝鮮の解放はプロレタリア革命によらねば実現できず、それは日本革命があって可能だから、朝鮮革命家はすべからく日本の革命組織に合同して、まず日本革命に献身せよ」というものであった。それは「朝鮮人民のナショナリズムを無視した形を変えた同化主義」（松尾尊兊）といえるものであったが、それがのちのコミンテルンとプロフィンテルンの方針になっていくのである。

一九二二年七月、信濃川朝鮮人虐殺事件(69)が『読売新聞』によって暴露された。これを一つの契機として、日朝の労働者の提携が進展した。東京、大阪で朝鮮労働者同盟会がつくられ、一九二五年二月には、そうした在日朝鮮人の労働団体が合同して、在日本朝鮮労働総同盟（在日朝鮮労総または労総）が結成され、およそ二万人の組合員が参加した。労総は、民族差別賃金の撤廃や植民地朝鮮の解放など、民族的要求を掲げていた。民族統一戦線的組織である新幹会（一九二七年、ソウルで結成）も、労総と連携しながら、東京、大阪、京都などに支会を設置した。

ところが、一九二八年に入って、コミンテルンは階級闘争重視の方針を打ち出したのである。民族的要求を掲げて独自の組合活動をすすめていた労総は、「世界の共産主義運動を指導していたコミンテルンから否定されることになった(70)」。これを受けて、プロフィンテルン第四回大会（三～四月）がモスクワで開かれ、「資本主義諸国における外国人労働者および植民地労働者は現住国の労働組合に加入してたたかうべき」というテーゼを採択した。日本問題小委員会は、在日本朝鮮労働総同盟（労総）と日本労働組合評議会（評議会）との合同を提唱する。これは、実際上、労総の評議会への吸収にほかならなかった。

さらに同年八月、コミンテルン第六回大会は、朝鮮共産党の承認を取り消すとともに、「一国一党の原則」を採択した。それは、在日朝鮮人は日本共産党に入党し、現住国（日本）の革命のためにたたかって、国際主義をつらぬくことが朝鮮人の任務である、との指示であった。

日本労働組合全国協議会（全協）が、「三・一五事件」直後に強制解散された評議会に代わって結成された（一九二八年一二月）。全協からのはたらきかけを受けて、金斗鎔、金浩永らは労総解消（全協との合同）に積極的に動いたのである。彼らは「労働者は祖国を持たぬ」の立場から、民族闘争よりも階級闘争（日本帝国主義打倒）を重視すべきことを主張した。組合員の反発は強かったが、最終的に一九三〇年一月、労総は全協との合同を決定した。金斗鎔、金浩永、李義錫らの労総中央常任委員会は全協朝鮮人委員会に改称された。しかし、労総組合員の民族的反発は、全協加盟員の大幅な減少となってあらわれたのであった(71)。

在日本朝鮮青年同盟（一九二八年三月結成）は、一九二九年一二月に「当面任務に関する意見書」を発表して、日本共産青年同盟に解消した。さらに、朝鮮共産党日本総局および高麗共産青年会日本部は、一九三一年一〇月に共同で解体声明を『赤旗』に発表して組織を解消した。在日朝鮮人プロレタリア文化運動も、ほぼ同様の経過をたどった。

中野重治の「雨の降る品川駅」朝鮮語訳が載った『無産者』は、一九二九年五月に結成された無産者社が発行する機関誌の創刊号であった。金斗鎔、李北満、林和ら在東京の朝鮮人大学生・インテリを中心とした文芸結社であった。二九年一一月には朝鮮プロレタリア芸術同盟（カップ）の東京支部と合流したが、三一年八月に弾圧を受けて解散を余儀なくされ、結局、一九三二年二月に日本プロレタリア文化連盟（コップ）に吸収されていった。二九年一一月に日本戦争反対同盟を改組して創設された反帝国主義民族独立支持同盟日本支部（日本反帝同盟）は、その七割が朝鮮人で構成された。

しかし、これら日朝合同の「組織内部にも民族差別は厳然と存在(72)」していた。「運動における彼らの最大の任務は……たえず最大の危険を伴う仕事、つまり行動隊の仕事であった。……最大の危険な部署にはたえず「半島の兄弟」たちがさしむけられた(73)」という。高峻石も同様に、「全協組織における朝鮮人の地位と役割は、加盟当初は下部組織に所属し、行動隊に編成されて文書配布、街頭レポなどに動員された(74)」と書いている。

林浩治は、次のように指摘している。

> 日本の共産主義運動と、日本共産党の指導下にあったプロレタリア文学運動は、植民地朝鮮の民族主義的傾向には否定的でした。日本プロレタリアートは、朝鮮の運動を日本の運動の盾のように配置して、本来日本人自らが戦わなければならない天皇制権力との闘争の最前線に、朝鮮人を押し出していました。まさに、天皇の問題を朝鮮人に負わせようとした官僚的で日本中心主義的発想に他なりません。
>
> （「日本プロレタリアートは連帯していたか」『新日本文学』二〇〇一年九月号）

朝鮮人民のナショナリズムを無視する日本人側の重大な誤りを生みだした要因として、松尾尊兊は、帝国主義がかもし出す毒素としての「排外主義的大国意識」と「日本革命近しとの希望的観測」の二点をあげている(75)。

労総の全協への吸収に象徴される一九三〇年前後の日朝関係の変化の動向を、当時の中野重治がどのようにとらえ、また、「雨の降る品川駅」の作詩に反映させたかはわからない。ただ、推測できそうな傍証はあるように思う。その一つは、中野が親しくしていた在日朝鮮人の活動家たち、金斗鎔や金浩永、李北満らはいずれも労総解体を中心的に推し進めた人物であったことである。在日朝鮮人組織の日本側組織への合流（吸収）の動きを、中野は容認していたと考えられる。さらにいえば、そうであったからこそ中野は、朝鮮人の民族問題にたいして鈍感な日本側の政治的・思想的な弱さについて、自己反省をふくめて繰り返し問題視しつづけたのではないだろうか。

「雨の降る品川駅」にたいする自己批判以前に、中野は、朝鮮問題についてたびたび発言している。「われわれは、共産主義者を先頭に立てて、日本「内地」で、朝鮮人労働者とどこまで肉親的に団結していたろうか」（「在日朝鮮人の問題にふれて」）、「……民族の問題、民族主義の問題が、ひろく一般日本人から隠されてきただけではない。日本の労働者運動、日本の革命運動、日本の民主的思想運動、文化運動の上でまでそれが隠されてきたのではなかったか。隠されぬまでもあまりに薄い関心しかそこに払われなかったのではないか」（「三・一運動と柳宗悦」）、「（二九人の回答を読んで）一般に朝鮮民族の独立のための闘争、あれほどの民族独立への渇望にたいして、……それほどにには心を動かしていない、心が動いていないらしいのを何としても事実として感じずにいられない」（「「朝鮮解放問題」アンケート」）、などなど。

いずれも一九七三年に書かれた「緊急順不同」のなかの一節である。

中野はまた、「国と人民とを奪われた人びとの民族主義と、他国と他国人民とを奪った国の民族主義との性格の根本のちがいを、われわれ日本人がどこまで理論的にも感覚的にも認知していたかなかなかに怪しいと私は思う」とも書き、在日朝鮮人と「日本語でしゃべっていればそれですむという事情に私は慣れこになっていた」、そこに「国を奪った側の一人の日本人の甘えがあったのだろう」（「民族問題軽視の傾き」）とも語っている。

こうした中野の問題意識は、そのまま自身の作品「雨の降る品川駅」の自己批判に向けられていったのではないだろうか。「民族エゴイズムのしっぽのようなもの」「朝鮮の労働者階級と日本の労働者階級との同じレベルでの共同闘争……が、革命の根幹として必要なんだということが、十分出ていないわけですね。（そのことが）日本の共産主義運動にずっとつきまとってきているんじゃないか」「なぜそれを、国を奪われたほうの朝鮮人の肩に移そうとしたのか。そこに私という国を奪った側の日本人がいたということだった」などという自己批判の文言は、「緊急順不同」のそれとぴったり重なっているように思われる。

「日本プロレタリアートのうしろ盾まえ盾」の文節を、朝鮮プロレタリアートを日本プロレタリアートの露骨で一方的な「弾よけ」ないし「先陣・しんがり」部隊の意味に解釈することは適切ではないだろう。しかし、「プロレタリアートの国際的な連帯意識の表現」とか、「朝鮮人民と日本プロレタリアートは相互にうしろ盾になったりまえ盾になったりして共に闘おうというインターナショナルな精神」を謳っている、などといった解釈にも無理があるように思う。

「うしろ盾まえ盾」を「前衛後衛」と解しても、変わるものではない。あえていえば、共通の敵日本帝国主義と闘おうというプロレタリア国際主義と、「民族エゴイズムのしっぽのようなもの」の両方を包みこんだ表現であった、といえるかも知れない。

# 6　豊多摩刑務所の日々

一年以上にわたって何ら審理なき拘禁状態に放置されていた西田信春は、一九三〇（昭和五）年七月二四日、布施辰治、上村進らの弁護士を保証人とした「釈放要求書」を予審判事に提出した。一一月はじめに一〇枚目の勾留更新決定書を渡され、さらに一二月に入ってようやく「釈放要求書」にたいする返事がきた。「尚勾留する必要あるを以て」却下、であった。審理がないのだから当然といえば当然であった。

その後、西田について予審審理がようやく開始され、翌三一年一月二二日に終った。全員の予審が終結したのは四月二三日のことであった。翌二四日朝から「書類授受接見禁止」が解除になった。手紙は裁判所の検閲をへずに刑務所の所信係を通るだけで、早く届くことになる。

この日、西田は、保釈について予審判事に質問した。「君は上向線を辿つているんでね」と苦笑して判事は答えを避けた。西田が意気軒昂としているので、保釈は許可にならないだろう、という意味であった。「日は朗かに春霞、木々は新しい緑色の美しさを吹き出してゐる。護送車の隙間から見る外の世界は躍つて居る、出たい！出たい！」と、西田は、四月二四日付中野重治への手紙にその胸中を吐露している。

西田らの公判が、「三・一五」「四・一六」を中心とする治安維持法違反容疑者の統一裁判になるらしい、との噂を耳にしたのは、三一年五月に入ったころであった。七月上旬から一〇月一杯かけて、判決は来年になるだろう、五〇人位ずつ組に分かれて公判が開かれるらしい、ということであった。

一九三一年六月一三日、西田は、二年間住んだ市ヶ谷刑務所から豊多摩刑務所に移された。豊多摩刑務所の沿革をみると、一九一〇（明治四三）年、市ヶ谷監獄が手狭になったため東京府豊多摩郡野方村（現・中野区新井三丁目）に新たな獄舎を建築したのが発端で、一五（大正四）年五月に豊多摩監獄と呼称を変更し、さらに二二（大正一一）年豊多摩刑務所となったものである。思想犯・政治犯も収容された。関東大震災で獄舎が倒壊、三一（昭和六）年に復旧工事が完成した。

西田が入ったのはこの時期にあたる。戦後はＧＨＱに接収されてアメリカ陸軍刑務所となり、五七（昭和三二）年に解除、返還されて中野刑務所と改称して再開されたが、八三（昭和五八）年三月に閉鎖され、およそ七〇年の歴史を閉じている。

西田が豊多摩刑務所に移ったのは六月一三日の昼であったが、彼はこの移転をよろこんでいた。中野の妹鈴子に送った手紙に「移転通知！　……こつちはこつちで一寸乙な趣がある。二年住んだ市谷にも最近飽きが来てゐた際だつたので、目先が変つた丈気分の転換にもなつて頗るうれしい」と書いている(76)。しかし、その後のおよそ五ヵ月間に書いた手紙のなかで、西田は、豊多摩刑務所の環境や自身の生活の様子についてほとんど記述していない。そこで、入獄経験者の記録や証言などを借りて、西田の獄舎生活を推測してみたい。

関東大震災の前（一九一九年一二月〜二〇年三月）に入獄した大杉栄は、妻伊藤野枝にあてた手紙に「室は南向きの二階で、天気さえよければ一日陽が入る、見はらしもちょっといい……この監獄の造りは、今までいたどことももちょっと違うが、西洋の本でお馴染みの、あのベルグマンの本の中にある絵、そのままのものだ。まだ新しいので気持ちがいい」と記したが、大震災後に入った亀井勝一郎によると、獄舎の様相は次のようであった(77)。

高い塀と鉄の扉によって、社会とは完全に隔離されている一角がある。その中には、円形の看視所を中心に、花弁のやうに放射型に建てられた煉瓦造りの建物がある。……大震災のとき剥離した壁をそのままにしてあったので、ことに古城らしい感じを与えた。内部の房も所々煉瓦がむき出しになり、崩れかけた壁も修理されず、廃墟に幽閉されたような思いを深めるようにできあがっていた。

亀井は、刑務所を「人類の発明した一種の威嚇芸術」とも「権力の生んだ空想」とも表現している。石堂清倫も「既決用の建物だから、窓もひろく、房内は明るかった。私の監房は内壁も真白で、しっくいの塗り立てのような感じがあった。しかしよく見ると、それは一面に三センチばかりの白カビが密生しているためだった。北向きで日光が入らず、湿気が多かった。一週間とたたないうちに肩も腰も動かなくなった。リューマチスの症状が現れたのである」と書いている(78)。

豊多摩刑務所は、頑丈でドッシリした煉瓦造りの二階建ての建築であった。

未決囚は青い服（囚衣だけでなく、青い褌、青い帯をしめさせられた、という証言がある）、既決囚は赤い服を着せられ、私服は許されなかった。思想犯はすべて独居房に入れられた。房の外ではここでも編笠をかぶらされた。独居房の面積は一坪弱の空間で、「市谷のように畳敷きではなくて、見るからに寒ざむとした板の間であった(79)」という。独房の面積を「一坪弱（三平方メートル位）」と表現したのは中野重治、「板の間」は野坂参三だが、多少異なる証言もある。

春日正一は「独房のひろさは市谷とおなじ三畳敷きであったが、多少寸ずまりの感じだった。窓ぎわの畳を約半分切りとって板の間にして水桶などをおくようにしてあるのは、市谷とおなじだったが……」と書いている(80)。三畳なら一・五坪であり、そのうち一・二五坪は畳敷きだったことになる。

美作太郎は「三畳ほどの狭い部屋で、その中の三畳が畳になっていて(81)」といい、藤田俊次は「独房は二坪たらず、高い所に鉄柵の入った窓があり、部屋の一枚の畳の上に、小さな机、食膳、水道のある洗面場、小さな屏風で囲った便器などが板の間においてある(82)」と説明しているが、「せいぜい二畳敷きくらい」という者もいる。

佐野英彦は一九三〇～三一年の未決囚の独房として、「間口一八〇、奥行二四〇、高さ二七〇センチ、四方は厚さ二、三〇センチの煉瓦と漆喰の白壁。床は板の間に畳一枚。前方間口中央に厚さ一〇、幅一〇〇、高さ一九〇センチほどの木扉が頑丈な鉄鍵でしまっている。扉上方中央に「視察孔」と呼ばれる細長い小さな窓――外からは房内をのぞけ、内からは外がみえない小窓(83)」と説明している。独房にも多少のバリエーションがあったのだろうか。

春日正一は、さらに房内の様子を次のように描写している。「驚いたことには、煉瓦の壁を四角にくりとった孔に便器を入れるようになっていた。黒く塗られた小判型の便器は中型の洗面器ほどの大きさしかなかったので、大小便でたちまち一杯になってしまって、朝に便器をあけるまで、一晩中つらい辛抱をしなければならなかった。蓋をしてあるといっても、そういう状態だから臭くて、不潔きわまるものだった(84)」。

また、中西征光は、間口が一メートル半位だったので「一方の壁に両手をつき、他方の壁に両足の裏を当て……毎日何回となく房の天井裏まで上り下りして楽しんでいました」ところ、姿が見えないと看守たちが大騒ぎしたことを、「刑務所で忍術を使う」の一文に書いている(85)。

小林多喜二（一九三〇～三一年入獄）は、「赤煉瓦の独房の中は、目に見えずに、何処からともなく底冷えを感じ出しています。どういうものか、此処の電燈は何時でも薄暗いので――赤煉瓦の夜は、自分たちが古城の要塞にでもいる気持になる事があります」と語っている(86)。

独房内の電燈はおそろしく暗く、みんな眼を悪くした、という。中野重治は「この電燈は、その下で本を読むには暗すぎその下で眠るためにはマブシすぎる」と妻への手紙に書いたが、就寝中は電燈を消すことが許されていた。西田自身、「夜は二年振りで暗闇の中へ寝たのもうれしかった。闇は暖く軟く身をつゝんでくれるものだと感心した」と記している(87)。

一日の生活は、朝五時起床（起床・就寝などの時間は季節毎に少しずつ変わったようだ）、そして点呼、食事とつづく。点呼は一日中、すべての行動についてまわった。昼食は一二時、夕食は四時ころで寝るころには腹が減った。就寝は八時。看守は「ジュンシン」といったらしいが、「ジシン」と聞いたという証言もある。食事は箱膳が配られたが、未決囚は労役がないので九等飯で、既決囚の半分ほどの分量であった。麦六古米四のモッソー飯と粗末な副食で、大抵の者は栄養失調になるほどであった。それでも西田は「飯の菜は市谷に軍配をあげる、だが飯その物はこちらだ」といっている(88)。

朝夕は味噌汁がついたが、「顔がうつるほどうすい」塩汁のようなものであった。昼食は「ヒジキ大豆油煮、切昆布細切油揚煮、肉（コマ切片）、ジャガ煮など五、六種の繰返し献立一品」（佐野英彦）であった。週一回ほど出る大豆、ジャガイモ、豚の煮つけを受刑者はよろこんだ。彼らは、それを刑務所内の隠語で「楽隊」と称した。「ジャガジャガブタブタ」からきているという。ダイコンは「旅役者」、塩鮭は「赤煉瓦」とよんだ。

石堂は、「自分の経験では、飯に異物がまざっているというようなことはなく(89)」といっているが、中野は、憤懣をぶつけて改善を要求している。

めしは三三年秋以来ひどくわるくなつた。正月の御馳走の落ち目の目立つこと。……朝めしは麦めしと塩の味噌汁と沢庵の尻つぽが三切れくらいとで出来ていたが、その沢庵が消えた。……朝めしの沢庵の尻つぽを復活させてもらいたい。それから冬は熱い湯を飲めるようにしてもらいたい。それから飯やお菜の中から藁、砂、小石、ガラス、瀬戸物のかけら、木くずや竹のそげ、針金、ブリキ板を取りのけてもらいたい。私は歯が悪くてひどく悩まされた。あのブリキ板を噛んだときは……私は悲しかつた。私は、藁や砂ならしかたがないというのではない、しかし針金やブリキはまつぴらと言いたい。

（「多少の改良」『中野重治全集』第一〇巻）

食物の差入れ（解放運動犠牲者救援会からの差入れもあった）が認められ、また、差入れ屋から弁当を買うことができた。「家へ此処では食物の差入れがきく……と云ってやつたら、昨夕母が手作りの菓子を送つてくれた。それをポリポリ食つてゐると「大きな小供」になつた。……啄木の「(前の句は忘れた)……父と母……かべの中より杖つきて出ず」と云ふ歌を思い出した。そしてオヤオヤ（此のオヤオヤ意味深長！）と思ひ此菓子を同志のものと色々話し合ひながら食つたら美味いだらうと想像した」と、西田は中野に書き送っている(90)。刑務協会からの注文買いで、茶菓や郵券、手鏡、櫛、ポマードを買って手元に置くことができた。一日三〇分の運動時間と週二回の入浴があった。

房内で小机が与えられた。囚人が造ったらしい荒削りで粗末なものだったが、縦三〇センチ、横四五センチ、二〇センチほどの四本の脚がついていた。野坂参三はその小机を読書用に使うだけでなく、暑い夏に看守の目を盗んで浴衣の袖をまくって机の上に頬杖をついたり、両足をのせたりした。また、窓から外をのぞくための踏み台にもした。小机は「わたしの在獄中、ほんとうに重宝な、物言わぬ伴侶となった(91)」。

読書は自由だったが、監房で読める本は一度に四冊までと制限があった。外からの差入れ、『東京堂月報』による所内購入、刑務所常設の官本（『書籍目録』がくばられた）が入手方法だったが、外からの差入れ本（手紙類はもとよりだが）には検閲があった。

石堂によれば、禁書は革命的な書物、脱獄の方法を教えるようなもの（たとえば『レ・ミゼラブル』）、性的な刺激を与えるもの、であったが、実際にはそれだけではなく、なかには理由もはっきりとは分からずに禁止となる書物も多々あった。

豊多摩からの西田の手紙に、中野から差入れてもらった『社会政策』の本が不許になったとある。「結局教誨師の失言で僕はこの本が読めると思つて了つたのだ。此に関しては色々と憤慨に堪へぬ事がある(92)」という。『社会政策』がどういう本かは不明だが、あるいは『昆虫社会』の類のことだったかも知れない。

豊多摩刑務所は市ヶ谷よりも田舎で、差入れ屋なども不便であったらしい。妹静子にあてて「袷と本を差入屋へ下げて郵送してくれるやう頼んだら鉄道便にして五十四銭だつたか取られる。市谷よりこの点等は数倍都合悪く……」と書き送っている(93)。

週二回、二通ずつハガキか封緘ハガキ書きを特別室でおこなうことができた。房内では筆記用具を保持できず、常備された時代物のガラスペンで書いた。

西田は、八月二〇日過ぎから毎朝六時からのラジオ体操をはじめた。「久し振りで聞くJOAKの響もうれしい」と妹に書いている。

西田は、市ヶ谷刑務所で予審を終り(94)、統一公判にむけての動きがはじまった。同時に、西田は、釈放を要求して粘り強い運動にとりくみはじめた。豊多摩刑務所の数ヵ月間の中心テーマはこの二つであった。

西田の手紙などによって、その経緯を追ってみよう。

中野兄妹から西田の父英太郎あてに手紙が送られた。三一年六月一八日のことである。そのなかで、①七月七日から（統一）公判が開かれること、②布施辰治、河合篤他十数名の弁護士が無料で弁護してくれること、③予審調書など書類の謄写に一万円ほどの費用がかかること、④費用の大部分は基金募集で集めたが、不足の五〇〇〇円を被告全体の家族で都合つけてほしいこと（一人三〇円）、などが伝えられ、また、要請された。

中野は、さらに、自身が前年七月から一二月末まで豊多摩刑務所に入っていたことを告げ、そのときに津本賢秀（西田の従兄弟）と「かなり長く隣り合せに住んでゐました」と伝えている。津本は三〇年二月以来、思想犯として豊多摩に入獄していた。

六月二五日から公判がはじまった、との情報が入った。しかし、裁判所からも弁護士からも音沙汰がないので、統一公判は流言にすぎなかったのかと疑ったが、まもなく間違いなく統一裁判であることが外からの情報でわかった。

七月四日付妹静子への手紙。

佐野学以下十二名の法廷委員(95)が選ばれその人達が四・一六を二組、四・一六—三・一五の中間を一組、三・一五を十三組に別け（一組五十人位）その各組に出て代表陳述と全員の統制を行ふこと、最初に検事の起訴理由陳述、事実審理を各組連続に行ひ、次いで論告、弁論、最終陳述が又各組連続に行はれる筈です。人数が大勢ですから仲々容易に素速くは行きますまい。然しかう定まれば安心です。

「三・一五」「四・一六」両事件の裁判方式をめぐっては、西田は知らなかったことだが、すでに前年一〇月二七日に豊多摩刑務所第五舎で開かれた被告会議で、被告側と弁護士側の要求として検討され、決定されていたのであった。その被告会議は、佐野学、市川正一、徳田球一、志賀義雄、鍋山貞親、三田村四郎ら被告代表八人と弁護士の布施辰治が出席し、宮城実東京地裁裁判長、秋山高彦予審判事、平田勲検事らが立合って協議をおこない、次のような被告・弁護側の「九項目要求」をまとめた(96)。

①三・一五、四・一六の統一裁判　②公判の可及的速開　③法廷の公開　④四・一六予審の速やかな終結　⑤事実審理冒頭の被告の代表陳述　⑥被告の中から法廷委員を選出する　⑦全被告の即時釈放（保釈）　⑧東京以外の地方の裁判に、中央委員を証人として出廷させる　⑨法廷への覚書・参考資料の携帯の自由

「要求」の背景の一つには、膨大な人数の被告人の存在があった。全国的にみれば、治安維持法による逮捕・投獄者（「解放運動の犠牲者」）のうちの被起訴者は、「三・一五」四八三人、「四・一六」三三九人、一九三〇年の四六一名を加えると一二八三人であった。東京地裁に起訴された人数は「三・一五」「中間検挙」「四・一六」をあわせて二七七人いた。なかには重複して起訴されたものも少なくなく、裁判の効率の点からも統一裁判が求められた。

これらの要求は、そのほとんどが認められ、統一公開裁判となった。ただし、代表陳述では君主制の廃止、国体の変革、私有財産制度制度の撤廃に触れないことが条件とされた(97)。速記が許されたが、これは画期的なことだった(98)。

三一(昭和六)年四月、解放運動犠牲者救援弁護士団が結成された。弁護士団は、布施辰治(幹事長)、小林恭平(書記長)、幹事の上村進、細迫兼光、神道寛次、牧野充安ら二九人で構成されたが、彼らは東京ばかりでなく全国各地の裁判で活動する。

中央統一公開公判の東京地裁審理は三一年六月二五日からはじまった。この裁判が当時の一般の刑事裁判と異なる点は、法廷において被告側からの代表陳述がおこなわれたことである。そのテーマと担当者は次のようであった(99)。

①総論―佐野学　②組織問題―鍋山貞親　③日本共産党史―市川正一　④日本共産党の労働組合政策―杉浦啓一　⑤革命的労働組合運動史―国領五一郎　⑥農民運動―高橋貞樹　⑦青年運動―徳田球一　⑧治安維持法駁撃―三田村四郎　⑨総括と補充―佐野学

市川正一の陳述は、のちに『日本共産党闘争小史』として出版された。

公判は翌三二(昭和七)年七月二日までおこなわれ、この間に一〇八回開廷された。七月七日からは弁護団の弁論へとすすんでいく。

三一年七月二七日付の手紙で、西田は、父英太郎に「保釈願」を東京地裁に提出することを要請し、その書式を示すとともに、父が上京して裁判所に要請行動をとることを期待した。「聞く所によると一般に父親が上京して裁判所にお百度を踏む心算で再三再四頼んだら保釈にならぬ事もないらしい模様です」。八月一五日付の父あての手紙では、保釈願のなかに「私の身柄一切を責任を以て引受けると云ふ」保釈人を明らかにすることを追加して求めた。また、すでに西田が提出した保釈願（七月一六日付）には、保釈を願う理由として、①財界不況による破綻、②西田が嫡子であり、両親は老齢であること、③家族は三人暮らしであること、を書いたと伝えている。

父が八月二六日付で保釈願を提出したことは、同日付の父からのハガキで知った。それは父親を保証人としたものであった。だが、九月七日、裁判所から保釈却下の返答が届いた。父にあてた手紙（九月九日付）にその文面がある。

決定

被告人　西田信春

右ノ者ニ対スル治安維持法違反被告事件ニ付保釈ノ請求ヲ為シタルニ因リ検事ノ意見ヲ聴キ左ノ如ク決定ス
昭和六年八月二十六日及昭和六年七月十六日附保釈ノ請求ハ勾留ノ原因未タ消滅セサルヲ以テ之ヲ却下ス

昭和六年九月三日

東京地方裁判所第二刑事部

裁判長　宮城　　実
判　事　西久保　良行
〃　　尾後貫荘太郎

この保釈却下の文面から、西田は、父が提出した保釈願にたいして裁判所が「僅々一週間程の時日を経て」応えたことに注目している。被告人が獄中から個人で出すよりも、家から保証人を立てて出す方が如何に重視されるかということである。そして、何度でも粘り強く繰りかえして出すことが大切だとして、再度の提出を父に要請するのである。父からは「弁護士に相談する」との連絡があったが、西田は、「保釈の件については殆んど無力だろう」と消極的であった。

一方で、中野鈴子が面会にきて、東京に適当な身寄りの人がいたら、その人が裁判所に出頭して保釈の運動をしたらよいとすすめてくれた。西田は、一〇月一三日に再度保釈願を出した。

西田の公判はなかなかはじまりそうになかった。「中央部の方の陳述が十一月中旬までかゝるさうで、それが了つたら第二組（三・一五の）に移るさうです。而し中央部の陳述が了つた直後四・一六被告の全体会議を一度開くやうに幹部の人達は努力してゐるさうですが……だから僕達の公判は年内にはなく来春でせう」と、妹静子に伝えている（一〇月一三日付手紙）。

一〇月三〇日、裁判所は、四・一六の被告についての弁護士の保釈要求にたいして「六、七名の者は除き他の者については考慮する」と言明した。

それを西田に伝えた複数の友人は、すでに保釈になった四・一六被告と弁護士の公判にたいする打合せ会に出席しており、確かな情報だといって、西田は父に保釈願の提出を急ぐように要請した（一〇月三〇日付手紙）。

一九三一（昭和六）年の晩秋のころ、岡崎次郎は、「近く保釈されそうだから、それについて上落合にいる中野重治と相談してくれ」という西田からの手紙を受けとった。「保証人や保釈金のことだろうと思って早速中野家を訪ねた」が、中野夫妻は不在だったので伝言を託して帰ってきた。しかし、その間にも急速に手続きがすすめられたらしく、「十一月中に彼は保釈出所して、一時十津川村で獄中の疲れを癒やした。……翌昭和七年二月下旬、彼は早くも上京して、中野重治宅または原泉宅に同居していたらしい」と、岡崎は書いている(100)。

中野鈴子からも西田の父のもとに、再度の保釈願を至急提出することを促す手紙が届けられた（三一年一一月一日付手紙）。彼女は、保釈要求書の書き方として、四つのポイントを示した。①被告を改悛させるということ、②被告を親元に置き監視すること、③被告は長男であり、家の柱であって、親を養うべき境遇にあること、④家の建直しのために被告が是非いなければならないこと。

一一月一日付のこの手紙に、千葉県に住む桝谷政寛が西田のことを聞きに中野の家を訪ねてきたと記されている。保釈の保証人になってもらうことを父が桝谷に頼んだものらしい。親戚ではあったが、西田にとっては未知の人であった。

一一月四日、弁護士がはじめて面会にきた。弁護士から知りえたことは、次のようなことであった。

① 西田らの公判は来年の末になるだろう。

② 裁判所が一〇月一三日に言明した「四・一六の被告の保釈については考慮する」の言葉は相当有利に解釈

することができる。

③　書面による保釈願はその効果は疑問である（誰から出されたものでも）。

④　両親・親戚若しくは知人なりが直接裁判長・検事に面会して交渉するのが最も有利な手段である、などなど。

しかし、西田は、父の上京は望めず、親戚や父の知人などにも適当な人物を見いだせないとして、友人を介して「好意ある中正穏健なる人」を探してみてほしいと中野に頼んでいる（一一月五日付手紙）。親戚の桝谷に期待する気持は西田になかったようである。

一一月七日、中野が面会にきた。翌八日付の中野への手紙のなかで、西田は、裁判所に行ってくれる適当な人が発見できなかったら、千葉の桝谷に頼んではどうか、と提案している。親か親戚の者が行くのが定石らしいから、というのだが、西田は桝谷のことを知らず、裁判所の信頼を得られる人物であるかどうか不安視もしている。そして、中野が適当な人物を見出したときにはあらかじめ家の事情を父に詳しく問い合わせてからにしてほしい、と頼んでいる。

父英太郎の保釈願は一一月一一日付で発送された。一一月二〇日付の父への手紙が、西田が豊多摩刑務所から出した知り得る限りで最後の手紙となった。

西田信春が保釈になった正確な日付はわからないが、三一（昭和六）年一一月二〇日以降、一二月三日以前であることは確かである。石堂は「三十一年十一月に彼は保釈で出所した。……彼はすぐ奈良の十津川村に帰った(101)」といい、道瀬も「彼はすぐ郷里へ帰つた(102)」と書いている。また、西田から中野への手紙（一二月八日付）に「予定の如く東京を三日の夕方たつて、こちらへ五日の夕ついた」とある。西田は、一一月下旬に出獄して、一二月五日に奈良県十津川村小森の家に帰った、と思われる。

保釈の時の様子を道瀬幸雄が伝えてくれている。

彼の保釈出獄の前日、私は本郷東大前の何とかいう旅館で、息子の出獄を出迎えにきた彼の父親にあった。その息子に似て眼の細い、人の好さそうな老人は、私に一つの愚痴もこぼさず、また息子の仲間である人に何一つ非難めいたこともいわなかった。

その翌日の夕方、彼が刑務所から出てきた頃をみはからって私はまたその旅館を訪れた。刑務所には父親ばかりでなく、特高の刑事も出迎えに出ている。そして、その旅館まではついてくるのである。彼は如何にも元気にまず私と固い握手を交した。ついてきた刑事もまだそこにいた。彼は声を低めて私にいうのだった。「親爺はしょうがないんだよ。あのスパイに（特高のこと）電車賃を払ってやったんだ。」そして私と顔を見合せてにが笑いをした。私の姉も私を出迎えた時、同じことをしたのである。

彼はすぐ郷里へ帰った。そしてその端書のたよりの中で、「残念ながらことごとく君のいう通りになった」と書いてきた。実は彼の出所した日、「今晩はねむれないぞ。そして近い中にひどい風邪をひくから気をつけろ」といったら、彼はせせら笑って、「そんなことがあるものか」といった。それをさして「残念ながら」といったのである。こういう彼がとても好きだった。（「追憶」）

妹静子は、次のように語っている。

捕われの身となり二ヶ年の未決生活、父の嘆願により仮釈放、十日間官憲二人が監視のもと許されて我が家でくつろぎましたが、家族的な話以外は何も語らず、一人になると横たわり瞑想にふける如く、静かなものでしたが、別れには、幸福であってくれ、借金はするなの言葉のみでした。その後裁判にも出席せず、欠席裁判で五年の刑が言い渡され、当時父は奈良に居合わせたのですが、兄と同道出頭すべく言い聞かせた様ですが、これを強く拒否し単独出頭、其の後行方不明となり、私共家族は絶えず官憲の監視のもとに生活することを余儀なくされました。（「追憶」）

妹の証言によれば、西田は十津川村の家に父、妹とともに十日間滞在したということである。一二月五日から一五日ころまで、ということか。しかし、西田は、中野重治あての手紙（ハガキ）を十津川村小森から、三一年一二月八日付、三二年一月八日付、一月九日付、一月二六日付、二月二六日付の五通を出している。その最後の手紙には「四月から五月にある公判の準備のために近く上京する。上京したら差し当り君の家を早速訪ねてどこか恰好な家のあるまで又厄介になりたいと思ふ」と書かれている。

「十日間滞在」は妹の錯覚で、少なくとも二月下旬までは十津川村にいたとみてよいのではないだろうか。山岸一章は『革命と青春』のなかで「一度、北海道の両親のもとに帰郷してから、すぐにまた上京してきました」と記述している。姪の高井貞子は「兄さんは保釈出所し、一旦奈良の十津川の祖父の許を経て北海道に帰って来ました。それは多分昭和七年の初夏でした。苺が終り桜桃の季節だったと思います。滞在は短く……」と語っている[103]。おそらく西田は、二月下旬以降、上京するまでの束の間に北海道（新十津川村）に帰ったのであろう。

# 7　統一公判闘争

一九三二（昭和七）年、上京した西田信春はまっすぐ東京市外落合町上落合四八一の中野重治の家にやってきた。「春早く、まだ寒い時分(104)」（中野）であった。『愛しき者へ』上巻（澤地久枝による注記）には「中野の逮捕直前から西田は寄寓していた」とある。中野の逮捕は四月四日である（ただし、中野自身は「四月二十日前後」と記憶している）。

中野と原泉夫妻は、三〇（昭和五）年四月一六日に結婚(105)して市外滝野川町田端四四五に住んだ。一ヵ月後の五月二四日に治安維持法違反容疑で中野が逮捕され、警察署をたらい回しされたあげくに起訴されて、七月三一日、豊多摩刑務所に収容された。一二月二六日夜に保釈となり、出所している。

西田が市ヶ谷から豊多摩に移ってくるのは三一年六月であるから、刑務所で一緒になることはなかった。三一（昭和六）年二月に中野夫妻は上落合に引っ越してきたのである。上落合の中野の家は二軒長屋で、西田がきたころは中野の妹鈴子も同居していた。

中野によると、西田はこの家でも「相かわらず坐って何かを読」んでいた。西田は「畳の上に絣を着てきちんと坐り、背も首もまっすぐにして一心に読んでいた。首をおとして顎をつき出した姿勢、猫背、かがみ込んだ姿というこことが彼にはなかった。そしてそれがおのずからにそうなのだった(106)」が、その姿勢は上落合の家でも変わらなかったようだ。

ただし、原泉は、「私たちの落合の家というのは、二軒長屋の向って右半分で、六畳二間に四畳半と玄関二畳、その奥の六畳に西田さん、われわれは表の六畳、鈴子さんは台所へ続く四畳半にいました。……西田さんはいつも、奥の六畳で背中をまっすぐにして勉強していたと中野は言うのですが、私はそこらへんの記憶が非常にはっきりしません。一日中築地へ出かけて外で働いていたためでしょう。西田さんも、保釈で出てきて、被告団の連絡のためなんかで、朝早くから毎日のように出かけていましたから、坐って勉強しているなんていう記憶はあまり私にはありません(107)」と語っている。

この時期の西田の様子をつたえる一つのエピソードがある。

一九三一年の終りか一九三二年の春はやい頃、彼は私の妻に教わって築地の方の床屋へ行き、さっぱりして帰ってくるなり「おれ、今日は、失敗しちゃったよ……」と言った。その床屋は私も知っていたが、清潔で、ハイカラで、そのうえ割りに安く、爪を切って鑢をかけてくれた。
「椅子のここんとこで言うもんだからね……」
ながながと伸びて掛けた西田の脚のところへ来て、床屋の娘が「爪をお切りしましょうか……」と言った。そのとき彼は紺足袋をはいていた。足の爪を切ってくれるのだとばかり思った彼が、足袋まで脱がしてもらうのでは如何に何でも悪いように思って娘に言った。
「足袋、脱ごうか……」

（中野「とびとびの記憶」）

冒頭の「一九三一年の終りか」は、中野の記憶ちがいと思われる。中野が二度目に検挙される四月四日の直前、おそらく三月中のことであった。

前年九月一八日の柳条湖事件からはじまった「満州事変」は、三二年三月一日の「満州国」建国宣言で終息に向かう。日本政府と軍部は大陸の一角に大きな拠点（植民地）を獲得するが、それだけにとどまらず、上海事変を契機に中国へも陸軍を派遣するなど、さらなる大陸進出の野望を隠そうとはしない。

国内では、二月九日に前蔵相井上準之助、三月五日には三井合名理事長団琢磨が血盟団員に射殺される右翼テロ事件が相つぎ、五月には「五・一五事件」が勃発する。他方、一月八日、朝鮮人李奉昌が天皇の馬車に爆弾を投げつける「桜田門事件」、四月二九日には中国上海で、朝鮮人尹奉吉が天長節祝賀会場で爆弾を投げ、白川義則上海派遣軍司令官、野村吉三郎第三艦隊司令長官らを負傷せしめる事件が発生した。白川司令官は一ヵ月後に死亡した。元外相重光葵（当時は駐華公使）が右足を失ったのは、このときである。

この時期、西田は統一公判対策委員会に属して、獄内の共産党幹部と連絡をとって「四・一六」公判闘争に対処するための指導を受ける活動に奔走した。その活動を共にした寺尾とし（当時は若松齢）は、信頼と尊敬をこめて「端正な容姿と温和な言動のかげに強固な意志と階級運動へのはげしい情熱をもっていた」西田について証言している(108)。

若松としは、「四・一六」で検挙され、西田とほぼ同じ時期に保釈出獄したあと、西田、竹内文治との三人で構成される被告会議フラクションのキャップをつとめていた（のちに寺尾五郎と再婚する）。若松としは獄内の鍋山貞親と三田村四郎の二人に週一回面接に行ったが、西田らは「他の幹部に、必要に応じて面会に行くことになっていた(109)」。しかし、石堂清倫は「(西田は)ほとんど隔日に佐野、市川、鍋山等のところへ面会にいった。その結果を彼は克明にしらせてきた」と書いている(110)。

一九三〇(昭和五)年の暮に保釈出獄して郷里の金沢にいた石堂は、入獄中から保釈後にかけて西田と交信をつづけていた。西田の手紙は二、三〇通あり、押収をおそれて親戚に預けておいたが、小松市の大火で焼いてしまったという。

石堂は『わが異端の昭和史』のなかで、次のように記述している(111)。

四月から六月まで西田は統一公判対策委員会に入って、連日のように獄内中央委員の面々のところへ面会にいった。そのうちでも佐野学のところへはひんぴんと出かけた。こんどはもう獄外で検閲をうけないので、佐野の意見を割合にくわしくつたえてきた。獄外の連中がはやりたつのにたいして、獄内委員は冷静な立場から批判しているような空気であった。

佐野の意見はいろいろであったが、君主制との闘争に熱中するあまり、プロレタリアートの社会主義革命の目標を軽視すべきでないと言ったと感心したようである。さすがは指導者だといった書きぶりである。佐野のこの意見は、三・一五以前にも編集局できいたことがある。無条件で佐野を信じていて、獄内中央委員会のほうが方針をだしているらしく、それでよいのかという疑問がないみたいであった。

春から夏にかけて、西田は二、三度保谷の岡崎次郎宅を訪ねている。岡崎は、そのときの様子を、次のように書き残している。

数人の友人と会合したいので、一日だけ室を貸してくれと言う。私は喜こんで応じた。「暢気な虚無主義者」が彼にしてやれることはそのくらいしかなかった。当日は先ず彼が一人でくる。入れ替りに私が出かける。そのあとへ彼の数人の仲間がきてなにごとか謀議し、風呂にはいり、持参の材料で食事をしたらしい。彼らは、まるで温泉にきたようだ、と喜んでいたと言う。それを聞いて嬉しく思った。西田は一人残って跡片付けを綺麗にして私の帰りを待っていた。玄関まで送って、彼の後ろ姿を見ていると、闘士という言葉はこの男のために作られたのではないかという気がした。彼がなにをしているか、などは一切尋ねなかった。彼もなにも言わなかった。そんなことが二、三度あった初夏のころから消息はばったり途絶えた。大槻の話によると、そのころ本社勤務になった大槻の中野の家を訪れて、洋服と靴を無心して帰ったとのことだった。

（『マルクスに凭れて六十年』）

「四・一六」の直前、一九二九年三月二二日に検挙されてから、四三（昭和一八）年四月まで満一四年余にわたって獄中生活を送った砂間一良は、一高、東大で西田の一期後輩で、東大新人会でともに活動した仲間のひとりであった。砂間は、三二（昭和七）年四月一六日（「四・一六」記念日）付の手紙を市ヶ谷刑務所から父親に送っているが、そのなかで西田からきた手紙を紹介している。

西田は、刑務所で偶然砂間の両親と出あったのであった。

刑務所で偶然面会したという西田信春君は次のように愉快な手紙を書いてよこしました。

「今朝他の人達に面会に行って君の父と母とに待合所で顔を合せた。そして色々の事を話したが君の両親は二人共驚く程元気だ。尤も母親は流石母親らしいやさしい心を持っている。それに反して君の父親は満ぷくの支持を君に寄せている事をかの輝く瞳から私に物語ってくれる。君は愛すべく尊敬すべき父母を持っている。これは君にとって何より慶すべき事の一つだ！」

谷川も西田も其の後頻々として面会に来てくれます。

（砂間一良『愛情は鉄窓をこえて――獄中十余年の手紙』）

三二年三月二四日、日本プロレタリア文化連盟（コップ）にたいして、世に「コップの嵐」とよばれる大弾圧がはじまった。コップは、全日本無産者芸術連盟（ナップ、その後改組されて全日本無産者芸術団体協議会となる）が発展的に解消して、三一年一一月に結成されたプロレタリア文化組織であった。コップは、日本プロレタリア作家同盟ほか演劇、音楽家、映画、写真家、エスペランティストのプロレタリア文化団体や、日本戦闘的無神論同盟、プロレタリア科学研究所、新興教育研究所の一一団体で構成されていた。

六月末までの間に、中心人物であった蔵原惟人や村山知義、宮本百合子、壺井繁治、中野重治、今野大力ら四〇〇人余が検挙、投獄された。かろうじて難を逃れた小林多喜二は地下生活に入り、宮本顕治は公然とした文筆活動はできなくなった。共産党中央委員の上田茂樹は四月二日に検挙され、その後行方不明となった（今日に至るまでその消息は不明のままである）。

中野重治が下落合の自宅で逮捕され、戸塚署に連行されたのは四月四日のことであった(112)。そのとき、中野の妻原泉は築地小劇場に出演中で、知らせを受けて翌日、戸塚署へ面会に行った。中野は「看守に両側から支えられる形で姿を見せる。まだ殺すまでのテロはしていないが、保釈中の行動を追求され、かなりのリンチを受けたことは歴然としていた」と、『愛しき者へ』上巻の解説文にある。

解説文はさらに続けて、次のように書いている。

「戸塚署にまだ留められていると思っていたある日、原さんのもとに鳥居坂警察特高係から葉書が届いた。──夫君中野重治氏、本日戸塚署より当署へ転署仕り候、右御通知旁々、というような文面だったという。死んだ西田信春と原さんの二人だけがこの葉書を読んだ。こういう特高からの連絡は、例がなかった。沢村貞子と原泉子とを勘違いしてのことであったかも知れないという。

西田は、「こんなの、おれ見たことねえ。よほど悪い特高か、面白半分に言ってよこしたのか、それともよほど間抜けな特高か、ともかく早く行った方がいい」と言う。

四月一六日、西田は三年目の「記念日」にあたるこの日の公判に出廷した(113)。

上落合の家は、中野が検挙されたあと、家賃がたまったため追い立てをくらった。やむなく原たちは西大久保に転居した。転居の時期は、中野が検挙された四月四日以降、西大久保あてに中野の手紙がくる六月八日以前、つまり四、五月中ということになろう。

そのころ、すでに中野の妹は郷里に帰っていたが、その代わりに神戸から運動に加わるために家出してきた白石行子という「文学少女」が寄寓していた。「神戸さん」と呼んだ彼女と西田が一見似合いの夫婦に見えたので、二人を夫婦に仕立てて、市外大久保町西大久保三番地の東京陸軍幼年学校わきにあった二階建て長屋を借り、西田信春の表札を出した。西田が二階に住み、原と「神戸さん」が一階をつかった。

三人で一緒に食事をつくったり、食べたりすることはあまりなかった。「たまたま私の出かけるのがおそいとき、それじゃ出かけますよといって階段の下から二、三段あがって声をかけた時、西田さんの特徴である背筋をしゃんと伸ばして、おそらく中野の使っていた机で勉強している。そのうしろ姿に声をかけて出かけて行った記憶は二回くらいあります。それ以外、晩飯、朝飯いっぺんも食べた記憶はありません」と、原は語っている(114)。

五月三一日付で、中野は保釈取り消し、保釈金四〇円没収の決定を受け、ふたたび豊多摩刑務所に収容されることになった。豊多摩から妻あてに届いた最初の手紙は六月八日付で、あて先は「東京市外大久保町西大久保三、西田信春方へ」となっている。その手紙のなかで中野は、没収された保釈金を惜しんで、「あの四十円はあの時同盟から借りて後で苦心して返却したもの」であり、「四十円に足が生えて――俺達の所へ戻って来なくていいから――国家の庫《くら》から脱走してくれればよいのに(115)」などと愚痴っている。

六月から八月にかけて豊多摩から妻にあてて出された中野の手紙に、しばしば西田の名が登場してくる。六月一〇日付手紙の最後に「家の御両人によろしく」とあるが、御両人とは西田と「神戸さん」をさしている。一三日付の第三信には、「西田に頼んで（この次西田にいろいろ書く。今日は封緘を一通しか書けないのだ。）『経済学全集』のうち俺に読ませるべきものを選択して貰いなさい」とある。七月四日付第八信によれば、「神戸さん」は六月中に郷里に帰ったらしい。母親に連れ戻されたという。

七月一三日付の手紙には「療養のため松江へ行くかどうかのこと詳細報告たのむ。行くとすれば男たちは飯がつくれぬから、ちょうど鈴子に来て貰えるといいかも知れないね」とある。澤地久枝の註（『愛しき者へ』上巻）によると、「男たち」とは、西田と「石堂清倫など、中野がよく知っている男たちが寝泊まりしていた」その男たちのことらしい。

さらに、七月二七日付の手紙では、日本という国家について一通りのことを知るために「石堂なり西田なりに言って、何か本を見つけて貰ってくれ」と、妻に頼んでいる。七月一二日の西田の手紙は不許になったが、八月一七日付では「西田の手紙も今度はとどいた」という。

このころ（月日は不明だが）、道瀬幸雄は西田と接触する機会が多くあった。

間もなく、彼は上京してきた。まだ夏のうちであったかも知れない。私たちは公判準備の活動に入り、また公判が始った。……その時分がもっとも西田と接触することが多く、彼の人柄をもっとももよく知った時期であった。谷川巌をまじえた三人で葉山の海岸でボートを漕ぎ、二人で芝公園の辺りを自転車でのりまわしたりしたのもその頃であった。その頃獄内との連絡のため、谷川同志を交えたわれわれ三人は、しばしば私の下宿先で会合した。そのうち私たちはそれぞれ非合法的な組織に参加してゆき、一つ仕事で顔を合せることはすくなくなった。（「追憶」）

石堂清倫が西大久保の家に同居するのは、七月はじめのことであった。石堂は、そのいきさつを『わが異端の昭和史』のなかで次のように語っている。

西田はいったん北海道へかえり、三月はじめに上京するから、私が公判のため上京するならしばらくいっしょに暮そうと言ってきた。私は七月はじめに上京して西大久保におちついた。小さな借家の二階に西田がいた。何年ぶりというよりも、つい最近野方で別れたばかりといった感じであった。二階には中野の本棚があって、中野に差入れる本がかなりあった。ドイツ文のハイネの選集もあった。

翌日そろって外出しようと階段をおりかけると、上り口近くの蚊帳のなかに、ほの白くわかい女の顔がうかんでいる。女性がいるという話はまだ聞いていないので、ありゃなんだとたずねると、「中野の女房だ」とのことである。二人は階下と階上にべつべつにくらしていると見えた。

私は毎日のように裁判所へ出かけた。七月末に私の論告が終った。一月もいたのに、「中野の女房」とは一度も顔をあわす機会がなかった。

西田が北海道に帰郷したことは確かなことで、同居していた原泉が西田からスジコの粕漬一箱をみやげにもらって、友だちと二人で食べたと証言している。

「あとにも先きにも、あんな上等なスジコの粕漬は食べたことはありません(116)」。

原泉はさらに、西田と生活を一緒にしたのは、西田が九州へ行くまでの期間、途中一と月ちかく北海道へ行っているとすれば、「せいぜい二ヶ月あまりでしょうか」と語っている(117)。

新十津川村で「両親に別れを告げ」て、西田は上京し、西大久保の中野宅へ行く。西田にとって、このときが両親との永遠の別れとなったのである。

石堂は「思いだすままに」のなかで、階下の蚊帳のなかの女性が「中野の女房だ」と教えられ、「私はそこではじめて中野が結婚したことを知った。中野夫人は私が一ヶ月あまり同じ屋根の下にいたことを、それから三十年ものあいだ知らなかった」と書いている。石堂は、『中野重治と社会主義』のなかでも「西田とは一九三一年七月四日から一ヵ月間中野の留守宅の二階でくらした。階下の原さんは何十年もそれを知らなかった」と記述している。

中野自身も「とびとびの記憶」で、次のようにいっている。

私の妻の原は上落合以後に西田を知って、三二年七月頃彼を九州へ送り出すまで世話したわけだったがそれも普通の状態ではなかった。夜おそくくたくたになって帰ってくる彼女が、西田のところにしばらく石堂のいたことさえ知らなかったことがつい最近になってわかってきたくらいだった。

原泉もまた、「西田さんといっしょに、石堂さんが二階にいたなんてことは私は夢にも知りませんでした。全然知りません。今の今まで知りませんでした。ですからこれは、豊多摩の中野にも知らせてありません。彼も今の今まで知らなかったでしょう」という(118)。

これは、一九七〇年に石堂の前でテープに語った言葉だという。

野呂栄太郎、大塚金之助、平野義太郎、山田盛太郎らが編集する『日本資本主義発達史講座』(全七巻)が岩波書店から刊行されはじめたのは、三二年五月二〇日であった。「五・一五事件」の五日後のことで、完結するのは翌年八月である。

五月二六日、コミンテルン執行委員会西欧書記局が「三二年テーゼ」(「日本の情勢と日本共産党の任務に関する方針書」)を発表した。国内では、『赤旗《せっき》』特別号パンフレットとして七月一〇日に発表された。「三二年テーゼ」

は、日本の支配体制を絶対主義的天皇制、地主的土地所有、独占資本主義の三要素の結合と特徴づけ、当面する日本の革命を「社会主義革命への強行的転化の傾向を持つブルジョア民主主義革命」と定義づけた。それは、「二二年テーゼ」「二七年テーゼ」を基本的に継承した「二段階革命」論で、「三一年政治テーゼ草案」は否定された。その民主主義革命の主要任務は、①天皇制の打倒、②寄生的土地所有の廃止、③七時間労働制の実現、などにあるとして、当面の中心スローガンを「帝国主義戦争と警察的天皇制反対、米と土地と自由のため、労働者、農民の政府のための人民革命」とした。

野呂栄太郎ら（いわゆる講座派）が独自に研究してきた日本資本主義の分析と日本革命の展望は、「三二年テーゼ」を裏づけることになった。他方で、山川均、荒畑寒村ら「労農派」とはますます対立を深めることになった(119)。

統一公判の検事論告がおこなわれたのは七月五日であった。その前日に石堂が上京して西田と合流している。石堂が七月四日付で豊多摩刑務所の中野に出した手紙（「五日が論告で、やっと今日出てきた」）が『中野重治との日々』に収録されている。

西田は、改正治安維持法第一条によって懲役五年を求刑された。その後は被告人陳述となり、それが最終的に終了するのは七月二六日であった。

おそらく七月はじめに、西田は九州派遣の極秘指示を与えられていた(120)。

西田が九州博多に着くのは八月七日であるが、東京を発つ前の西田との最後の別れの場面を、多くの友人、同志たちが書き残している。

もっとも近くにいたのは、原泉であった。

西田さんが九州へ立ったのは三二年夏だったはずです。……暑い季節のある晩、おれ、もう、ここの家へは帰らないと言ったのです。それで、私もそれ以上何もきかず、勿論仕事でどこかへ行くのだという見当はほぼつきました。で、それじゃこんなものが要るんじゃないかといって、中野の旅行道具の必要なものをみんな出して、これはどうだ、これは要らぬかといって、ゾーリンゲンの剃刀なんかもありました。そうしたら、みんな持って行くといって、その時、これはもう要らないからどうでもしてくれといって置いて行ったのが奉公袋だったと思います。その中に、陸軍伍長を命ずという丸めた紙がありました。……しかし翌る日、じゃと言って改めてお別れといった記憶は全然ありません。私の眠っているうちに立って行ったのかも知れない。恐らくそうでしょう。……（「西田さんの記憶」）

ところが、二、三日後の夜、西田が突然築地小劇場にあらわれた。西大久保の家に行って地図を一枚取ってきてくれという。原は、照明部から懐中電燈を借りて自分の家に行き、一枚の地図を探しだした。北九州のある地区の五万分の一の地図だった。彼女はそれを持って築地へ引き返した。「そして今度こそさよならだといったとき初めて二人で手を握った。それが西田さんとの最後でした(121)」。

中野は、「私は、警察へ、それから豊多摩へ面会にきた原から多少のことは知らされていた。彼女が、西田といっしょに大久保の幼年学校近くへ引越したことなぞは私も知っていた。夏になってだったと思う、彼女が、西田に私の上等の（？）剃刀を持たせて旅立たせたらしいことも私は知った。無論面会所での話だから詳しくは知るべくもな(122)」かった。
中野が西田を見た最後は、四月に逮捕される直前であった(123)。「それ以後私は西田を再び見なかった」というから、西田は中野の面会には行けなかったらしい。
若松(寺尾)としは、八月中旬に「西田がひょっこり私の家に洋服であらわれた」という。西田は、彼が着る和服(単衣二枚、袷と羽織各一枚、夏冬の長襦袢)をつくってくれと頼みにきたのであった。それをつくって手渡したあと、彼女はもう一度西田と会った。

たしか八月末か九月の初めだったが、……めずらしく西田が夕食を一緒に食べようといった。いよいよお別れだなと私は直感した。……近くの小さな洋食店に入り、この店では一番上等の料理を私が注文した。彼のために今夜は私の財布をはたいて御馳走をしようと思ったからである。……西田がビフテキを切る手をとめて、「僕は近く九州の方へゆくことになるかもしれぬ。」とポツリといった。一瞬、私は身のひきしまる思いがして、反射的に彼を見た。これは人にもらしてはならぬ党の秘密だったからである。彼は決してそのような軽率な人間ではない。やがて私の身内がじーんとしてきて、いまにも涙があふれそうになった。彼の私に対する信頼感の深みがしみじみと伝わってきたのだ。……やがて二人は肩を並べてこの店を出た。人通りの少ない町であったから私が乗る電車の停留所が見えるところまで黙って歩いていった。そして二人は、「さようなら、お元気で。」と固い握手を交して別れた。彼はすぐさきの横町を曲って去っていった。……グレーの背広にパナマ帽子をかぶった長身の、彼のうしろ姿がいまでも私の眼にやきついている。

(「西田信春の思い出」)

多分、若松としの記憶は一ヵ月ほどずれていると思われる。二人が会ったのは七月中旬からせいぜい八月はじめのことではないだろうか。

その前のころと思われるが、西田は大槻文平を東京中野鷺ノ宮の自宅にたずねている。大槻文平は、西田とは一高、東大時代の同級生で親しい友人であった。三菱鉱業に入社して、のちに社長、会長となり、一九七九（昭和五四）年から八年間日経連（現・経団連）会長を務める人物である。

突然彼が清家女史(124)（家内の女子大の同窓）と一緒に訪ねてくれた。が折悪く私は留守をして会えなかった。その時彼は「大槻は足が大きい筈だから靴と洋服を呉れ」というので、彼が親しい友人である事を知っていた私の家内は洋服と靴を渡したという事であった。その後ハルピンから一度絵端書のたよりを貰っただけで杳として消息を絶った。恐らくロシヤに潜入し粛清されたのではないかと私はひそかに思って居った。

（「西田と私」）

道瀬幸雄が西田と最後にあったのは、銀座の小さなレストランであった。

西田信春と最後にあったのは一九三二年の六月か七月であったとおもう。場所は銀座の表通りの小さなレストランの二階で、私がさきに行って待っていた。いかにも夏らしい感じのする午後であったのをいまでも忘れない。いつも時間を守る彼がその日はすこし遅れてきた。灰色がかった新調の夏の背広をきて、見ばえのする青年紳士であった。私はいくぶんひやかし気味にその背広のことを聞いたが、その夏服にしてはかなり厚ぼったい生地は、洋服屋のいうところによれば、いま流行なのであって、「中野の細君の見立てでもある」と彼は説明した。

彼はちょっと旅行するといっていたので、その日ははじめから送別の宴というつもりであったようにおもう。……二人で飯を食って、握手をして別れた。当分逢えないような気がしたが、永遠に逢えぬことになってしまった。（「追憶」）

その灰色の背広は石堂の一文のなかにも登場してくる。

そうしているうちに西田は明るいグレーの背広を新調した。それまでは老人めいた黒っぽい服をきていた。彼は出かけるたびに一枚ずつ五万分の一の地図を買ってきて机のわきにまるめておいた。ある日、何気なく見ると、そのすべてが北九州のものであった。私は、彼が九州へゆくまえに私を呼びよせたのであろうということに気がついた。私の最終陳述が終って金沢へかえる日、彼は途中まで私を送ってきた。大久保駅近くまできたとき、彼はだまって私の手をにぎりしめて消えていった。これが最後の別れとなった。

（「思いだすままに」）

石堂は、統一公判の最終陳述（七月二六日）が終わった翌日、西田と二人で獄中の中野に手紙を出したあと西田と別れて郷里に帰った。判決のため一〇月二九日上京するが、そのときには西田の姿はなかった。

鉄道従業員組合時代の仲間であった赤島秀雄は、西田との永訣の場面を次のように語っている。

……兄の経営する会計事務所で働いていた昭和七年七月の初夏の頃であったと思う。中央区京橋宝町のビルに突然彼が現われ、屋上で一別以来の話に時のたつのを忘れたのである。彼はその時再度党活動にはいる決意を告げた。そして私の決意をも確かめようとした様子であった。

これが私と彼との最後の別れとなったのである。状況を見て連絡するからと別れ際に話した彼の言葉は、私にとって最後の彼の言葉となってしまった。(「西田信春君を偲ぶ」)

西田が九州に旅立ったころ、札幌では姪の高井(旧姓乾)貞子が、当時全協札幌地区協議会設立をめざす非公然活動をおこなっていた相沢良と出会っていた。乾貞子は、七歳のときから新十津川村の西田家で成長し、北海道庁立札幌高等女学校(札幌高女、現・札幌北高)を卒業した翌年に、逓信省に日給八〇銭で勤めることになった。一九三二年八月ころのことである。「札幌郵便局庶務課でタイピストをしていた南九条西六丁目の乾貞子の家に、電信課の鎌田豊松に紹介されたと言って、ユカタ姿の相沢良が一人で訪ねてきて、『無産者政治教程』を一緒に勉強しましょうと誘い」、それから二人だけの学習会を週一回ずつ続けるうちに、乾貞子は全協活動に協力したり、『三二年テーゼ』のガリ切りをしたりするようになった、という(125)。

# 註　第三章　社会運動のなかで

1　労農運動のなかへ

（1）石堂清倫「思いだすままに」『書簡・追憶』279ページ
（2）杉浦啓一について、山辺健太郎は「杉浦君は五尺にもたりないような小男であったが、機略縦横、弁舌さわやかで、度胸もすわっており、また天才的なオルガナイザーであった。学校教育は小学校も満足にでていなかったので文字などは子供のような稚拙なものだったが、独学で学んだマルクス主義の理論は大したものだった」と、『現代史資料』15の「資料解説」で紹介している。「三・一五事件」で検挙され、予審中に陳述した「予審調書補足上申書」が同書に掲載されている。
（3）石堂清倫『中野重治と社会主義』52ページ
（4）赤島英雄「西田信春君を偲ぶ」『書簡・追憶』332ページ
（5）石堂清倫『わが異端の昭和史』90ページ
（6）塩澤富美子『野呂栄太郎の思い出』172ページ　同書に、「一九二七年四月学連事件公判出席の際友人栗原佑の弟健さんと」のキャプションがついた野呂の写真が掲載されている。
（7）栗原佑「久遠の青年」『書簡・追憶』337ページ
（8）石堂清倫『わが異端の昭和史』90ページ
（9）栗原佑　前掲書　337ページ
（10）石堂は、岩田を評して「岩田は人情の濃まやかなところがあるかと思うと、他人の微妙な感情を無視し、「非情」

といってもよいところもあった。彼のことを理論家のように言う人もあるがそれはまちがいであろう」と語っている。（『わが異端の昭和史』103ページ）

（11）コミンテルンの会議で自説を批判された福本和夫は、自己主張せずにあっさり誤りを認めて屈服し、中央委員を辞任したが、後日、その理由を問われて、次のように答えている。

――この問題、あまりいままではっきりされておりませんね。わたしども後輩は、何でそのとき福本先生が、たとえ少数であっても、論拠を明らかにされなかったかという気持があるんです。

福本　ところが、あそこで一人あくまで抵抗したら、ぼくは命を落とさなきゃならない。

――向こうに抑留されたかもしれないね。

福本　おれは抑留されて消されてますね。（中略）

福本　おれは自信を失ってないんですから、それはニコニコしとったって渡政いうけど、そのとおりなんです。やがてこれ、おれのほうが勝つと思った。

（石堂清倫・五味川純平編『思想と人間』角川書店　316ページ）

他方、同書のなかで、志賀義雄は、福本が「確かに自分は間違っておった。共産インタナショナルのいうことは正しい」と言った、と証言している。

（12）石堂清倫『わが異端の昭和史』105ページ

（13）石堂清倫「思いだすままに」『書簡・追憶』282～3ページ

2　「三・一五事件」

(14) 西田静子「追憶」『書簡・追憶』444ページ

(15) 山岸一章『革命と青春』

(16) 荻野富士夫編『小林多喜二の手紙』76ページ

(17) 検束とは、警察権によって個人の身柄を拘束して警察署などに留置することで、旧行政執行法（一九〇〇年制定）でその期間を翌日の日没前までと規定していた。保護検束と予防検束があった。また、違警罪即決例（一八八五年）および警察犯処罰令（一九〇八年）が規定する、最大二九日までの短期拘留制度があって、旧憲法のもとでいずれも警察権力によって国民の政治思想運動や労農運動などの弾圧に乱用される弊害を生むことになった。

(18) 解散させられた労働農民党は、にもかかわらず「事務所の看板はこの日から新党準備会と書き替えられて以前と変わらず事務をつづけた」という。京都の新党準備会支部が右翼に襲撃されてから、本部事務所の防衛のために青年書記や労組の青年たちが交代で毎夜当直したが、特高の執拗な監視や検挙攻勢との闘争の連続であった。（寺尾とし『伝説の時代』未来社）

(19) この治安維持法改正緊急勅令案にたいしては、美濃部達吉や上杉慎吉らの法学者はじめ野党民政党も反対の立場であった。昭和天皇は、改正にたいする田中義一首相の説明に不満を漏らし、「条件付き裁可の御意向」（『昭和天皇実録』第五　東京書籍）を牧野伸顕内大臣に示した。天皇臨席の下で開かれた枢密院会議では反対意見や質問が相次ぎ、天皇から「如何程遅くなりても差支なし、議事を延行すべき旨」の要望があって翌日に順延された。「これは枢密院史上初のケース」（中澤俊輔『治安維持法』）であった。天皇は、目的遂行罪の内容に危惧の念をもった、といわれる。結局、枢密院は賛成二四、反対五の評決で緊急勅令案を可決し、天皇はこれに署名した。

(20) 山本宣治（当時は新党準備会の代議士）が小樽にきたときの様子を、風間六三「小樽にて」（『北方文芸』一九七二年七月号）が紹介している。

一九二八（昭和三）年一二月三日夜、花園町の演芸館で政談演説会が開かれた。会は盛会だった。弁士は喜多幸章（旭川）、菊池直芳（倶知安）、小樽の森良玄、島田清作、松本和三、鈴木源重、東京の溝上弥久馬、最後に山本宣治であったが、「弁士中止」ですんだのは鈴木と山本だけで、他は検束された。二人は、警察に検束者奪還のため交渉に行った、という。

演説会の前、昼に山本宣治の宿である小樽駅前のつるや旅館を訪ねた。「がっちりした闘士型」を想像していたが、「キチンと頭髪をわけ瘠せたインテリ風」なのでみんな少しがっかりした。だが、緊迫した情勢や自身の生いたちや、アメリカ留学の話のあと、人間の性の問題にふれ、くだけた話にみんな笑った。「私達は彼が、学問的に科学的に性の研究をしているナと、面白い男と感じた。やがて特高が二人きて席についたので余計に山宣は微に入り細にうがった巧妙な話ぶりに、特高も苦笑せざるを得なかった」と。

(21) 中野重治「とびとびの記憶」『書簡・追憶』317ページ

(22) 藤原忠雄「ある家族の戦中と戦後の生活」『トック』第一一号　22ページ

3　無産者新聞時代

(23) 石堂清倫『わが異端の昭和史』144ページ

(24) 二村一夫「『無産者新聞』小史」

(25) 太田慶太郎の「原泉宛私信」や『西田信春書簡・追憶』中の「年譜」には、「一九二九年二月（頃）渡政山宣労農葬の打合せ」などの記述があるが、これは誤りであろう。山宣暗殺は同年三月五日のことである。

(26) 太田慶太郎「葉書から」『書簡・追憶』292ページ

(27) 山岸一章『革命と青春』60ページ　西田が検挙された日を「一月のある日曜日」といったのは太田慶太郎である（山岸一章あて手紙）が、太田は、原泉あてハガキ（『書簡・追憶』292ページ）では「一九二九年二月頃」と表現している。

(28) 奥平康弘『治安維持法小史』101ページ

(29) 中澤俊輔『治安維持法』96ページ

(30)『野呂栄太郎全集』下巻の巻末「年譜」によれば三月四日。ただし、塩澤富美子『野呂栄太郎の思い出』では、野呂が山宣を訪ねたのは「一九二九年三月五日」で、「その死の数時間前に面談したという忘れられない思い出をもった」（178ページ）と記している。

4 「四・一六事件」と獄中生活

(31) 荻野富士夫『小林多喜二の手紙』126ページ

(32) 中野重治「とびとびの記憶」『書簡・追憶』318ページ

(33) 高井貞子「信春兄さんの思い出」前掲書451ページ

(34) 西田信春「一九三〇年二月二四日付西田静子あて手紙」前掲書59ページ

(35) 西田信春「一九三〇年八月二六日付中野鈴子あて手紙」前掲書92ページ

(36) 西田信春「一九三〇年七月一日付西田静子あて手紙」前掲書75ページ

(37) 西田信春「一九三〇年一一月七日付原まさのあて手紙」前掲書107ページ
(38) 西田信春「一九三一年五月四日付中野鈴子あて手紙」前掲書155ページ
(39) 岡崎次郎『マルクスに凭れて六十年』100ページ

5　「雨の降る品川駅」をめぐって

(40) 川西政明『昭和文学史』上巻　講談社　274ページ
(41) 荻野富士夫『昭和天皇と治安体制』新日本出版社　138ページ
(42) 中野重治「「雨の降る品川駅」のこと」（「わが文学的自伝」『中野重治全集』第二二巻、所収）
(43) 「「雨の降る品川駅」は、日朝人民連帯を高らかにうたいあげた詩と評されているが、それが日本帝国主義を糾弾する李北満の「追放」にこたえる形で書かれたこと……」（水野直樹「「雨の降る品川駅」の朝鮮語訳をめぐって」『中野重治全集』第三巻「月報8」）
(44) 林淑美『昭和イデオロギー――思想としての文学』平凡社　31ページ
当時、日本共産党の最高幹部であった春日庄次郎は、対談のなかで次のように語っている。

――やっぱり異論は出ましたですか。

春日　出ましたですね。こんなビラまかないと。

――「君主制廃止」のね。

――「君主制廃止」うたったら困るという……。

春日　「君主制廃止」じゃない、「天皇制打倒」。

――二七年テーゼの段階でそうですか。
春日　「天皇制打倒」ということにこれはもうはっきりなってきた。だからポスターとかビラとか、みんなぼくらのところでこしらえたのは、「天皇制打倒」「労働者・農民政府の樹立」。それで大土地所有制の廃止だとか何とかというようなことですね。テーゼには「君主制……」になっておっても、実際党が活動した宣伝ビラなんかは全部「天皇制打倒」です。だから「天皇制政府の打倒」というスローガンがまずあって、「労働者・農民政府の樹立」。これはオルガナイザー会議で決まったわけです。」（石堂清倫・五味川純平編『思想と人間』172ページ）

（45）三重県松阪町で小学校の代用教員をしていた大沢茂は、「三・一五事件」で解雇され、全農三重県連常任書紀をつとめていた。一九二八年一〇月二七日、「大礼」警備で松阪署に予備検束され、その後、津署地下留置場に拘留された。「脚気で歩行にも困難」であった大沢は、治療も受けられずに放置され、一一月一四日午前五時ころ絶命した。享年二三歳。解剖の結果、胃・腸にはまったく食物がなかった。無産団体葬で松阪火葬場に葬られたが、三〇〇〇人の会葬者が「赤旗の歌」をうたいながら行進した。「会葬者の歌う「赤旗の歌」は涙ぐましくも亦凄惨なものであった」と『無産者新聞』は伝えている、という。（『不屈』第427号　治安維持法犠牲者国家賠償要求同盟機関紙）

（46）川西政明『昭和文学史』　278ページ

（47）中野重治「著者うしろ書　二重の走り書二重の覚え書」（『中野重治全集』第九巻　557ページ）この文は一九七七年二月二〇日執筆（中野は一九七九年八月死去）となっている。「文芸戦線」派とはげしいプロレタリア芸術論争を展開していた「戦旗」派の中野は、一九二九年九月に改造社から最初の評論集『芸術に関する走り書的覚え書』を出したが、その序文に入れたのが「われわれは前進しよう」の一文であった。そこには、たとえば「われわれのなかに現に燃えあがっているところの「君主制の廃止」「××の没収」「帝国主義戦争反対」等の想念は、明らかにわれわれの芸術の内容に成りうるし、またわれわれはまさにそれらをわれわれの芸術の内容にしなければならないのだ」といった文章がある。また、「結晶しつつある小市民性」なる一文には、「われわれの前に横たわる戦線はただ一すじ全無産階級的政治戦線あるのみなのである。そこに、そのなかに、特に芸術戦線なるものはありえない」ともある。そこには「二七年テーゼ」が「ある種の誤解」（松下裕）をもって反映していた、とされる。

(48)鄭勝云『中野重治と朝鮮』の巻末に、「〈付表〉「雨の降る品川駅」の異同」として一五種の一覧を紹介している。

(49)「ナップ版」以前に、二種の収録本があったらしい。一つは、伊藤新吉が見つけたという『新興詩人選集』（一九三〇年一月発行）、もう一つは、『日本プロレタリア詩集』一九三一年版（戦旗社　三一年八月発行）である。前者は「改造版」と同じ、後者は「ナップ版」とほぼ同じ（ただし、献辞は削られていない）内容であった。（林淑美『昭和イデオロギー』71ページ）

(50)川村湊『満州崩壊』　文芸春秋社　187ページ

(51)中野重治「「雨の降る品川駅」のこと」

(52)水野直樹「「雨の降る品川駅」の事実しらべ」『季刊三千里』第二一号

(53)松尾尊兊『中野重治訪問記』　岩波書店　159ページ

(54)林淑美によれば、水野訳の全文は満田郁夫「テキストについて」（『梨の花通信』三九号　二〇〇一年四月）に引用されているそうだが、未見である。「共同研究を始めるにあたって水野氏から原稿用紙に書かれた訳稿を複

写させてもらったのである」（『昭和イデオロギー』85ページ）

(55) 松下裕『評伝中野重治』105ページ　なお「月報9　編集室から」は、「試みに、可能なかぎり字数にあわせて復元し意味をつたえれば」としている。

(56) 尹学準「中野重治の自己批判——朝鮮への姿勢」『新日本文学』一九七九年一二月号

(57) 高榮蘭『「戦後」というイデオロギー』藤原書店　138ページ

(58) 鄭勝云『中野重治と朝鮮』新幹社　20ページ

(59) 石堂清倫『中野重治と社会主義』77ページ

(60) 伊藤晃『天皇制と社会主義』勁草書房　374ページ

(61) 林淑美『昭和イデオロギー』107ページ　林は、「彼の手紙の一九三二年五月二十日という日付は、「政治テーゼ草案」いわゆる三二年テーゼの影響下にあった。……このテーゼは、獄中でも読まれたというから、西田も知っていただろう」という。

(62) 風間丈吉『「非常時」共産党』三一書房　143ページ

(63) 大西巨人「コンプレックス脱却の当為」『日本人論争　大西巨人回想』左右社

(64) ただし、「仮に天皇暗殺のことがかんがえられるとして」は、いかにも自己弁護的に腰が引けた表現に聞こえる。それほどにシリアスな思想をかつて自身が抱懐したことがあったのか、なかったのか、また、それを詩に表出したのか、しなかったのか、ということが果して自身の記憶の外に消し去られてしまうものなのだろうか。

(65) 「しかし一九二〇年代における日本の労働運動、階級闘争の指導理論においては、在日朝鮮人労働者を「日本の労働運動の重要な一要素」とし、「その陣列のうちに同化し結集」する、「鮮人労働者を組合運動に包容し、融合し、結合して、有力な労働階級の軍勢を組織しなければならぬ」として「日鮮労働者の団結」を強調するにとどまり、日本帝国主義支配からの朝鮮民族の解放という基本的観点はみられないのである」（朴慶植『在日朝鮮人運動史8・15解放前』三一書房　200ページ）

（66）ジノヴィエフ「国際情勢と極東についての報告」（村田陽一編訳『資料集コミンテルンと日本』大月書店　40ページ

（67）川端正久『コミンテルンと日本』法律文化社　206ページ

（68）松尾尊兊『大正デモクラシー』岩波書店　313ページ

（69）信越電力株式会社がすすめる信濃川水力発電所建設現場（地元住民から「北越の地獄谷」とよばれていた）では、大倉組の監督下で多くの土工（半数の約六〇〇人が朝鮮人だった）が「タコ部屋」労働を強いられた。過酷な労働と虐待に耐えかねて逃亡を図った土工たちは、銃殺あるいは生きたままコンクリート詰めにされたり、石をくくりつけて谷川に突き落とす、などのリンチを加えられた、という。春から秋までの間に少なくとも数十人の土工が虐殺された。警察やヤクザの妨害を受けながら、信濃川虐殺事件調査会が日朝の活動家たちによって組織された。九月には「信濃川虐殺問題大演説会」が開催され、朴烈や大杉栄、堺利彦らが演説している。これを機に、在日朝鮮人たちは「在日本朝鮮労働者状況調査会」を結成して、在日朝鮮人の労働実態の調査にとりくんでいく。

（70）金賛汀『韓国併合百年と「在日」』78ページ

（71）「一九二九年十二月当時の在日朝鮮労総加盟組合員三万三千余人が、一九三〇年十月までに全協に再組織されたものは二千六百六十余人」（朴慶植『在日朝鮮人運動史』221ページ）であった。

(72) 朴慶植『在日朝鮮人運動史』224ページ
(73) 宮本正男・原金五「大阪の全協」『運動史研究』第三号（伊藤晃『転向と天皇制』より引用）
(74) 高峻石『コミンテルンと朝鮮共産党』社会評論社
(75) 松尾尊兊『大正デモクラシー』317ページ

6　豊多摩刑務所の日々

(76) 西田信春「一九三一年六月一六日付中野鈴子あて手紙」『書簡・追憶』171ページ
(77) 亀井勝一郎「幽閉記」「我が精神の遍歴」『人間の記録』110　67ページ
(78) 石堂清倫『わが異端の昭和史』135ページ
(79) 野坂参三「豊多摩刑務所と徳田球一」豊多摩（中野）刑務所を社会運動的に記録する会編『獄中の昭和史―豊多摩刑務所』14ページ
(80) 春日正一「豊多摩刑務所の思い出」前掲書　24ページ
(81) 美作太郎「獄中記」前掲書　75ページ
(82) 藤田俊次「独房の会話」前掲書　52ページ
(83) 佐野英彦「獄舎生活の記録」前掲書　27ページ
(84) 春日正一「豊多摩刑務所の思い出」前掲書　24ページ
(85) 中西柾光「刑務所で忍術を使う」前掲書　95ページ
(86) 荻野富士夫編『小林多喜二の手紙』197ページ

(87) 西田信春「一九三一年六月一六日付中野鈴子あて手紙」『書簡・追憶』171ページ
(88) 西田信春「一九三一年六月二三日付中野鈴子あて手紙」『書簡・追憶』172ページ
(89) 松下裕『評伝中野重治』130ページ
(90) 西田信春「一九三一年七月九日付中野重治あて手紙」『書簡・追憶』177ページ
なお、石川啄木の歌は、「燈影なき室に我あり／父と母／壁のなかより杖つきて出づ」(『一握の砂』所収)である。
(91) 野坂参三「豊多摩刑務所と徳田球一」『獄中の昭和史』15ページ
(92) 西田信春「一九三一年八月二一日付中野重治あて手紙」『書簡・追憶』191ページ
(93) 西田信春「一九三一年七月四日付西田静子あて手紙」『書簡・追憶』176ページ
(94) 東京地裁予審判事秋山高彦の名で「予審終結決定書」が出されたのは、一九三一(昭和六)年五月二〇日である。
「市川正一外八十二名」のなかに西田信春もふくまれていた。
決定書は、西田について次のように記録している。

被告人西田信春ハ

東京帝国大学文学部倫理学科ヲ卒業シタルモノナルカ在学中同大学内新人会ニ加入シテ社会科学ヲ研究シ大正十五年十月大衆教育同盟政治部員トナリ、其後全日本鉄道従業員組合支部再組織ニ関係シ昭和四年一月無産者新聞社編輯部員トナリ社会運動ニ従事中共産主義ニ共鳴シ居リシトコロ同年三月二十日頃東京市小石川区内ニ於テ被告人安藤敏夫ヨリ勧誘セラレ日本共産党カ前記ノ如キ秘密結社ナルコトヲ知リナカラ之ニ加入シ前記無産者新聞社細胞ニ所属シ以来同年四月十六日検挙セラルルニ至ル迄ノ間同新聞ヲ通シテ同党ノ主義政策ヲ宣伝扇動スル為メニ諸般ノ活動ヲ為シ以テ同党ノ目的遂行ニ務メ(『現代史資料』16

385ページ）

同決定書によれば、西田の本籍および当時の住所は次のようであった。

本籍　奈良県吉野郡十津川村大字小森九番屋敷

住居　東京府豊多摩郡杉並町高円寺二十五番地　中野重治方

(95) 一九三一年四、五月の被告会議は「中央の幹部十二名を立合わせる」ことを要求した（『現代史資料』17「資料解説」）が、統一公判で代表陳述をおこなったのは、佐野学、鍋山貞親、市川正一、三田村四郎、杉浦啓一、国領五一郎、徳田球一、志賀義雄、高橋貞樹の九名であった。福永操や寺尾としは、法廷委員（獄中中央委員会）は、前記九名に中尾勝男を加えた十名であった、としている。（福永操『あるおんな共産主義者の回想』266ページ、寺尾とし『伝説の時代』183ページ）

(96)『獄中の昭和史――豊多摩刑務所』319ページ

(97)「裁判中は炎暑のさなかではあったが、傍聴席は毎日満員をつづけた」。新聞は連日裁判の模様を報道したが、当局はあらかじめ新聞社にたいして、「被告の陳述内容に関し、これが肯定宣伝する記事についてはもちろん、単なる報道記事でも、国体の変革に関する事項、皇室の尊厳を冒瀆する事項、私有財産制度を否認する事項、暴力革命の宣伝扇動に関する事項、植民地の独立を宣伝扇動する事項、その他の共産主義の宣伝に関する事項は一切記事にしてはならない」と言渡した。「したがって、当時の新聞記事は陳述の内容を正確に伝えていない」（松本清張「昭和史発掘」『松本清張全集』32　文芸春秋社　235ページ）

(98) 布施柑治『ある弁護士の生涯――布施辰治』岩波新書　83ページ　中央統一公開公判で速記が認められたことは、被告団と解放運動犠牲者救援弁護団による公判闘争の成果の一つであった。速記は、かつて衆議院の速記者であった蓬田武弁護士が担当した。蓬田弁護士が速記を整理して原稿をつくり、淡徳三郎が印刷と出版を引きうけた。（山辺健太郎「三・一五、四・一六事件関係者を訪ねて」『現代史資料』社会主義運動（五）月報付録）「くろうとの速記者」とは別に、保釈被告団として詳細な陳述筆記をつくり、すぐに非合法印刷をして大衆に配布する秘密指令を受けて、是枝恭二や福永操（是枝の妻）、谷川巌らがそれを担当した。「私たちは後方の傍聴人席の最前列に陣取り、ノートと鉛筆をにぎって、汗をふくまもない必死の筆記だった」（福永操『あるおんな共産主義者の回想』273ページ）。一日の公判が終ると、筆記係たちは集まって輪になって坐り、各自のノートを読みあわせしてほとんど完全に近い記録をつくった。しかし、九月初めの公判から傍聴者のノート筆記は禁止になった。

(99)これらの陳述は、「日本共産党公判闘争代表陳述速記録」として『現代史資料』17　みすず書房、に掲載されている。

(100)岡崎次郎『マルクスに凭れて六十年』102ページ

(101)石堂清倫『わが異端の昭和史』145ページ

(102)道瀬幸雄「追憶」『書簡・追憶』345ページ

(103)高井貞子「信春兄さんの思い出」前掲書451ページ

7　統一公判闘争

(104)中野重治「とびとびの記憶」『書簡・追憶』319ページ　原泉（中野夫人）は「三二年の三月か四月と記憶している」（「西田さんの記憶」）。また、石堂清倫は「二月末か三月はじめに上京」と記す。（『わが異端の昭和史』146ページ）

(105)中野夫妻は、「四・一六事件」にちなんで一年後のこの日に結婚式を挙げた。

(106) 中野重治「とびとびの記憶」『書簡・追憶』315ページ
(107) 原泉「西田さんの記憶」『書簡・追憶』356ページ
(108) 寺尾とし「西田信春の思い出」『書簡・追憶』350ページ
(109)「獄内の佐野学のところへ面会に行き（週に一度はかならず）、その話を克明に報せてきましたが、片言隻句に感心したり、それほどでないことでも一々良心的に反省したり、素朴そのものという点がにじみでていたこともあります」（牛島春子への石堂清倫の手紙、牛島「手記原稿」第二部）
(110) 石堂清倫「思いだすままに」『書簡・追憶』286ページ
(111) 佐野学への西田の評価にたいして、石堂は批判的な口調で書いているが、これは一九八五年段階の石堂の文であることを考慮に入れる必要があるように思う。佐野学や鍋山貞親の転向は西田の死後、一九三三年六月のことである。

ついでながら、西田が中野の詩「雨の降る品川駅」について、「モナーキーの撤廃にのみ狂奔……」と獄中から語ったのは、一九三一（昭和六）年五月のことであった。
(112)「四月四日」は、澤地久枝の解説文（『愛しき者へ』上巻）および荻野富士夫編『小林多喜二の手紙』中の「解説1」による。ただし、妻の原泉は、中野の逮捕を「四月二四日」と記憶している。（「西田さんの記憶」）
(113)『現代史資料』18（社会主義運動五）によれば、西田は、一九三二年四月一九日、二一日、二八日、五月三日の公判（四・一六の部）に出廷したらしい。
(114) 原泉「西田さんの記憶」『書簡・追憶』358ページ
(115) 中野重治『愛しき者へ』上巻　113ページ

（116）（117）原泉「西田さんの記憶」『書簡・追憶』360ページ

（118）原泉「西田さんの記憶」　前掲書363ページ

（119）戦後に発刊された日本共産党史は、三二年テーゼを「わが国の革命運動のすすむべき道をしめした画期的な指針」として評価しながら、同時に「いくつかの重要な欠陥もふくまれていた」ことを指摘している。

その第一は、日本革命が切迫しているという「主観主義的な情勢評価」に立っていたこと。第二には、テーゼがセクト主義を批判しながら、その最大の根源の一つであった「社会ファシズム論」について、それとの闘争の重要性を強調するという矛盾に陥っていたこと、である（『日本共産党の五十年』一九七二年八月発行）。

（120）当時の日本共産党は「非常時」共産党の時期にあった。西田に九州地方オルグの指示をあたえた中央部とは、その役職からみて紺野与次郎組織部長と推測する。他方、寺尾としは、「「物語西田信春」を読みて」のなかで、岩田義道（機関紙部長）に西田を強く推薦したので、岩田が「西田を九州地方の党の責任者として派遣したのであろう」と述べている。岩田義道は西田と旧知の関係にあったから、寺尾説は大いにあり得ることであろう。

（121）原泉「西田さんの記憶」『書簡・追憶』362ページ

（122）中野重治「とびとびの記憶」　前掲書　319ページ

（123）中野重治が一九三六年に発表（『改造』一月号）した「小説の書けぬ小説家」に登場する「田川英助」は、明らかに西田信春をモデルにしている。田川英助は「北海道のある開墾村の村長の一人息子」で、「身体は馬のように頑健」で大学を出ると国鉄の組合で働き、奈良へ入営して伍長になった。検挙され、保釈になって「高吉」（中野重治）のところに来た。「彼はどんな意味ででも絶対に神経質でなかった。非常な勉強家だった。あぶない場合でも優等生が予習復習するように勉強した」。「姪の田川愛子」は高井貞子、「従兄弟の津田」は津本賢秀、「その妹ステ」は高木タミノ、そして高吉の妻「オトリ」は原泉であろう。

　田川英助が北九州に行ったことは確実で、オトリが高吉の冬シャツや安全剃刀などを持たしてやった。北九州でつかまったという情報もあったが、行方がわからない状態であること、などが描かれている。
(124) 若松（寺尾）としのこと。彼女ははじめ清家敏住と結婚していた。
(125) 山岸一章『相沢良の青春』新日本出版社　157ページ　なお、同書（227ページ）に、相沢良が出獄した一九三六年一月二一日に相沢良と父武良、松島とし子、石田憲雄、高俊一、児玉茂とともに札幌市内で撮った乾（高井）貞子の写真が掲載されている。相沢良は、撮影の七日後に郷里青森県北津軽郡大字五林平の父母の家で死去した（二五歳八ヵ月）。

# 第四章　九州地方オルグとして

# 1　福岡へ

一九三二（昭和七）年八月七日、西田信春は福岡に着任した。日本共産党九州地方オルグとして、西田は福岡市外鳥飼《とりかい》の樋井《ひい》川の土手下にあったかなり大きな家の二階八畳と六畳の二間を借りて住むのだが、ここが西田のアジト（隠れ家）となった(1)。この家を紹介したのは、おそらくは全農福佐連合会か水平社の活動家であった。家の周囲の土手は茫々とススキや葦が生える寂しいところであった。

九州の活動家仲間は、しかし、西田の死の真相を知る戦後まで、彼の本名を知らなかった。彼は、九州では「岡」「坂本」「坂田」「伊藤」を使い分けて名のり、「平田」と称する場合もあった。

アジトの玄関には「木村修」の表札がかかげられた。

日本共産党は一九二二（大正一一）年七月一五日に創立された。第四回コミンテルン世界大会はこれを「日本支部」として承認し、同時に「日本革命のための綱領草案」（二二年テーゼ草案）を決定した。

これを正式綱領とするか否かをめぐって党内議論は白熱し、とりわけ「君主制の廃止」について、翌年二月の第二回大会（千葉県市川市）、三月の臨時大会（東京石神井）でも審議未了に終った。堺利彦らの反対が強かったため、理論（行動綱領）としては認めながらも、戦術的棚上げの扱いになったといわれる。その臨時大会直後の四月六日、九州地方にはじめて党組織が誕生した。小倉で、佐野学、高橋貞樹の指導によって九州細胞ができたのであった。だが、最初の九州細胞は第一次共産党事件（二三年六月五日）や関東大震災後の解党決議などの影響を受けて消滅した。

しかし、その間に全九州水平社（松本治一郎委員長）が創立され、日本労働総同盟九州連合が発足し、二四年五月には全三池製作所の大争議がはじまっている。二六（大正一五）年一二月、第三回党大会に出席した藤井哲夫（労農党福岡県支部協議会書記長）を委員長に党九州地方委員会が確立した。藤井は二七年一二月に上京し、「二七年テーゼ」にもとづく党九州地方オルグ責任者となった。

二八（昭和三）年二月二〇日、第一回普選が実施され、労農党から徳田球一が立候補したが、このとき選挙オルグに入った豊原五郎を中心にして、二月下旬、「九州地方ビューロー」が小倉市で確立した。小倉、八幡、福岡、筑豊、農民細胞ができたが、まもなく「三・一五事件」で消滅させられた。「三・一五」後にも党九州地方委員会組織準備会がつくられたが、これも翌二九年の「四・一六事件」で壊され、三〇（昭和五）年二月に党中央から九州オルグの安中久寛が派遣されるも、三月に検挙された。三一年一二月末には全協福岡県支部協議会が若松で結成されたが、翌三二年二月の「福岡県全協事件」で壊滅させられた。

このように、西田着任以前の九州地方において、相つぐ弾圧に抗してねばり強く共産党組織を建設し、あるいは労働者、農民（小作人）、婦人、水平社などの組織化をすすめる運動の歴史があった。西田が党九州地方オルグとして着任する一九三二（昭和七）年ころは、「相次ぐ当局の弾圧のため九州地方の共産党は無組織の状態で、……労働者・農民、特に労農のオルグをしている活動家達の間では論議がおこり、党上部の連絡を待ち望んでいる情勢(2)」にあった。

当時、全国の農民組織は分裂状態にあった。

一九二二年に誕生した日本農民組合（日農）は一九二七（昭和二）年二月、日本農民組合（日農）と全日本農民組合（全日農）に分裂したが、翌年五月に合同して全国農民組合（全農）が成立した。委員長は杉山元治郎であった。しかし、一九三一年三月、旧日農系の左派が「全農改革労農政党支持強制反対全国会議」を結成して全国会議派（全農全会派）を構成し、総本部派（旧全日農系）と対立した。その後、一九三六年に再統一するが、この時期、とりわけ全国会議派は弾圧につぐ弾圧で壊滅に近い状況にあえいでいたのであった。

そうしたなか、九州では一九二八年八月、全農福佐連合会が佐賀県鳥栖町《とすまち》で結成された（委員長重松愛三郎）。福佐連合会拡大執行委員会は三一年一〇月一八日に全国会議派支持を決定する。全農九州地方委員会書記であった矢田磨志は、三二（昭和七）年五月に東京市で開催された全農第五回大会出席のため上京した機会に、全農全会派部員を通じて日本共産党中央部との連絡に成功し、入党を果した。その後も全農会議で上京するたびに、党と連絡をとり、紺野与次郎（その名を知ったのは戦後であった）から指示を受けて活動した。「紺野氏の連絡で松本三益が九州に来」たのは、三二年三月ころであった（矢田）、という(3)。

田中清玄が一九三〇（昭和五）年七月に検挙されて、いわゆる「武装共産党」が壊滅したあと、同年一一月下旬にモスクワから帰国した風間丈吉を中心に再建ビューローを確立して、翌三一（昭和六）年一月、共産党中央が再建された。これは新生共産党あるいは「非常時」共産党といわれ、風間委員長のもとに、紺野与次郎（組織部長）、岩田義道（機関紙部長）、飯塚盈延（松村昇）、宮川寅雄、長谷川茂、久喜勝一、今泉善一らを中央委員とする指導体制ができあがった。

この新生共産党体制は、三二年一〇月末の熱海事件までおよそ二年間におよんだが、きびしい党内外情勢のなかにあって、その「大衆化」方針によって戦前において最大の党勢を誇る時期となった。三二年四月八日発行の『赤旗《せっき》』第六九号から活版印刷の五日刊制となり、夏から秋にかけて『赤旗』は『第二無産者新聞』(三二年三月廃刊)の読者網をも吸収して、その発行部数は一万部に達したといわれる。戦前で最高の発行部数になった時期であった。「三一年末から三二年にかけて、共産党員数は七千人に達し(4)」た、といわれている。


一方、労働界においては、一九一二年創立の友愛会が二一(大正九)年に日本労働総同盟と改称し、次第に階級闘争主義に傾いていったが、そのために内部対立を深めて二五(大正一四)年五月、日本労働組合評議会(左派)と日本労働総同盟(右派)に分裂した。日本労働総同盟はその後さらに分裂を重ねて、最終的に一九四〇年七月に解散する。

左派の評議会は、プロフィンテルン(赤色労働組合インターナショナル)と連携を保ちながら活動をすすめたが、一九二八年の「三・一五事件」で打撃を受け、さらに同年四月一〇日、治安警察法第八条によって労農党、全日本無産青年同盟とともに解散を余儀なくされた。このとき、九州地方評議会も解散命令を受けた。しかし、同年一二月一四日には小倉市で九州地方協議会結成準備会が発足し、早くも再建の動きがおこっている(一一月までに九州地方協議会は発足していた、との指摘もある)。

一二月二五日、日本労働組合全国協議会(全協)の第一回全国会議が開催されて、ここに評議会を継承する「全協」が発足した。全協は、機関紙『労働新聞』を発刊し、プロフィンテルンに加盟した。

九州では、一九三一年六月に全協福岡地協が再建され、一二月二七日には全協福岡県支部協議会が若松市で結成された。翌年一月の第二回協議会では、第一八回総選挙に獄中から立候補する佐野学の支援を決定した。二月二四日、福岡県下の全協に治安維持法による大弾圧が加えられた。福岡、北九州、久留米、筑豊で一五〇余人が検挙され、そのうち一五人が起訴された。第一八回総選挙投票の直後のことで、「福岡県全協事件」とよばれる。事件は一年間秘匿され、ようやく翌三三年三月三〇日に記事解禁となった。『福岡日々新聞』号外は、次のような内容であった。

総選挙を狙つて全協系の赤い運動／福岡支部協議会を再建／県下一斉に
断然掃蕩に着手／百九十四名を検挙十八名を起訴
早春　暁を期して県下一斉に大検挙
係官に抵抗格闘も演ず　一味に加わる女性十三名
読書会から赤色救援会
九大における活躍　女専よりもシンパ五名
各地区におけるメンバーと潜行活動
議会破壊と主義の拡大強化

まもなく西田信春と深いかかわりを持つことになる金子政喜、宮崎栄、牛島春子らも検挙されたが、いずれも起訴猶予となった。

西田が党中央部から九州地方オルグとして派遣されるに至った経緯の詳細は不明である。だが、九州側からの強い要請に党が応えようとした事実は明らかだ。

一つには、先述した矢田磨志の党中央との接触がある。紫村一重の一文に「彼（矢田――引用者注）はその際当時の九州地方には党組織が壊滅したままになっているのに焦りを感じ、……然るべきオルグを九州へ派遣してくれるよう紺野氏らに強く要請し、九州に帰任した。その結果、全農全会のオルグとして松本三益氏（当時「まえだ」といっていた）が一と足先に九州にはいり……」とある(5)。

もう一つは、前述の『福岡日々新聞』の記事である。

大分県より八幡市に潜入した全協分子木本六郎は、東京時代の同志党中央部島某にオルグ派遣を要請したので、党中央部でも九州地方の重要性に鑑み、優秀オルグ坂田某を派遣する事になり、坂田は全協中央部九州派遣オルグ吉田寛、及び日金本部九州派遣オルグ飯島正雪等と共に、同年七月下旬前後して潜入、愈よ本格的党組織に着手するに至つた。

「優秀オルグ坂田某」が西田であった。日金オルグの飯島正雪は、八月二三日、スパイの手引きによって検挙された。大分県で労農運動にとりくんでいた矢田磨志は、三一（昭和六）年秋ころ、全農全会派九州地方協議会書記として福岡に出向した。上京のたびに九州オルグ派遣を共産党中央に求めたのはこの時期であったが、その結果、三二（昭和七）年に松本三益についで西田信春が九州入りをはたすのである。

おそらく九州でもっとも早く西田に接触し、活動を引き継いだのは矢田であった。矢田は、次のように語っている。

こうして「岡」君が九州の党責任者として来たときには組織確立の下地はかなり出来ていて、私は同君に組合の常任書記、農村の活動家、また国鉄、八幡製鉄、炭坑の労働者を連絡して渡した。また私はこの間に九委書記として確か二回ほど九州各県を廻り、各地で貧しさと弾圧にも屈せず戦っている同志を「岡」に連絡しました。（「追憶」）

矢田磨志は、岡（西田）にはじめて会ったとき、彼がカンカン帽をかぶっていたことだけを不思議に覚えている。熊本地方に派遣されてからも、矢田は「久留米の大きい川の土堤」で、岡と連絡をとりあっていた。最後に別れた場所もこの川の土手で、そのとき、岡はインバネスとよぶマントを着ていた。岡は「象のような細い目と小さな口許で、いつもニコニコして笑いかけて来た」と、矢田は懐かしく思い起こしている。

「福岡県全協事件」で検挙された金子政喜は、起訴猶予となって釈放後、全協久留米地方協議会の再建をめざす活動にとりくむなかで、全農福佐連合会の矢田磨志やオルグの吉田寛とも接触し、活動の幅を拡げていく。金子が吉田寛の紹介で西田とはじめて会ったのは、「昭和七年夏の終り頃……多分、久留米から宮ノ陣の方へ渡る筑後川の橋の上」だった。このときは松本三益も一緒だった。

西田の第一印象は「何か学者のような人だった」と、金子はいう。しばらくたってから、博多の「川端ぜんざい」のある、にぎやかなところで会ったとき、金子の「風体が余り見すぼらしいので、そんな恰好では人目につき易いし、危険だから、これで服と帽子と靴を買いなさいといって、五円だか十円だか渡されたが、当時の私は食うや食わずで飛び廻っていたので、本当に涙がでる程嬉しかった」と、金子は述懐している(6)。

全農全会派早良地区常任書紀であった脇坂栄が岡（西田）に会ったのは、三二年一一月ころのことで、そのとき、脇坂は二五歳であった。岡は和服にマントがけで、丈の高いすんなりとした人であった。いつも今井（松本三益）と同行して、室見川下流あるいは付近の墓所などで指導を受けたが、「会うたびに非常に勇気づけられる話や態度ですっかり魅せられ、偉い人だなあと心から敬意を表せずにはいられませんでした」と、脇坂は語っている(7)。

山県平が岡とはじめて街頭で連絡をつけたのは、三二年九月はじめのころだったが、岡は変装用にチョビ髭をはやしはじめていた。「まだ初々しかったのが印象に残っている」という。岡は、「そう、だから、ね」とか「だから、ね」というところを簡略してしゃべった。岡が「そだからね」とやりだすと、彼の弁舌はいきいきとしたさわやかさを増してゆき、とどまるところを知らないもののようであった。年の暮れのあわただしい福岡の街中で、岡は、長身にぴたりと合ったダブルのオーバーのボタンをとめながら、日暮れ近い人ごみのなかに颯爽と紛れ去っていった、と山県は印象的に記している(8)。

山本斉が吉田寛の紹介で岡に会ったとき、彼は「全く別な人種に接した気がした」という。岡は「非常にハンサムで、その時には鼻下にヒゲをたくわえていた。髪も七三にきれいに分けていた。服は英国地ではないかとおもわれる立派なものであり、靴も赤くピカピカひかっていた(9)」と。この立派な服と赤い靴は、九州入りする前に友人の大槻文平の留守宅を訪ねて頂戴したものではなかっただろうか。あるいは、道瀬が最後に会食したとき、西田が着ていた「灰色がかった新調の夏の背広」であったか。

山本は、笹倉栄や富安熊吉をスパイと疑って、岡にその調査を忠言したが、岡は、二人について調査をしたが不審はなかったとして不問に付した。しかし、その後、一一月一七日に吉田寛が検挙され、それが富安の手引きによったことが明らかになるのである。また、笹倉のスパイ活動によって、岡らの行動が当局に筒抜けになっていたこともののちに明らかになる。すべてに慎重で、細心の注意と警戒を怠らなかった西田がスパイの正体を見抜けなかったのは致命的であった。西田は笹倉によって官憲に売られてしまうからである。それは、「同志」の偽装を見抜けなかった、あるいは疑うことができなかった西田の心根の優しさと弱さであったかも知れない。

九州時代の西田信春の秘書役をつとめ、戦後、西田の死の「発見者」ともなる牛島春子は、一九一三（大正二）年に久留米市で生まれた。家は「帽子屋」という洋品店であった。二九（昭和四）年、久留米高等女学校（久留米高女）を卒業後、文学と労働運動にめざめ、三一（昭和六）年に久留米の日本足袋地下足袋工場（のちのブリジストン）の女工になった。全協のオルグが接触してきたが、そのために半年で解雇されてしまった。家を出た春子は、久留米合同労働組合をつくった島新次のグループに加わって、久留米市六ッ門の二階家に合宿して宣伝ビラのガリ切りなどの活動をはじめた。久留米高女で一級下だった友人の武田千代が一緒だった。

三二（昭和七）年二月二四日、福岡県全協事件で検挙された春子（満一九歳になる前日であった）は、二ヵ月間久留米署に留置されたのちに、起訴猶予となって釈放された（四月末ころ）。寒い留置所生活で軽い乾性肋膜炎を患った春子は、自宅で二、三ヵ月療養したあと、再び運動に戻った。そして九月はじめ、春子は西田と筑後川放水路で運命的な出会いをするのであった。その日、春子は、武田千代に誘われて放水路の雑草が茂った草原に立った。

やがて土手の上を見知らぬ長身の人が歩いてきた。濃ねずみのセビロを着ていたと思う。「あゝ、きたきた」と私たちはお喋りをやめた。……長身の人はまっすぐ千代さんのところに歩いていき、千代さんとその人は草むらにしゃがんで何か話し合いをはじめ、私は一人離れたところにいると……それは時間にすればほんの十分かせいぜい二十分位だったと思う。千代さんと私はその人たちと別れてまた土手伝いにかえったが、そのとき千代さんがその長身の人となにを話したか、千代さんは語らなかったし、私も聞かなかった。千代さんと話した長身の人が西田信春さんであり、そのときが西田さんと私たちとの最初の出会いであった。(「物語西田信春⑽」)

武田千代(のちに金子政喜と結婚)は、この日の状況を次のように語っている。

久留米の近くを筑後川が流れ、其処に放水路があります、そこへ行きました。夏の風が薫っていました。背広の人と白絣にカンカン帽をかぶった人が並んで歩いて来て、カンカン帽の人はそれて行きました。戦後にその人が松本三益さんであった事を知りました。私は背の高い瘠せた人と自然に並んで……その人は自分は坂本と云うが使命を持って九州へ来た、ハウスキーパーが必要で探しているところだがどうだろうか、とたずねました。私は文学少女のヒューマニズムからマルキシズムに近づいて、生活苦も労働の経験も無いことに負い目を感じていたので、その気持を有りのままに話して、何かしてどこかの工場へもぐり込んで、身をもって労働の苦しさを体験し、働く人達と一緒の生活をし、その中で組織活動をやって行きたい、と多分気負った調子で云ったものと思いますが、西田さんは小さい口もとをすぼめ、幼な子を見る様なやさしいまなざしで私を見ながらふんふんと肯いていました。(「追憶」)

その後、春子と千代は、金子政喜を加えて放水路で西田と会っている。このときは、西田と金子が小声で話し合う間、二人は少し離れて男たちの様子をみつめていた。千代はいかにも興奮の様子で「にくしみのるつぼ」を歌いだした。西田は、彼女らには「坂本」を名のっていた。

次に春子が坂本と会ったのは、「日華ゴム工場の裏手にあるカンチンタン（神鎮潭）という田圃の畦道」であった。金子政喜もきていたが、春子はカムフラージュのために兄の子供をおぶって出た。坂本は大島銘仙の着流しで、畦道の向うから春子を認めると、びっくりするほど親しげに片手をあげて合図した。

一一月中旬に春子は久留米から福岡へ移った。金子によると、坂本から牛島春子を事務局長候補として福岡につれて行きたいとの要望があったためである。福岡では箱崎（東区）の学生下宿屋の二階に受験生を装うための部屋が用意されてあった。春子の主な仕事は、「日本共産党九州地方準備委員会」名の入った文書類の原紙を切ってコピーを作成することであった。書記局内の事務で月給三〇円であった。

まもなく春子は、坂本から北村律子を紹介された。「背が高く、丸顔に度の強い眼鏡をかけた娘(11)」だった。さらに律子の女学校の同級生であった小山梅香が加わる。梅香は「勝気さが顔に出ている眉の濃い美人で、伝法《でんぽう》な口をきいた(12)」。

坂本をとりまく三人娘の誕生である。春子（つねちゃん）は坂本の秘書、律子（まあ公）は鳥飼の坂本のアジトに同居、梅香（ミネコ）は市バスの車掌として活動することになるが、それまでの約一ヵ月間、坂本・律子「夫妻」の妹ということで鳥飼のアジトで三人暮らしをしていた。武田千代は鐘紡博多工場にもぐり込んだ。春子はその後、西公園下の伊崎浦に下宿を移すが、春子と梅香は坂本のアジトに出入りすることを許されていた。

私は西田さんのそのアジトでは、最も自由に気ままに自分をとりつくろわずふるまうことができた。それは西田さんの大きな人柄のせいもあったろうし、まあ公の気の良さもあっただろう。私はよくここに来て、「ソルベーグの歌」だとか「帰れソレントへ」だとか、日ごろうたへない歌を大きな声でうたっては満足して帰ったものである。ミネコも来ると自由にふるまっていたようである。西田さんはそういう私たちを「峰奴ねえさん」に「常吉ねえさん」と呼んでからかっていた。まあ公は「私は峰ちゃんと常ちゃんをほんとに可愛いと思ってる」とまるで姉さん気どりでいた。（「物語西田信春」）

春子、律子、梅香の三人トリオは、ある日、中洲の映画館で上映中のルネ・クレールの「ル・ミリオン」を見に行きたいといい出した。許可がおりて三人は喜んで出かけ、見終わって外に出ると、中洲の雑踏のなかに見覚えのあるソフト帽、黒のインバネス、特徴のある歩き方、まごうかたなき「オヤジ」がそこにいた。アッと三人は顔を見合せ、「来ていたんだね」と驚いたことがあった。これは前田（旧姓小山）梅香の回想である⒀。

## 2　九州組織の再建

西田信春は、九州に着任した八月の下旬には早くも吉田寛、矢田磨志と三人で、日本共産党九州地方委員会準備会を立ちあげ、九月上旬に全協九州地方協議会に出席、さらに中旬には全農福佐連合会フラクを矢田磨志、山県平、弥永正人らと結成する。九月中には、西田の指導で弥永正人らによって日本共産青年同盟組織委員会が結成されている。

九月下旬、西田は上京して党中央に九州地方委員会の情勢を報告した。その帰途、西田は大磯に東大新人会で一年後輩の戸田京次を訪ねている。このとき、西田は角帯姿で、髭をたくわえていた。

石堂清倫は、戦後帰国してから西田の消息を調べているが、「偶然閲読することのできた風間丈吉上申書（昭和八年三月十四日附、つまり転向以前の段階のもの）によると、七年の地方部会議に九州から同志が出席したことが記されており、同年九月末にも九州オルグが上京して、風間はこのオルグの報告の一部をきいたそうである。このオルグは、九州地方の労働者と農民の闘争、農民委員会の問題、八幡、福岡などの工業都市と筑豊炭田の活動方針、地方委員会の見通しなどを報告したとある」と記している(14)。

さらに、中野重治あて一九五九年三月二一日付の手紙には、「風間丈吉手記によると九州オルグは七年九月末に上京して地方部で報告をしています。前半労働運動後半農民運動で、風間は後半をきき、批判をしたようです。本人はこのオルグには一回しか逢っていない由」とある(15)。九月末の九州オルグは、西田であった可能性が高いと思われる。

ところが、一〇月一七日、西田と活動を共にしてきた吉田寛がスパイ富安熊吉の手引きで検挙され、それからは全協のオルグ活動も西田が背負うことになった。山本斉によると、吉田寛は遠賀川山中で開いた会合に欠席したため、調査したところ、吉田は前日午後に富安を自宅に訪ねての帰途、八幡市黒崎町の藤田神社横道で八幡署特高係によって挟み撃ちにされて捕えられたことがわかった。八幡署のブタ箱で同房していたという者が吉田の伝言を山本のところに持ってきたので「寛さんは富安にやられたことがはっきりした」という(16)。

一〇月二六日、全農福佐連合会第五回大会は、「小作料をマケロ」などの農民要求とともに、「満州から即時撤兵せよ」のスローガンを採択した。このとき、組合組織は一三支部、五八〇人に達していた(17)。

一〇月二九日は「三・一五」「四・一六」統一公判（第二次共産党事件）の第一審判決が下る日であった。佐野学、市川正一、鍋山貞親、三田村四郎の四人に無期懲役、高橋貞樹、国領五一郎に一五年、砂間一良が一二年、徳田球一、杉浦啓一、中屋勝男、志賀義雄、福本和夫ほか五人に一〇年、是枝恭二は八年の懲役刑が言い渡された。執行猶予二五人をふくめて一八一人の被告に判決がくだされた。女性被告では丹野セツ七年、若松齢（寺尾とし）四年の懲役刑であった。

石堂清倫は懲役三年（控訴審で懲役二年執行猶予五年）であった。「無新を二回だした責任だとすれば、一回が一年半にあたるのかとみんなが笑った。私は森川町合宿仲間の内垣安造とつれだって、林房雄のおっかさんに会いにいった(18)」。自分の知っている青年たちの刑期を知って、彼女は「それでは獄死してしまう」といって泣きだした。

林の家にはむかしの新人会員が五、六人集まっていて、「いろいろの人の名が出たが、誰一人として西田の名を口にしなかった。みなは西田が地下ではたらいていることを感じていたし、刑のきまった仲間よりも数倍の困難な事情に当面していることを知っていたからである(19)」。

公判の場で、佐野学は全被告を代表して「最近のギャング事件と共産党は無関係である」と述べた。布施辰治弁護士は、佐野と不仲であったがこの発言を聞いて喜んだ(20)。「ギャング事件」とは、一〇月六日におこった川崎第百銀行大森支店襲撃事件のことで、「スパイM」（飯塚盈延）に挑発された共産党員らの犯行であった。「赤色ギャング事件」などとよばれるが、当時の共産党と無関係ではなかったのであった(21)。

公判に出席しなかった西田については、他の被告人と分離されて判決はくだされなかった。

翌一〇月三〇日、「熱海事件」が発生する。この日、静岡県熱海温泉で共産党全国代表者会議の開催が予定されていた。事前にその情報を察知していた警視庁特高課と警察官が急襲して地方代表一一人を捕縛した。中央幹部はいなかったが、同じ日に熱海と呼応して東京と鎌倉で一斉に検挙された。中央委員長風間丈吉、組織部長紺野与次郎、軍事部長長谷川茂、資金局部長久喜勝一、機関紙部長岩田義道らは、それぞれの場所で逮捕された。風間委員長はじめ中央委員の大半を失った新生共産党（「非常時」共産党）は壊滅する。この熱海事件も「スパイM」の巧妙なる暗躍によるものであった、といわれている。逮捕者のなかに飯塚盈延はいなかった。

西田とも親交のあった「スカザール」の岩田義道は、警視庁留置中、「四日間にわたる激しい拷問によって十一月三日死亡した(22)」。

岩田義道は愛知県一宮市に生まれ、松山高校から京都帝大経済学部にすすんだが、在学中に京都学連事件で入獄した。一九三一年一月以来、地下活動に入り、新生共産党中央委員として機関紙部長をつとめていたが、三二年一〇月三〇日午後三時、神田区今川小路の街頭で検挙され、警視庁に拘留された。

新聞報道では、警察の取り調べに反抗して興奮のあまり持病の肺結核、心臓衰弱を悪化させ、一一月一日警察病院に入院させて輸血までこころみたが、病勢昂じて三日午前零時三五分病院内で死亡した、とされた。三六歳であった。

警視庁から布施辰治弁護士に連絡があって、岩田夫人、布施弁護士らが警視庁に行ったのは、四日午後のことであった。同行した大栗清美（当時、大崎無産者診療所医師）の手記「岩田同志の虐殺死体の思い出」が、板野勝次『嵐に耐えた歳月』に掲載されている。それによると――。

警視庁では鈴木警部が待っていて、取調べ中、脚気衝心のため突然死したという。直ちに遺体を安置している地下室へ行った。……同志岩田の遺体に一礼して、被服をとり除けて、我々一同は愕然としたのである。顔面といわず、胸部、大腿部等一面に紫色に腫れ上り、両下腿には、足首のあたりに多数の指頭大の圧痕が環状に並んでおる。此の圧痕は足首を鎖で縛って、逆さ吊りをしたために生じたものであった。

解剖して死因を究明しようと東京帝大に輸送したが、法医学教室は「他殺の疑い濃厚な遺体の解剖に頑として応じない」。病理学教室に行って再三交渉の結果、「解剖はするが、結果は発表しない」ということで、三人の弁護士と大栗医師立合いで解剖することになった(23)。これが法医解剖であれば、顔面をはじめ胸部、連鎖状に並んだ指頭大の多数の圧痕が何を意味するかは、当然究明の対象でなければならないが、病理学教室の医師たちは警視庁の圧力を恐れて、これらの点に触れることなく、肺、肝臓、胃腸、腎臓などの内臓器官の病変の有無を型通り追求するのみであった。

解剖終了後、死因は脚気衝心と思われるかと質問したが、何も答えなかったのである。

岩田義道とともに検挙された錦織彦七は、三二年九月下旬、中央部の紺野与次郎組織部長から中国地方オルグに任命され、呉海軍の反戦水兵の指導をふくむ広島・岡山方面の共産党再建にとりくむなかで、熱海事件で逮捕された。非転向で懲役六年の刑を受けて入獄、一九四〇年二月、瀕死の重体となって出獄し、夫人の看護を受けたが、翌四一年九月九日、満三五歳で死去した(24)。錦織彦七は、東大新人会で西田の四年後輩であった。

熱海事件の際、西田が上京していたとの説がある。山岸一章は、「そのとき、西田信春は、党中央の会議に出席するために上京していましたが、危うく難をのがれて九州に戻りました」と、『革命と青春』に記述している。それにたいして石堂は、当時、熱海の会議に参加する地方幹部の宿舎の手配をした岸勝から「西田は上京していなかった」との証言を聞いている(25)。

熱海事件で壊滅的打撃を受けた日本共産党であったが、残った中央委員宮川為七らが一一月一日に臨時中央委員会を構成し、さらにロシアから帰国した山本正美を委員長とする中央委員会を、三三年一月上旬に確立した。中央委員は野呂栄太郎、谷口直平、大泉兼蔵、同候補として三月から山下平治と宮本顕治が加わった。西田が九州でオルグ活動に奔走した時期の日本共産党中央部は、風間らの新生共産党末期から山本正美委員長時代にかけてであった。きわめて弱体かつ混迷した時期に相当していたといえるだろう。

そうした状況下にありながら、西田は、着実で果敢な活動に全身を挺していったのであった。三二年一一月上旬、第一回全協九州地方協議会組織委員会を福岡市東中洲の川丈《かわじょう》温泉旅館で開いた。北九州、久留米、福岡、長崎、熊本から代表が集まり、西田の指導ではじめて九州における労働運動の統一と指導体制ができあがった。

書記局責任者となった金子政喜は、「その時の西田さんの私達に対する指導の仕方は、私達のがさつな報告や討論のやり方と違って、理路整然と、静かに教えさとす、何か学校の先生のような感じであった」と述懐している(26)。

その後、一一月中に西田は、再度上京している（一度目は九月下旬）。中央との連絡が回復したと記録にあるが、熱海事件後の臨時中央委員会と接触したのであったろう。

牛島春子が福岡にやってきて、事務局の任務についたのはこのころである。

一一月下旬、全農九州地方委員会党グループが確立、一二月上旬には全協日砿筑前支部準備会、福岡、長崎、熊本、唐津の各地区協議会準備会が確立した。

そして、一二月二六、二七日の両日、九州地方党会議が福岡県八女《やめ》郡舟小屋温泉で開催される。舟小屋会議ともよばれ、二六日は肥後屋旅館、二七日は綿屋旅館を会場とした。出席者は、九州オルグの坂田（西田）の選定で、山県平、紫村一重、笹倉栄、宮田貞夫の五名に限定されたらしい。その他に県外からの参集者や書記局からの出席者もいたようだ、との証言もあるがはっきりしない。

紫村一重によると、一日目は内外情勢報告、九州の情勢分析と討論がおこなわれたが、その中心に西田がいた。紫村はこの会議ではじめて西田に会ったのである。

西田さんの話しには少しも無駄がなく歯切れのよい言葉が流れるように続いた。どうしてあんなに話せるのだろうかと、私はただ感動しながら聞入るばかりであった。その声は穏やかだが力強く淀みなく続く、気負った風もなく誇張した面もなく説得するような口調で続く、討論の場合でも同じである。要するに指導者ぶったところがなく近づき易さを覚える話しっぷりであった。（「たよりになるオヤジ西田信春さん」）

会議は、昼ころに集合して食事をとってから深夜まで続けられた。二日目、会場を移動して会議は続行された。会議の中心は今後の運動の進め方で、党組織拡大の拠点の問題や党の大衆化の問題などが討議決定された。そして、党九州地方委員会の確立が決定された。委員長および組織・政治部長坂田（西田）、農業部長山県平、労働組合部長笹倉栄、などの布陣となった。

会議は昼食抜きで二時ころに終り、直ちに会場を出た。坂田と紫村ら四人はタクシーで久留米まで行き、坂田は国鉄久留米駅の少し手前で車を降りて別れ、残った三人は駅まで行った。タクシーを降りた西田（坂田）は、宮崎栄と連絡場所で会い、九州地方委員会結成の報告をして固く握手をした。このとき、西田は、次回からの連絡を随時から定期に変更することを提案した。「毎月十日の午後一時がいい。宮の陣橋の南北の橋畔から普通の速度で歩いて、橋を渡りきるまでを待機時間として待ち時間なしの連絡にしたい」という提案を宮崎は了承した。西田は「今日は疲れた。話したいこともあるが次の連絡にしよう。……僕はこれで失敬する」といって帰った、と宮崎は語っている(27)。

西田の指示で会場選定や周辺のピケ要員（四人）の配置を担当した山県平は、「西田の功績は、検挙潰滅まで僅か二ヶ月足らずの期間とはいえ、三・一五以来はじめての、しかも最大の規模における九州地方委員会を形成したことにあり、ここに大きな歴史的意義があったことを忘れてはならない」と語っている(28)。

九州地方委員会は、「二・一一事件」まで毎週一回定期的に開かれることになった。

一九三三（昭和八）年に入って、内外情勢はますますきびしさを増した。

前年三月の「満州国」建設以来、国際的孤立を深めつつあった日本は、三月二七日、ついに国際連盟脱退を宣言する。この年一月三〇日には、ドイツでヒトラーが首相に就任してナチス政権が誕生していた。

三二年一一月、「司法官赤化事件」で東京地裁判事尾崎昇《すすむ》らが検挙された。

次いで三三年一月には大塚金之助東京商大教授と経済学者河上肇が検挙された。二月四日、「長野県教員赤化事件」がおこって四月までに県下六五校、一三八人の教員が検挙されている。同じ二月には、大阪地方を中心に共産党関係者一五〇〇人、全協中央部の全員が検挙された。

三三年一月前後の西田の動向について、いくつかの証言をあげておこう。脇坂栄は、一月末ころのある日の出来事を、次のように語っている。

ある日の連絡の時でした。私達が室見川ぞいの草原で話していますその向うの鉄橋の高い所に、洋傘を手にして和服づくり中折帽姿の一人が現れました。すぐ西田さんは気づかれたもようで、話を切って、「あれはクセーゾ、こんな時には出来るだけ会わないようにして行くことである」と言って、「出道の方向を変えて向うの姪ノ浜の町まで送ってくれないか」と言われたので、早速自転車で姪ノ浜の町中まで送りつけて別れたことがあります。（「追憶」）

金子政喜の証言。

十二月に入って冬の日の或る朝、私がいた蓮池附近の食堂で、西田さんと連絡報告の後、君は朝めしはもう喰べたのかと云われたので、私は未だだと答えた。それでは払ってやるから喰べなさいと云われ、早速注文して喰べたが、喰べている最中、君の喰べ方はおかしい、そんな箸の持ち方や喰べ方は子供か女の子のような喰べ方だ、もっと元気よく喰べなさいと云われたことを覚えている。……十二月から一月にかけて、全協の組織は急速に進んで行った。そして、その直接の指導に、西田さんは常に私達に細部に亘って注意を与えていた。（「西田信春さんとその頃の状勢」）

西田は、誰にたいしても細かな指導と配慮を心掛けていたらしい。牛島春子は、次のように書いている。

正月近くになると西田さんはおおみそかから正月三日位は郷里に帰らねばいかんからぼくの家に来ているといいといいました。私は受験勉強のために下宿しているのでしたから、正月に家に帰るのが普通のことで、そういうことも西田さんにいわれるまで気付きませんでした。その前に金子政喜さんと武田千代（現在、金子政喜氏夫人）さんに会うことを許してくれました。仕事がちがうので私たち三人は同じ久留米から出てきていながら一度も会うことがなかったのです。

非合法の組織にいていくらかシャチコばっていた私に西田さんのこのようなデリケートな配慮は大へん身に沁みてうれしいものでした。

西田さんは外ではいつもねずみ色のソフトの中折を前あがりに被り、やはりねずみ色のオーバーか、和服のときは黒い二重まわしで、家にいるときは大島銘仙の対の上下でした。時々無精ひげが生えそうになっていて、私には年のはなれたおじさんに見えました。（「追憶」）

そのころ、武田千代も同じような経験を持っていた。

一月の寒い晴れた日、誰の指示だったか忘れましたが福岡の東公園の指定の場所で西田さんに会いました。紺のオーバーを着た長身の西田さんの姿を久しぶりに見ました。歩き出して西田さんが真先に云ったのは、「どうして足袋をはかないの、持っていないのかね。」ということでした。私はその朝久しぶりで西田さんに会える喜びと、もしかしたら入党の話があるという期待でそわそわして、寒い朝なのに足袋をはくのを忘れたのでした。当時はいわゆる地下にもぐって活動している人達が沢山いた頃で、そのために西田さんにハウスキーパーも必要だったし、アンバランスな服装をしてはいけない、捕まる危険があるからと普段からくれぐれも注意されていたのに、着物は西田さんとの釣合を考慮して家から持ち出した外出着に着替えながら足もとを忘れたのは全く不注意なことでした。その日鐘紡内の状況や友達が何人か出来たこと、その他色々聞かれることを事細かに話しました。女工生活は私にとって生れて始めてのことばかり、驚異の連続でしたから寒さも忘れ公園の小路を歩きながら話し続けました。西田さんはよく聞いて色々適切な指示をあたえてくれました。

そして入党の決意を聞かれ、その日から党員の一人に加えられ、ビラをまく話も出てそれについても色々話し合いました。その日が西田さんに会った最後です。（「追憶」）

待遇改善を要求するビラをつくって、遅番で夜一一時に作業が終ったあとに便所や洗面所、織機の合間、廊下の隅などに撒いた。ビラには「日本共産党九州地方委員会」の署名を入れた。まもなく夕食にイワシの煮つけが三匹ずつついた。「ビラのおかげね」と皆で食べた、という。

## 3　嵐が来た――「九州二・一一事件」

一九三三（昭和八）年二月一一日、九州地方空前の共産党大弾圧事件が発生した。「九州二・一一事件」である。二年四ヵ月後に報道が解禁されたのだが、三五年六月一五日付の『福岡日々新聞』特別号外によれば、六県下の総検挙者数は五〇八人、うち起訴八〇人、留保五八人、起訴猶予一〇〇余人であった。もっとも検挙者が多かったのは福岡県の三二三人（全体の六四％）で、鹿児島県七三人、熊本県四六人、長崎県四〇人とつづく。起訴された人の内訳は、福岡県五〇人、熊本県一三人、鹿児島県六人、などであった。

西田の身近にいた活動家のほとんどが検挙された。山本斉は二月一一日当日に捕えられて八幡署に拘留され、署の講堂にグループ毎に集められて巡査に監視された、という。彼はひどい拷問にかけられ、「髪は抜け顔は横にひろくなり、口中は破れて血だらけ」となった。山本は、控訴審で懲役三年の判決を受けた。

山県平は、「二月十日の夜、私達は岡と会合をしたような気がする。その晩、私達は友人Kの家に泊めて貰い、翌十一日未明、SとKと私の三人が一緒に検挙され……」と語っている(29)。山県は控訴審で懲役二年六ヵ月であった。西田から熊本に派遣されていた矢田磨志は、二月一五日に熊本市内で逮捕された。

武田千代は、当日、鐘紡の女工仲間たちと集まることになっていたアジトに朝一足早く打合せに行って、張り込んでいた警官に捕まった。三月末まで福岡署にいたが、そこに西田がきた様子は全くなかった、と証言している。

脇坂栄が検挙されたのは二月一五日だった。一一日昼過ぎ、戸切の部落に入った途端、支持者のおじいさんに警察がきていることを教えられ、糟屋郡志免町《かすやぐんしめまち》の山中に逃げ込んだ。二日二晩山の中にいたが寒さと空腹に耐えきれず、山を下りて炭坑長屋の一軒でランプの下で飯を食わせてもらっていたとき、「家の表と裏から右手に木剣、左手に強い灯の懐中電灯を持って「警察だ、警察だ、おとなしゅうしろ！」というてじりじり迫ってきたわけです。私はとっさに茶碗を投げつけ、抵抗したけど、こげんふうに体がこまかでしょう。相手は屈強な大男ですけん、とうとう捕まって、手錠をかけられ、縛り上げられてしまいました(30)」。脇坂は、箱崎署から西新署、そして藤崎刑務所に移され、昼夜取り調べられて「ほっぺたをぶんなぐる、竹刀でしまくとか、ひどい目にあわされ」た。『隠された光』には脇坂の「予審終結決定書」と「福岡地裁第一審判決文」が掲載されている。両者ともに「日本共産党及日本共産青年同盟カ我カ君主制ヲ廃止シ……」と表現し、「国体」ではなく「君主制」なる語を使用している。また、共産党オルグ「大石」なる人物が登場してくるが、脇坂は「後になって、西田信春だったと知りました」と語っている。

牛島春子は、二月一一日「紀元節の日」、ドイツ映画「制服の処女」を見てから下宿に帰ると、北村律子の「あらしがきました」と書いた紙切れが置いてあり、再び現れた律子とともに急いで荷物をまとめて、小山梅香の下宿に集まった。春子、律子、梅香に金子政喜、笹倉栄、山崎明治郎の六人が二人ずつの組をつくって逃げのびることになったが、翌日、金子が久留米で捕まったことを知らされる。

金子政喜は、二月一一日の朝一〇時ころ、工場が休みなので武田千代と大名通りで待ち合わせていたが会えな

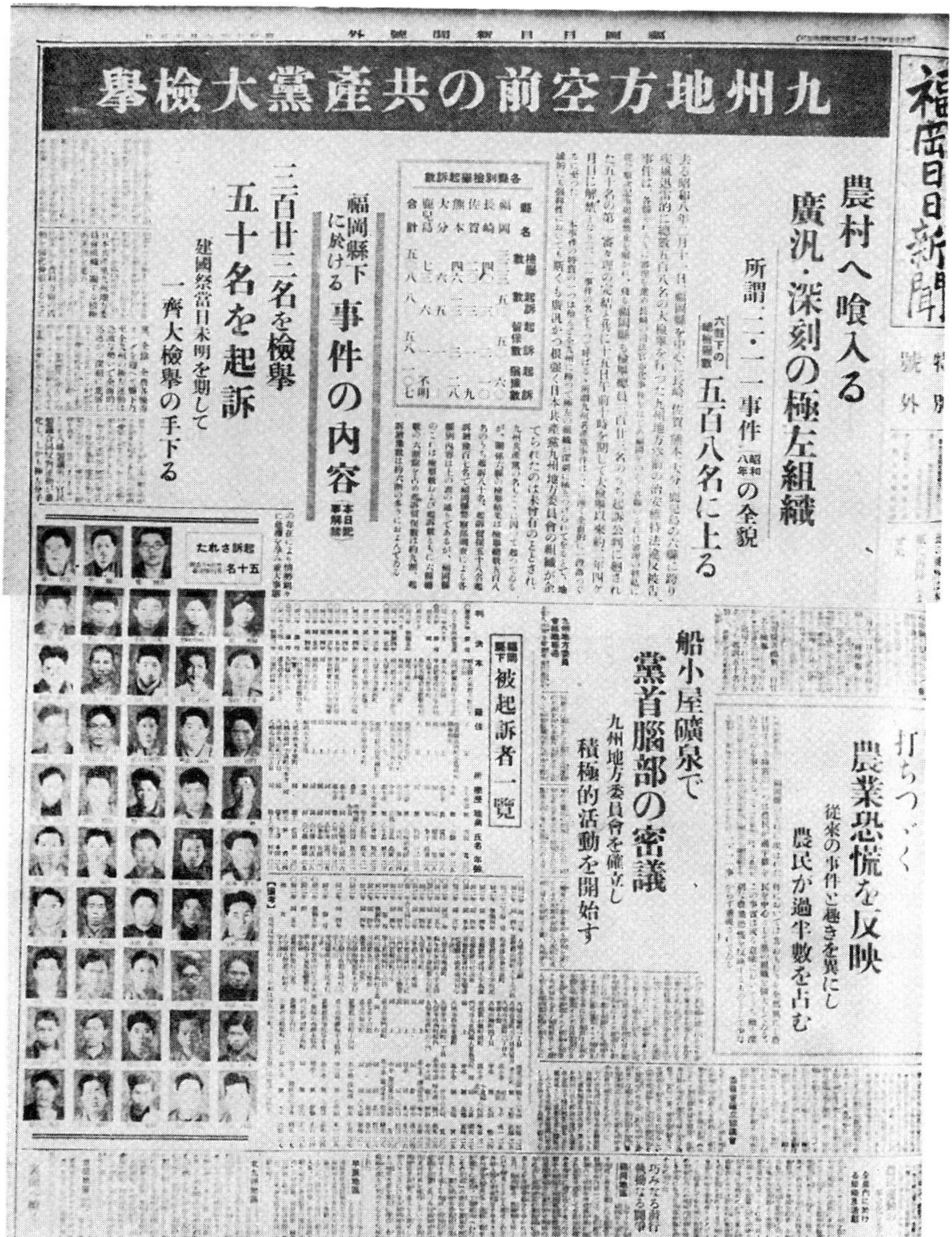


▲二・一一事件の記事解禁により発行された『福岡日日新聞』特別号外、1935年6月15日付第1面（『西田信春書簡・追憶』より）

かったので、アジトに帰り、笹倉栄と山崎明治郎に会って一斉検挙を知った、と証言している。職人町に臨時のアジトを見つけ、笹倉、山崎、牛島春子、前田梅香らと逃亡の相談をするが、金の工面のためにその夜、久留米の伯父の家に行った。

「数日後(31)」、金子は花畑の樋口国栄の家を訪ねたところを警察隊に逮捕され、久留米警察署の留置場に入れられた。

春子は、山崎・梅香組に加わってしばらく柳町のアジトに潜んでいたが、梅香が捕まったので、山崎と二人で万《よろず》町の自転車屋の物置の二階に移った。しかし、三月一〇日朝、近所の八百屋で味噌汁に使うもやしを買ったところで逮捕され、万町の派出所から福岡署に移された。ひどい拷問を受けた。その後、春子は、二日市署から福岡拘置所の独房に送られ、控訴審で懲役二年、執行猶予五年の判決を受けたが、一一月一六日出獄した。

紫村一重は、控訴審で懲役一年六ヵ月の判決だったが、次のような証言を残している。

　二度目に西田さんに会ったのは、忘れもせぬ二・一一事件の前日、即ち昭和八年二月十日である。その日は西田さんと共に、二ヶ所の会議に出席した。昼間は福岡市箱崎の九大生の寄宿先で九大フラクの会議、夜には市内簑島での部落解放同盟関係の会議に出席し、深夜に及んだ会議を終えて、西田さんと別れたのが最後になった。

　西田さんと別れると、私は市内春吉のアジトに行って寝た。明くれば二月十一日である。まだ明けきらぬ五時前、われわれのアジトはすでに警察の一隊によって包囲されていたとみえ、家主が雨戸をくると同時に、土足で踏みこんで来た私服らに寝ごみを襲われ検挙された。(「たよりになるオヤジ西田信春さん」)

小山梅香は数週間後に検挙され、「オヤジ」の言葉どおり、三日間の無言は死ぬ方が楽だと思ったほどの拷問にあい、ついに気を失って医者をよんだりもした。「三日間の努力も空しく」検挙されてしまったが、結局、起訴されずに釈放されている。「三日間の無言」の努力とは、小山が西田から教えられた党員としての心得、覚悟のことであった。

昭和八年二月十日の夜(32)、それは「オヤジ」と永遠の別れとなった前夜のことなのです。私は仕事が終って鳥飼の家に行きました。何時もの二階の部屋で、どれだけか時間が過ぎ、ふっと一人がいなくなって、「オヤジ」と二人で火鉢を囲んでいました。……

「今日はミネコに話しておきたいことがある。これから党員としての責任と、覚悟をだ。何時嵐がやって来るか解らない。もし嵐が来てミネコが持って行かれた場合、第一に守ることはアジトを云わぬこと、それも三日間だ、連絡なしに一晩帰らなければ、残る同志達は〝やられた〟と感じ、次の行動を起すだろう。その安全のために困難ではあるが絶対に喋ってはならない。」

その他の話が一段落とともに、「オヤジ」の顔がゆるみ目の奥で笑いながら、「ちょっと手を出してごらん。」と云われましたので、火鉢にかざしていた右手を横の机の上に置きましたら、鉛筆を取りあげ、私の人差し指と中指の間につと立てて指先をつまみ、ギリギリ廻しはじめたので、「痛い！」と声をあげると、今度は笑いながら親指と人差し指で私の鼻先を一、二度はじき、「痛いだろう、こんなこともするが、これはやさしいことで、物凄いテロをやるよ、だが耐えなきゃならん。」話の途中私はふっと「オヤジ」はテロにあったことがあるんだなと思いました。「さあ、もうやすみなさい。」と物静かな何時もの様子で隣室に這入ったうしろすがたが目に残ります。

翌朝そこから職場へと行きました。その夕方、「オヤジ」が帰って来ないと色を変えて彼女が下宿に飛び込んで来ました。（「オヤジの追憶」）

梅香の下宿に飛び込んできた「彼女」とは、北村律子であった。だが、梅香の証言にある日付は不審である。二月一〇日の夜は西田はすでに逮捕されて警察署に連行されていたはずなのだから。北村律子が梅香の下宿に飛び込んできたのは二月一一日の夕方ではなかったか。律子が牛島春子の下宿に来て、机上に「嵐が来ました」と走り書きを置いたのも「二月十一日の夜」（「牛島春子手記原稿」）であった。

「九州二・一一事件」の報道が解禁になって明らかにされた被検挙者名簿のなかに、「オヤジ」（西田信春）の名はなかった。笹倉栄と北村律子の名も見あたらなかった。

地下活動中のプロレタリア作家小林多喜二が、福岡県出身の詩人今村恒夫とともにスパイ三船留吉の手引きで検挙されたのは、「九州二・一一事件」の九日後、二月二〇日のことであった。小林多喜二は、その日のうちに築地署内で凄惨な拷問によって虐殺された。虐殺された多喜二の遺体の様子を、江口渙が克明に伝えている。

江口は、二月はじめに警視庁特高第二課で特高の中川成夫に出会ったとき、中川から「われわれは天皇陛下の警察官だ。共産党は天皇制を否定する。つまりは天皇陛下を否定する。おそれ多くも天皇陛下を否定するやつは逆賊だ。そんな逆賊はつかまえしだいぶち殺してもかまわないことになっているんだ。小林多喜二もつかまったら最後いのちはないものと覚悟していろと、きみから伝えておいてくれ」といわれていた。

前田病院から自宅に帰って、書斎に寝かせられた多喜二の遺体を抱いて、泣きながら母親が悲痛な思いを訴える。


「ああ、いたましや。いたましや。心臓マヒで死んだなんてウソだでや。子供のときからあんだに泳ぎが上手でいただべに……心臓の悪い者にどうしてあんだに泳ぎができるだべか。心臓マヒなんてウソだでや。ウソだでや。しめ殺しただ。警察のやつがしめ殺しただ。しめられていきがつまって死んでいくのが、どんなに苦しかったべか。いきのつまるのが、いきのつまるのが……ああ、いたましや。いたましや。」……「これ、あんちゃん。もう一度立てえ! みなさんの見ている前でもう一度立てえ! 立ってみせろ」と全身の力をふりしぼるような声でさけんだ。その場にいた人びとはその痛切なさけびに思わずハッと息をのむ。そして胸の奥まで突き刺される思いのうちに誰ひとり一語を発することさえできずただ怒りとにくしみにふるえるお母さんの青ざめた顔をじっと見つめるだけだった。

安田博士の指揮のもとに、いよいよ遺体の検診がはじまる。すごいほど青ざめた顔は、はげしい苦しみの跡をきざんで筋肉のでこぼこがひどい。頬がげっそりとこけて眼球がおちくぼみ、ふだんの小林よりも十歳ぐらいふけて見える。左のコメカミにはこんにちの十円硬貨ほどの大きさの打撲傷を中心に五六ヵ所も傷がある。それがどれも赤黒く皮下出血をにじませている。おそらくはバットかなにかでなぐられた跡であろうか。

首にはひとまきぐるりと細引きの跡がある。よほどの力でしめたらしく、くっきりと深い溝になっている。そこにも皮下出血が赤黒く細い線を引いている。両方の手首にもやはり縄の跡がふかくくいこみ赤黒くにじんでいる。だが、こんなものはからだのほかの部分にくらべるとたいしたものでなかった。帯をとき着物をひろげてズボン下をぬがせたとき、小林多喜二にとってどの傷よりもいちばんものすごい「死の原因」を発見したわれわれは、思わずわっと声を出していっせいに顔をそむける。

「みなさん。これです。これです。岩田義道君のとおなじです。」

岩田義道は、前年の一一月三日に警視庁内で拷問によって殺されていた。

……毛糸の腹巻きになかば隠されている下腹部から両足の膝がしらにかけて、下っ腹といわず、ももといわず、尻といわずどこもかしこも、まるで墨とべにがらをいっしょにまぜてぬりつぶしたような、なんともかともいえないほどのものすごい色で一面染まっている。そのうえ、よほど大量の内出血があるとみえてもものの皮がぱっちりと、いまにも破れそうにふくれあがっている。そのふとさは普通の人間の二倍くらいもある。さらに赤黒い内出血は、陰茎からこう丸にまで流れこんだとみえて、このふたつの物がびっくりするほど異常に大きくふくれあがっている。……

……それよりはるかに痛切な痛みをわれわれの胸に刻みつけたのは右の人さし指の骨折である。人さし指を反対の方向へまげると、指の背中が自由に手の甲にくっつくのだ。人さし指を逆ににぎって力いっぱいへし折ったのだ。このことだけでもそのときの拷問がどんなにものすごいものであったかがわかるではないか。さらにシャツもズボン下もぬがせた丸裸でうつ向けにすると、背中も一面の皮下出血だ。ももや下っ腹ほどこにひどくはないが、やはりふんだり蹴ったりした傷跡でいっぱいだ。ここには死斑も出ている。死斑にはありありと蓆の跡が見える。殺したあと、そうとうの時間を丸裸のまま蓆の上に寝かしておいたものとみえる。上歯も左の門歯が一本ぐらぐらとなってやっとぶら下がっているという状態である。

「こうまでやられたんでは、むろん腸も破れているでしょうし、膀胱だってどうなっているかわかりませんよ。解剖したら腹のなかは出血でいっぱいでしょう。」（『たたかいの作家同盟記』下巻）

これにたいして、内務省警保局の『特高月報』（昭和八年三月分）では、多喜二の死を「心臓麻痺」と強弁し、二月二三日の告別式にたいしては、「警視庁に於ては之に対し厳重なる取締を加へ、外来者の出入を禁止し、午後一時より三時迄の間に於て告別式を終了せしめ、尚当日制止を肯ぜず会葬せむとしたる者三十二名を一時検束したり」と記している。さらに、「三・一五労農葬」はじめ全国各地で計画された追悼行動にたいしても「多喜二の死亡は官憲の虐殺なりと宣伝扇動」するものとしてさまざまに規制したのであった(33)。

多喜二の遺体が運び込まれた阿佐ヶ谷馬橋の家の近くに、非合法活動中の野呂栄太郎の隠れ家があった。野呂は、前年（一九三二年）一〇月末の熱海事件と岩田義道虐殺のあと、地下にもぐり、居所を転々としながら、一月には共産党中央委員会を組織したのであった。委員長は山本正美、中央委員に谷口直平、大泉兼蔵とともに野呂が就いたばかりのころであった。

やがて二月二十日ごろ、あたりがにわかにざわつき、巡査が通りにずらりとならんでいるのに驚き、そのものものしさになにごとかと様子をうかがうと、すぐ近くに小林多喜二のお母さんの家があることがわかった。……その拷問のあともなまなましい遺骸がこの馬橋のお母さんの家に運びこまれてきたのであっ

た。……(34)

その野呂もまた、三三年一一月二八日、警視庁特高の山縣警部によって京成電車の押上駅で逮捕された。スパイ大泉兼蔵の手引きであった。警察署をたらい回しされながら、拷問や過酷な取り調べに病状がすすみ、翌三四（昭和九）年二月一九日、品川署から北品川病院に運びこまれてまもなく絶命した。「息をひきとるためにだけ病院に入れられた(35)」ようなものであった。

妻塩澤富美子の著書『野呂栄太郎の思い出』に、病院に搬送される直前の、生きた野呂の最期の様子を記録した青山みどり（佐藤さち子）の「同志野呂栄太郎の思い出」が紹介されている。

　二月十九日は朝から時雨のような雨が降っていた。同志野呂は弱りきっていたけれど、驚くほどの熱心さで食事をとった。一すくいのオートミールによって、生命につながっていようとするもののようであった。いつもと同じような調子で話そうと努力していたが、苦しそうな喘ぎとなった。……

　時間がきて、私は詐欺の共犯で入っていた看護婦と一緒に、同志を抱えて寝台車に移した。その軽さに、私は思わずも換羽期の鶏を抱えあげたときの手ざわりを連想した。静かに両眼を閉じている同志の顔は鉛色に沈み、殊に口のまわりには不吉ないろがみられた。……

　車夫が幌をかけはじめると、同志は毛布の上に重ねた手を心持ち動かして「いろいろお世話になってありがとう。いつか宮本なんかに会う機会があったらよろしくいってください」といってふたたび眼を閉じた。……留置場に戻るとみんなが総立ちになっていた。廊下の西側の窓から塀ごしにのぞかれる京浜国道を、黒い霊柩車のような車が、細かい雨にぬれながら静かにゆれていくのがみえた。「まるで殺されたようなもんだ、畜生ッ」とのび上がって金網ごしに見送っていた土建の同志が叫んだ。

その翌日、同志の最期が看守から伝えられた。……

野呂栄太郎の遺骨は、郷里である北海道夕張郡長沼町の仏現寺の納骨堂に安置されたが、刑事が運んできた遺骨箱は針金で縛られていた。葬儀をすることも禁止された。一九六〇（昭和三五）年七月、栄太郎の遺骨は札幌市平岸霊園の野呂家の墓に改葬された。一九七四（昭和四九）年には、長沼町内に記念碑が建立され、翌年から毎年欠かさずに碑前祭がおこなわれている。

## 註　第四章　九州地方オルグとして

1　福岡へ

（1）一九九三年一月、堺弘毅、牛島春子らが西田信春のアジト跡を訪ね、そこが渡辺家跡であることを確認している。渡辺家跡には、現在、鳥飼橋荘（福岡市中央区鳥飼一丁目六番二八号）が建っている。（堺弘毅編『隠された光』179ページ）

（2）矢田磨志「追憶」『書簡・追憶』398ページ

（3）『福岡日日新聞』（一九三五年六月一五日付特別号外）は、「……同年（三二年――引用者注）九月下旬、党中央農民部兼全会本部オルグ今井こと真栄田三益も本部の命をうけて潜伏すると……」と書いて、松本三益（今井こと真栄田三益）の福岡潜入を九月下旬としている。ただし、同年八月七日に福岡に入った西田は、いつも松本三益を同行していたとの証言があり、九月下旬は遅すぎるようにも思われる。

（4）藤原彰『天皇制と軍隊』青木書店　26ページ

（5）紫村一重「矢田磨志氏にきく」『書簡・追憶』400ページ

（6）金子政喜「西田信春さんとその頃の状勢」『書簡・追憶』379ページ

（7）脇坂栄「追憶」『書簡・追憶』425ページ

（8）山県平「西田を憶う」『書簡・追憶』406ページ

（9）山本斉「「岡」という人の想出」『書簡・追憶』420ページ

（10）牛島春子が西田信春とともに活動した半年間、さらには戦後になって西田の消息を探索した経緯を追った文章として、『物語西田信春』第一部・第二部（『風雪』に連載）と、堺弘毅編著『隠された光』にその一部が引用紹介された「未発表手記」がある。この「未発表手記」は、生前に牛島が「使い方はお任せします」として治安維持法犠牲者国家賠償要求同盟福岡県本部に寄託したものだそうである。

筆者は、多田茂治『満州・重い鎖』のなかに牛島が書いた「無題」原稿（原稿用紙二六八枚に及ぶ）が久留米市立中央図書館に寄託されているとあるのを知って問い合わせたところ、原稿はそのまま野田宇太郎文学資料館（福岡県小郡市大板）に保管されていることがわかった。全原稿（コピー）を借用して読ませていただいた。『隠された光』に紹介された文章と重なる部分は多いが、まったく同一ではない。以下に引用する場合は、「未発表手記」と区別して「手記原稿」と呼称することにしたい。

（11）（12）多田茂治『満州・重い鎖』弦書房　66ページ

(13) 前田梅香「『オヤジ』の追憶」『書簡・追憶』395ページ
2 九州組織の再建
(14) 石堂清倫「死亡推定まで」『書簡・追憶』506ページ
(15) 石堂清倫『中野重治との日々』86ページ　なお、風間丈吉は、『「非常時」共産党』のなかでも、「一回だけしか会わない同志」の一人として九州オルグ(D)をあげているが、「本名ならびに党名等は少しも覚えていない」と書いている。また、宮崎栄は、「昭和七年十月、西田君を東京都で見たと言った証言は肯定されるが上京していたならば十月十日頃までである」とする。「十日以降は私との連絡から、十七日は吉田君が八幡署に逮捕され、この日の会合に西田君が出席している」(宮崎栄「久留米の革新運動」40『風雪』第127号　一九七五年四月二〇日)。「吉田君」とは全協中央オルグ吉田寛である。これらの証言から、西田の上京は九月末から一〇月初旬にかけての期間と推測される。一〇月六日には「赤色ギャング事件」が発生している。
(16) 山本斉「『岡』という人の想出」『書簡・追憶』423ページ
吉田寛が逮捕されたあと、山本(旧姓林)斉は、「万一スパイの手引きによってなどして弾圧が行われれば、あんたは一人ですむが、我々地方に住む同志は何年もかかって育ててきたものを根底から破壊される。その責任は一体だれが負うのか」と、岡(西田)に喰ってかかった、という。その後、岡から「調査したが怪しいところはない」といわれて、しばらく活動から引きこもった。宮崎栄は山本の主張に同感しながらも、「西田君にもスパイの行為を確認したときに、その処置すべき方法にとまどって当然苦心したことと思う。策動するスパイは組合を破壊しようとする。潜入しているスパイを発見しても、処理の仕方次第では組織も潰す結果となる。どちらにしても被害は組合だけで、処分はしなければならないが、うかつには処理することの出来なかった非合法の運動時代である。西田君が苦しかった事もわかる」と述懐している。（「久留米の革新運動」41『風雪』第128号　一九七五年五月二〇日）

（17）堺弘毅編著『隠された光』150ページ

（18）石堂清倫『わが異端の昭和史』147ページ

（19）石堂清倫「思いだすままに」『書簡・追憶』288ページ

（20）布施柑治『ある弁護士の生涯』83ページ

（21）「この計画がどこで発案されたのかは不明であるが、少なくとも中央委員会で事前に討論したり報告されたことはなかった。また家屋資金局の正規の会議で決定されたこともなく、松村が決定してその実行を少数のメンバーに指示したというのが真相のようである」（風間丈吉『「非常時」共産党』312ページ　編者栗原幸夫による注釈）

（22）松本清張『昭和史発掘』また、宮崎栄は、一一月中旬に西田と連絡したとき、西田が「全く意気消沈していて、ひどい衝撃をうけたあとのようにやつれていた」といい、その理由として「松本三益君からの連絡かで、岩田義道の死を、西田君がすでに知っていたからではないか」と推測している。（「久留米の革新運動」51『風雪』第138号　一九七六年三月二〇日）

（23）板野勝次『嵐に耐えた歳月』新日本出版社　366ページ

（24）山岸一章『聳ゆるマスト』新日本出版社　170ページ　なお、板野勝次『嵐に耐えた歳月』や石堂・堅山編『東京帝大新人会の記録』は錦織の死亡を一九三四年としている。しかし、「一年七ヵ月も献身的に看病した」（同書173ページ）錦織マツ夫人と電話で交流している山岸一章の叙述の方が説得的である。
(25)石堂清倫『続わが異端の昭和史』237ページ
(26)金子政喜「西田信春さんとその頃の状勢」『書簡・追憶』380ページ
(27)宮崎栄「久留米の革新運動」50（『風雪』第137号　一九七六年二月二〇日）
(28)山県平「西田を憶う」『書簡・追憶』414ページ

3　嵐が来た——「九州二・一一事件」

(29)山県平「西田を憶う」『書簡・追憶』409ページ
(30)堺弘毅編『隠された光』195ページ
(31)牛島春子「手記原稿」では「坂本さんが捕まる前日」と表現されている。
(32)福岡民報社『わが地方のたたかいの思い出』第三集　72ページ　ただし、牛島春子の「手記原稿」には、「二月十二日に西鉄花畑駅（久留米駅の一つ先の駅）で捕まり、久留米署に入った」とある。
(33)明石博隆・松浦総三編『昭和特高弾圧史1』太平出版社　56ページ
(34)塩澤富美子『野呂栄太郎の思い出』229ページ
(35)塩澤富美子　前掲書　268ページ

# 終章　甦る死

# 1 西田信春を探して

中野重治が東京控訴院で懲役二年執行猶予五年の判決を受けて出獄したのは、一九三四(昭和九)年五月二六日であった。「日本共産党員であったことを認め、共産主義運動から身を退くこと」を約束した上申書の提出による、「転向」の出所であった。「転向」は、しかし、その後の中野のなかで重たい澱のように沈み込んで離れることはなかった。その心情は『むらぎも』などの作品に表象されている。中野は、自らの「転向」問題に真摯に立ち向かいつづける文学者、運動家となっていった(1)。

中野は出獄後に、北海道から出てきた西田信春の父英太郎と本郷の大学近くの宿屋で会っている。それが何年何月だったかははっきりしないが(2)、中野の眼に英太郎はいかにも西田信春の父親にぴったりの人に映った。

当たりまえのことながら、父英太郎さんは伜信春に万福の信頼を置いていた。彼は息子の消息を知りたがった。はじめ英太郎さんは、私が信春の消息を知っていて、しかしそれを英太郎さんに隠しているのではないか多少とも疑っていたらしかった。

「自分は父親であって、信春ないし諸君の政治活動、政治姿勢に指一つ触れようとは思わない。政府・警察方面からも信春をまもってやりたいと思っている。これは言葉どおりに取ってもらっていい。もし消息がわかっているのなら、あなた方に迷惑は決してかけない、教えては下さらぬか。私ももはや老人で、信春には妹が一人あるが、信春が生きていないとなれば、妹による家督相続のことも考えねばならぬことになる……」(「とびとびの記憶」)

中野は、西田について隠すべき消息のかけらも持ってはいなかった。西田が九州へ行ったらしいことは知っていたし、あるいはそこで殺されたかも知れないと考えないことはなかったが、確証は何一つなかった。

一九三七(昭和一二)年七月、日中全面戦争がはじまり、四一(昭和一六)年一二月からのアジア太平洋戦争へと、日本は「一五年戦争」の泥沼にはまり込んでいった。国民は軍国主義的総動員体制のもとに縛りつけられ、そうした国家体制に不都合と思われたあらゆる思想や運動は根こそぎ窒息させられていく。

西田英太郎が、新十津川開村五〇年記念式で「特別功労者」の表彰を受けたのは、一九四〇年四月のことである。翌四一年二月から、英太郎は、新十津川村の産業組合長に就任した。同年四月三〇日、西田信春の家督相続人排除が確定した。

一二月九日、真珠湾奇襲攻撃の翌日のことである。中野のもとに警視庁から呼び出しがきた。中野は父の死と葬儀のために郷里の福井県一本田にいた。保護観察の身から逃れられず、急遽上京せざるをえなかった。話の区切りがついたところで、片岡という警部が切り出した。

「西田信春のことはその後何かわからないかね……」

片岡の口調が全く何気ないものだっただけにそれは私に何かを感じさせた。

「いや……」

何一つ消息がないことを簡単に答えて私は相手の出方を待った。片岡の口調が、西田の死が私たちに知られているかどうか探りを入れてきたもののように思われたからだったが、片岡の方でもそれを感じたのらしく、それ切りで西田のニの字も二度と彼は口に出さなかった。私はそれから四五年六月末まで取調べを受けたが、西田のことはとうとう二度と出ずにしまった。（「とびとびの記憶」）

中野の『敗戦前日記』一九四三年一月一七日付の欄に「お貞さん来る。新十津川老父さん喜の字の由。近年排尿不能にて困り居る由。札幌で手術」とある。「お貞さん」は西田信春の姪（姉愛子の娘）、高井貞子。西田英太郎が喜寿（満七七歳）を迎えたという。

敗戦の翌年、一九四六（昭和二一）年に九州の人が訪ねてきて西田の話を持ち出したことがあったが、お互いにほとんど新しい情報はなかった。

北海道の西田家から連絡があって、父親の方はほぼ諦めているらしいが、母親は「信春はロシアへ行っているのだろう、今に帰ってくる」といって、仏壇に餅を供えたりしているという話が伝わってきた(3)。西田の妹静子も「毎日陰膳を据え、神にも祈り、占いにも見てもらう」母の様子を伝えている(4)。四六年七月、関鑑子らと道内各地で「歌と講演の会」を開いていた中野は、新十津川村をたずねた。「西田のお父さんにあった。西田のことを心配している。洪水で畑地がやられている」と、妹鈴子への手紙（七月二七日消印）にある。

この旅行で、中野は、夕張、旭川、札幌、小樽、函館と道内を歩き、青森で秋田雨雀をたずねてから帰京した。小樽で小林多喜二の母セキ（七四歳）をたずねたが、「大変元気で朝四時から畑つくりとのことです」と、妻の原泉にハガキを送っている(5)。

石堂清倫が西田信春と永訣の別れをしたのは、一九三二年七月末であった。両者ともに保釈中の身であった。西田は九州へ旅立っていき、石堂は、翌三三年一一月の控訴審で懲役二年執行猶予五年の判決を受けて、釈放される。運動への展望を見失った石堂は、「転向」を表明したが、それは「逃避であり、敗北の承認でもあ」った⑹。

出所後、石堂は日本評論社に入社するが、四年後の一九三八年七月に満鉄調査部に移った。そこで石堂は、満鉄調査部の赤化を警告して「自分が出馬して粛清を実行したい」（右翼新聞『日本』）とか、「満州には左翼くずれが多く……これら一切のゴマの蝿は片づけねばならぬ」（手紙）といった佐野学の文章を眼にする。「人間がそこまで堕落しうることは想像の及ばないところであった⑺」。石堂は、いやでも佐野幻想を捨てなければならなかった。

四三年七月、石堂は第二次満鉄事件（満鉄調査部事件）で検挙、投獄され、瀋陽から新京（現・長春）の監獄に収監されている。軍人勅諭を強制的に暗誦させられた石堂は、「これまで君主制がどうの天皇制がどうのと言いながら、勅諭の非理非法、その超憲法性を一度だって批判したことはない。……国民のおかれている現実の精神的、イデオロギー的状況には完全に無知でありながら抽象的なスローガンで人を動かすことができると信じたがったわれわれの運動は何であったのか⑻」と、絶望に近い自問に陥ったのであった。

一九四四年一二月に石堂は釈放されるが、翌年五月、「懲罰召集」で関東軍二等兵として動員された。敗戦後は旧「満州」に残って、労働組合運動や在留日本人の引揚げに力を尽した。石堂が帰国したのは一九四九（昭和二四）年一〇月、品川駅のホームで出迎えてくれたのは五味川純平であった。

帰国後、石堂は西田信春の消息を調べはじめた。西田は、一九三二（昭和七）年八月に共産党オルグとして九州に行ったが、その後の消息はまったく途絶えていた。「九州二・一一事件」が報道解除（三五年六月一五日）になったが、被検挙者のなかに西田の名は見あたらなかった。石堂は、最初に共産党本部をつうじて調べようとしたが、具体的な材料はなく、あるのは根拠のない疑惑だけであった。「党書記局では、余計なことはしない方がよいという意見であった。一般に行方不明の人物はスパイかもしれないと疑われたのである。検挙されることが立派で、検挙されない奴は怪しいという考えは一種の敗北主義みたいであるが、こんなばかげた判断が有力なのであった⑼」。

事実、西田スパイ説は戦前・戦中からあったのである。新宿でブローカーをしていた、とか、九州までこないで徳山で下車した、とか、シベリヤにいった、とか、よく似た人が蒙古の砂漠で行き倒れていた、といった根拠のない風聞まであった。

石堂は、たまたま閲読できた「風間丈吉上申書」（昭和八年三月一四日付）で、昭和七年に二度九州オルグが上京し、その報告の一部を風間が聞いたということを知った。この九州オルグが西田であった可能性は否定できない。一方、熱海事件のとき、西田は上京しなかったことも推測できた。

しかし、「二・一一事件」で逮捕されたことは疑えない。警察は、スパイなどを通じて、西田について十分な情報をもっていたにちがいない。西田は「四・一六事件」で検挙されたときに、指紋も顔写真もとられている。おそらく西田は、逮捕後に氏名を名のらなかったにちがいない。「つかまるとすぐ喋るような人間ではないからである。警察は取調中に彼を殺害したが、氏名を名のらなかったのをよいことにして、氏名不詳ということで、九大の法医学教室またはそれに類するところへ屍体をおくったかもしれない」と、石堂は想定した⑽。

「九州二・一一事件」で逮捕された牛島春子は、土手町の福岡拘置所で五ヵ月間留置された。夏ころに「佐野・鍋山転向声明書」というプリント刷りと何枚かの罫紙と鉛筆を渡された。「転向理由書」を書くように、ということであった。春子は、「転向声明書」を何度も読みながら、「果たしてこれは理論だろうか」と疑問に思った。春子は、「転向」の文字を省いてただ「理由書」という題をつけて六枚ほど書いたが、「結局、私は転向しない」という「理由書」だった、という⑾。一一月一六日に保釈となり、六歳年上の姉マスエ宅に身を寄せた。

「オヤジ」が福岡署で殺された、と聞いたのは保釈後間もなくのことであった。坂本（西田信春）は二月一〇日に久留米で捕まり、その日のうちに福岡に送致された、という。この情報は「当時の久留米署の特高係で、間もなく警察を離れた人⑿」から間接的にもたらされたものであった。一一日に福岡署で西田を見た者はいなかったが、それは確実な情報として伝わったたし、九州大学で解剖されたらしいことも伝えられた。「オヤジ」の死を知らされた夜、「寝床の中で声を忍ばせて泣いた。泪が後から後から噴き出してきて、私は眠ることができなかった⒀」。

一九三五（昭和一〇）年、春子は懲役二年五ヵ月の一審判決を受けて控訴し、六月、長崎控訴院で懲役二年執行猶予五年の二審判決を受けた。翌三六年、牛嶋晴男と結婚した春子（二三歳）は、「満州国」奉天省属官となった夫とともに、「気持ちの上ではほとんど日本を逃亡するようにして⒁」渡満した。

しかし、およそ十年間の「満州国」生活のなかで、春子は、女流作家として変貌をとげていった。「豚」（「王属官」と改題）、「苦力」、「祝といふ男」などを代表作とし、とくに「祝といふ男」は芥川賞候補作品になった。「満州文学」の旗手の一人として、川端康成、野間宏らと交流する。とりわけ詩人で文芸編集者であった野田宇太郎とは、文学少女時代に知り合って以来、終生の親交を築いてきた。野田宇太郎も、樋口国英（母方の従弟）を支援したかどで「九州二・一一事件」のときに検挙、投獄された経歴をもっていた。

戦時下の「満州」にあって、春子は思想的にも変貌していった。かつて自分が信じた政治思想を「恐ろしい魔物」として放棄し、「世俗のなかで」「常識をわきまえ」平凡に生きる道を探しだした。それは、戦争協力の道であり、「指導民族として矜持し、被植民者を教化しようとするナショナリズム」の道であった。春子は「ナショナリズムを優先し、民族の壁を超えられなかった(15)」。牛島春子の、いわば「第二の転向」であった。

一九四六（昭和二一）年の夏に、春子は日本に引揚げ、福岡県三井郡小郡村に住んだ。「夫は応召していたので、私は子供三人をつれて……身一つで引揚げてきた(16)」が、翌年晴男が復員した。

一九四五年一二月、蔵原惟人、江口渙、中野重治、宮本百合子ら戦前からのプロレタリア文学者たちによって新日本文学会が創立された。民主化がすすむ「祖国の姿に何時も思いを馳せて」いた春子は、一九四八年、新日本文学会久留米支部の創立に参加する。「彼女の心に深く根ざしたヒューマニズム（人間性、人道主義）は蘇り、再び共産党に接近しはじめた(17)」。春子は、ふたたび精力的な創作活動をはじめ、主として短・中編小説を『九州文学』や『新日本文学』などに発表していった。拘置所生活を描いた「秋深かむ窓」や長篇「霧雨の夜の男」などは、戦後の代表作といえよう。「霧雨の夜の男」は菅生事件を題材にした小説であるが、その控訴審のころに春子は、ふたたび「オヤジ」（西田信春）にめぐりあうことになる。戦後一〇年が過ぎていた。

日本共産党九州地方委員会を再建した舟小屋会議（一九三二年一二月）に出席して、西田信春（坂田）と握手を交わした紫村一重は、全農福佐連合の活動家であったが、「九州二・一一事件」で逮捕され、一九三五（昭和一〇）年の控訴審で懲役一年六ヵ月の実刑判決を受け、入獄した。保釈中に紫村は、小説家夢野久作の秘書をつとめている。夢野は、長崎の公判に通う「紫村の状況を知って、彼を秘書としていた(18)」。出所後、紫村は、福岡同仁会に勤めていた。

私は転向後、思想事件関係者の保護団体である福岡同仁会に勤めるようになった。其処である日まったく偶然の機会に、西田さんの調書を見ることができた。

当時の事件関係記録は、一人分でも相当厚い綴りになっていた。……それは西田さんの調書で、福岡署で調べられた時のものであった。

中身は、ただの一枚きりだった。私ははやる胸を押さえてその一枚を凝視した。その一枚の紙片には大略こう記されていた。

「通称、伊藤又は坂本、岡。本名不詳。推定年令三十歳位……」行を変えて「取調中、心臓麻痺で急死」とあった。が、肝心の死亡月日や時間、さらにその後の処置については何も記されていなかった。私は盗み見の危険も忘れて、二度三度読み返した。私は足ががくがくする程全身が震えた。ひと言も喋らずに冷酷無残な拷問に、死を以って答えた西田さんの烈々たる闘志と、憤懣やる方なく切歯扼腕された姿を、一枚の調書にありありと感じたのである。（「たよりになるオヤジ西田信春さん」）

「ちょうど、六全協が開かれ党の統一が回復に向かう時期」であったといわれるから、一九五六（昭和三一）年ころのことであっただろう。紫村は共産党中央委員会に「党九州地方委員会の責任者で、伊藤または岡（本名不明）のただ二枚きりの調書をみたが、福岡署で一言もしゃべらずに虐殺されたと考えられ、忘れることができない[19]」という手紙を送った。

紫村の手紙や西田の妹静子からの要請などが契機となって、一九五六年ころ、党中央委員会から「戦前、党中央から九州に派遣された人物の消息が、戦後になっても依然わからぬままになっている。調査してもらえないか」という依頼が、九州地方委員会にあった。組織的な調査がはじまった。その調査の結果の一つ[20]が、一九五七（昭和三二）年四月一六日付『アカハタ』に掲載された「二十数年ぶりに判る――故西田信春氏虐殺の模様」と題する記事であった。福岡支局発で、その通信責任者斉藤幸の執筆であった（巻末資料①）。

これは、党が岡（坂本）を西田信春と認定した最初の記録であった。さらに、この年には、石堂清倫の「同志西田信春のこと」（五月七日付、巻末資料②）、寺尾とし「西田信春のこと――戦前の活動家の思い出」（七月一日付、巻末資料③）が相ついで『アカハタ』に発表された。

一九四九年の暮れに、東大新人会の仲間が議員会館に石堂をよび、戦後中国のことを話しあったことがあった。話が自然に西田のことになったとき、中野重治がそれまで耳にした噂を知らせてくれた。警視庁に呼び出されて、警部から西田について中野が何か情報を持っていないかどうかを探られた。当局は勿論知っていて、どこまで中野が感づいているかを確かめる風であった、と。これは、先述した片岡警部とのことであろう。

西田の父英太郎が満八二歳で死亡したのは、一九四九年一〇月三日であった。母かめは五三（昭和二八）年一月一七日、満八六歳で死去した。

石堂は、その後の西田探索の動向を、次のように伝えている。

そこで戦後になって、彼が福岡で殺されている場合を考えて、九州大学医学部法医学教室にある「氏名不詳傷害致死被疑事件鑑定書」を入手して、昭和八年二月十一日の死者が、体格で西田に酷似していることをつきとめ、中野夫妻、西田の姪高井貞子の諸氏も西田にちがいないと断言したので、西田の写真を添えて一九三三年二月に検挙された人びとに送付したところ、すべての人がこれがオルグとして八月七日に福岡にきた人物にちがいないと証言してくれた。それが一九五七年三月下旬のことである。関係者の証言が三回「アカハタ」に掲載された。（『中野重治と社会主義』）

石堂が九州大学法医学教室に保管されてあった「屍体鑑定書」（昭和八年二月二五日付）を入手した経緯は、次のようである。

大月書店版『マルクス・エンゲルス全集』の翻訳企画が実現して、その第一回刊行委員会が開かれた。企画の中心は岡崎次郎であったが、岡崎は刊行委員会が開かれた時期を「一九五八（昭和三三）年末か五九年はじめのころ」と記憶している。刊行委員の一人であった石堂は、岡崎と満鉄調査部時代の同僚であった。岡崎が九大教養部教授（一九五五～六〇年）であったことを知った石堂が、「当時の屍体鑑定書が九大の法医学教室にあると思われるので、九大にいたあなたの顔で同教室からその写しを入手してもらえないだろうか(21)」と頼み込んだ。

岡崎は、「石堂が西田の仲間だったことも、西田が福岡でオルグをやっていたことも、まったく初耳で、ひどく驚いたが、即座に石堂の依頼に応じた。九大の西洋史の今来睦郎教授が法医学教室の教授と昵懇の間柄なのを知っていたので、早速彼に依頼状を出した。間もなく、「氏名不詳傷害致死被疑事件鑑定書」なるものの写しが送られてきたので、それを石堂に渡した㉒」。

ただし、牛島春子は異なる証言を残している。「物語西田信春」（第二部）によると、「最初に解剖記録を発見して、石堂さんに報せたのは九大のⅠ教授」であったが、その発端は一高の同期会であった、という㉓。

一高の同期会の集りがあったとき、西田さんが話題になり、それから調査が始まったそうである。同期生であったO教授から、Ⅰ教授はたのまれて調べたということである。

いずれにせよ、O教授が岡崎次郎、Ⅰ教授が今来睦郎と推定される。「屍体鑑定書」を読んだ石堂は、それが西田本人のものであることを確信した。石堂は、「鑑定書」を印刷して西田の妹静子、姪高井貞子、中野夫妻らに見せて、屍体が西田に間違いないとの断言を得た。さらに、西田の一高入学時の写真を添えて、一九三三年二月に検挙された九州の人びとに送付した。彼らは、西田信春の名は知らなかったが、写真の主が「岡」であり「坂本」であることを証言してくれた㉔。

ある日のこと、牛島春子は、『アカハタ』の記者斉藤幸から「西田信春について知らないか」と尋ねられた。福岡高裁で「菅生事件」の控訴審が開かれている最中の休憩時間のことであった。

「菅生事件」とは、大分県菅生村で駐在所が爆破され、三人の共産党員が逮捕された事件であるが、最高裁で無罪判定される警察の自作自演による謀略・冤罪事件であった。その控訴審は、五七年四月から五八年六月にかけて開かれている。春子は、東京で遺族や友人たちが西田についての調査をはじめていることを知らされたのであった。石堂から西田の死因の究明や埋葬場所の確認などを要請する手紙が届いたのも、このころである。「初冬か早春か、とにかく寒い日(25)」(別の文には「早春、とても寒い風の吹く日だった(26)」とある)、おそらくは一九五七年一〇月半ばころのことであった。春子は、福岡郊外の旅館「ひかり荘」の一室で、往時の保護観察所で世話になった人たちの集まりに出席した。「ひかり荘」の主人中村勉は、かつての運動の同志で、夫人は作家火野葦平の妹であり、長男哲はペシャワール会の医師としてパキスタンやアフガニスタンで現地医療などにとりくんでいる人物である。

席上、春子は西田のことを話し、情報提供や調査協力をお願いした。数日後、黒瀬市太郎から協力申出の電話が入った。黒瀬は、昭和八年当時、全農全会派の居住細胞員で、「九州二・一一事件」では一審で懲役二年執行猶予四年の判決を受けた活動家であった。春子と黒瀬が脇坂栄にあったとき、脇坂は「西田さんとは藤崎刑務所で会いました」と突然いって驚かせた。刑務所の庭の隅に立って、編笠をちょっとあげるようにして合図をしてきた人物が西田に間違いない、という(27)。だが、これは脇坂の思い違いであっただろう。

「もううすら寒く、秋も終りに近かった(28)」ある日、二人は高田鶴吉の家を訪ね、そこで石田青年とあった。「物語西田信春」では「西田という同姓の青年」とされている人物であるが、彼は九州大学教職員組合の事務局長で、九大法医学教室に保存されている過去の屍体解剖の鑑定記録を調べてくれていた。

石田青年によると、彼より前に鑑定記録を調べていった九大教授がいる、という。春子は、渋る青年からようやく教授の名を聞き出した。西田の屍体が九大で解剖されたことを春子が知ったのは、東京でたった一回だけ発行された『西田信春資料ニュース』であったのだが、その『ニュース』の記事の出所がそのI教授であったことに思いあたったのであった。

「昭和八年二月十一日ですね、屍体が一つ解剖されています」石田さんは話しだした。手元のメモを見ながら、「福岡市薬院済生会病院で、犯人不明傷害致死、被害者氏名不詳の屍体の解剖、鑑定の記録です。身長一六九糎、体格大、頭部黒髪密生している。推定年齢二十七、八才の男子です。……死因ですが、ええと、癒着性心ノウ炎、心臓肥大、肋膜炎、胸腺実質等の病的変化が体にあって、こういう体質の者は軽微な精神、神経の刺激で急死することがあり、この屍体は多分それであって、だから病死である、こういう鑑定です。」

（牛島春子「未発表手記」『隠された光』所収）

「氏名不詳、傷害致死の被害者」として解剖された西田信春の遺体は、その後どこへ行ったのか。身元不明の死体は行路病死者として扱われ、無縁仏として共同墓地に埋葬されるだろう。春子はそのように推測した。黒瀬が、共同墓地の管理者である市の救護所に行って調べてきてくれた。解剖された身元不明の死者は、吉塚第一病院に移されたのち火葬場に送られ、そして市の共同墓地に埋葬されたのである。ところが、救護所では、つい二、三年前、戦前の古い書類を処分してしまっていた。しかし、解剖された西田の遺体は身元不明の死者として吉塚第一病院に移されたのち、火葬されて市の共同墓地に埋葬されたことは間違いないことと思われた。

一九六〇（昭和三五）年一月、「早春の、空っ風の強い大そう寒い日で、手足がかじかみ、唇も紫色になりそうだった(29)」日に、牛島春子は、黒瀬市太郎、救護所の人と一緒に顕乗寺(30)（福岡市早良《さわら》区麁原《そはら》）に行った。共同納骨堂は本堂の裏手にある墓地の一番奥の正面にあった。

共同納骨堂はまだ新しく、やや高くブロック塀に囲まれていた。六角形の屋根をかむった納骨堂の正面には「帰入無愛彩(31)」と彫りこんである。……

後の鉄扉を開けてもらって私は中に入った。灰色の光線がわづかに届く内部には、四方の壁に何段かの棚があり骨壺がぎっしりと並んでいた。私は無数の骨壺に囲まれたうすぐらい空間にただ黙って立ちつくしていた。古いお骨は一つにまとめてしまうらしく、西田信春のお骨がここにあるとしても、三十数年前の西田信春のお骨を拾うことはもはや不可能であった。西田信春をここまで追ってきてそれが出来ないのは何とも残念であったが、諦めるよりほかなかった。けれど、そうして堂内に佇んでいるうち、私の心の中にあるさわやかな安堵が生れてきたのも事実であった。

「西田さん、あなたはこの中にいますね。何十年ぶりにお目にかかるでしょう。あなたには寄る辺ない沢山の人たちに囲まれて、ここにこうして眠っている。あなたは今はこの運命を、あの穏やかな表情で受けいれているでしょうね。」私は心の中でつぶやいた。やがて一礼して私は外に出た。鉄の扉が閉じられた。（牛島春子「未発表手記」『隠された光』）

そのころ、福岡では国民救援会県支部の発足をめざして、共産党県委員会の大和憲三や「菅生事件」の被告であった坂本久夫らがその準備にとりくんでいた。大和憲三の発案で、西田信春の法要を営んで救援会の意義ある発足にしようということになった。
六〇年三月二七日、この日も時々強い季節風が吹きつけるうすら寒い日だった。顕乗寺で開かれた西田信春の法要に集まったのは、大和憲三、坂本久夫、牛島春子、黒瀬市太郎、脇坂栄、大場憲郎、宮崎栄、紫村一重、松尾文国、岩田正夫の一〇人であった。共同納骨堂の正面に、「西田信春の碑」と墨書された紙を貼り、全員が花を供え、焼香した。本堂に戻って住職の読経でささやかな法要を終えた。四〇代半ばと思われた住職は、型通りの読経を済ますとさっさと立ち去った。この日の法要は「第一回九州二・一一事件、西田信春を偲ぶ集い」とされた。法要のあと、本堂の片隅で座談会を開いた。座談会の話題の中心は、やはり、西田はいつ、どこで、どのようにして捕まったのか、ということであった。

私は漠然とみなと同じように十一日にちがいないと思いこんでいた。現に座談会で、当時九州地方委員会農民部員であった紫村一重さんは、「二月十日、昼間は九大フラク会議、夜は簑島で水平社関係の会議で、西田信春と一緒だった。夜の会議はおそくまでかかり、わたしは西田さんと別れて春吉のアジトに行って寝た。そして翌朝十一日午前五時頃、警察に踏みこまれて捕まった。西田さんも二月十一日に捕まったと思う」と云った。……最後に久留米から出てきていた宮崎栄さんがぽっと上気したような顔で発言した。彼は当時久留米の街頭細胞のキャップであった。「二月十日は、あたしゃ西田さんと宮ノ陣で会うこつになっとったじゃけん」と彼はすこしせきこむようにして云った。……宮崎さんはその日は西田信春と初めての定期連絡の日で、宮ノ陣の橋の上で二人は出合うことになっていた。ひるすこし前宮ノ陣駅に降りると、土手のあたりに顔見知りの久留米署の刑事が二、三人目立たぬように立っていた。……宮崎さんは危ないと思いそのまま久留米に引き返した。

西鉄久留米駅の前の広場は何時にもない人の群で、一目で何事かあったとわかる様子だった。人々の噂を聞いてみると今強盗が捕まったのだという。

「強盗というのがたしか西田さんのこつです。そりが西鉄久留米駅の改札口を出ると同時に、うしろまえからとびかかられて格闘になり、広場まで逃げてきて、そこで捕まったということですたい。パトカーが来て十何分かあとに、あたしが行ったつですたい。あたしゃすぐすぐ帰りましたですばってん、翌朝明け方踏みこまれて捕まったつです。」（牛島春子「未発表手記」『隠された光』）

牛島春子は、こうした証言などから状況を総合的に判断して、「久留米で捕まった西田信春は福岡に送られ、福岡署で十日の午後から徹底的な拷問で、黙秘のまま十一日未明ころまでに死亡した。そして九州地方の一斉検挙は十一日から始まった」と考えた（「未発表手記」）、としている。

紫村一重と宮崎栄の証言は食い違っていた。一〇日昼に西田と宮崎の定期連絡が予定されていたとして、それは紫村がいう昼間と夜の会議の合間に設定したとしても、昼前後に久留米駅頭で捕まったとすれば、紫村と一緒に深夜まで部落解放同盟の会議に出席できるはずはない。紫村の言が正しいとすれば、西田の検挙は一〇日ではないことになる。この疑問は、次のことで一応氷解した。

紫村一重は「たよりになるオヤジ西田信春さん」のなかでも同様のことを書いているが、後日、次のように日時を修正した。

二度目にわたしが西田さんに会ったのは、忘れもせぬ事件前々日でなかったかと思う。その日西田さんとともに、二ヶ所の会議に出席した。……深夜におよんだ会議を終えて西田さんとわかれたのが最後となった。西田さんとわかれた翌日、わたしは春吉のアジトにねた。明ければ二月十一日である。まだ明けきらぬ朝五時、……私服らに寝込みを襲われ検挙された。（『わが地方のたたかいの思い出』第三集）

仲間から指摘されて誤解を認めたのだろうか。紫村が最後に西田と会ったのは、二月九日で、この日二カ所の会議（九大フラク会議と部落解放同盟関係の会議）に参加して、深夜に別れた。春吉のアジトで寝たのは一〇日夜で、翌一一日早朝に検挙されたことになる。

そうであれば、宮崎栄が二月一〇日に西田と宮ノ陣で会う約束をしていたこととは、日程上矛盾しない(32)。ただし、九州地方委員会農民部長であった山県平の証言――「二月十日の夜、私達は岡と会合したような気がする。その晩、私達は友人Kの家に泊めて貰い、翌十一日未明、SとKと私の三人が一緒に検挙され……(33)」――との整合性は依然として不分明のままである。

ここで、これまでに明らかになった資料、とりわけ宮崎栄「久留米の革新運動――地区協議会の記録」（『風雪』紙　一九七五～七六）をもとに、西田信春の逮捕にいたる経緯を追跡しておく。西田（岡、坂本）が一九三三（昭和八）年二月一一日に殺害されたことは確実である。逮捕されて福岡警察署に拘束されたのは、その前日、二月一〇日のことであった。二月一〇日は、日本共産党九州地方委員会の委員長である西田と、久留米市委員会責任者宮崎栄との定期連絡の当日であった。

前年一二月末に九州地方委員会を結成した舟小屋会議からの帰途、西田は宮崎と会い、結成の報告とあわせて今後の連絡方法を随時から定期に変更することを提案し、宮崎はそれを了承した。それは、毎月一〇日の午後一時、「宮の陣橋の南北の橋畔から歩いて、橋を渡りきるまでを待機時間として待ち時間なしの連絡」にする、というものであった。筑後川に架かる宮の陣橋の南側から西田が、北側から宮崎が歩く約束であった。

一九三三年の一月一〇日は、定期連絡に変更した最初の日であった。この日、宮崎は、蛍川町《ほたるがわまち》を抜けて東櫛原《くしはら》村あたりの水田地帯を歩き、筒川の土橋を渡って放水路建設記念碑が建つ広場に一二時四〇分に着いた。ここから宮の陣橋まで一〇分はかからないと判断してゆっくり歩いていく。農家の間から宮の陣橋が見えてきたので、橋畔周辺を注意すると、路面が何となくざわめいていて、人の動きがおかしい。畑仕事をしていた老人に訊ねると、前夜八女《やめ》郡で強盗事件が発生し、犯人がここを通って逃亡するかも知れないということで警察が出ている、とのことである。

宮崎は、広場に戻って記念碑にもたれて宮の陣橋周辺の動静を秘かに観察した。堤防の陰にたむろする四、五人の警官の独特の動きを見て、彼らが特高であることがわかった。しばらく様子をうかがっていたが、西田の去就もわからず、最初の定期連絡は不成立に終わらざるを得なかった。

この日の真相を、宮崎は、後日逮捕されたあとに検事の口から聞かされている。当時、捜査当局は福岡県南部の共産党の活動状況の把握に必死になっていた。宮の陣橋で連絡がおこなわれるとの情報が入って小躍りした警察は、橋の周辺に人員を配置して待機したが、西田がひとり現われただけであった。

結局、捜査当局は、西田を素通りさせただけで、逮捕しなかった。西田の連絡相手が出現しなかったので、逮捕方針を変更したのだろう、と宮崎栄は推測している。

西田と宮崎の当事者二人以外は知らないはずの定期連絡の情報を、なぜ県警は知っていたのだろうか。宮崎は、西田が地方委員会の会議のときに、何かの拍子に連絡場所と月日を漏らしてしまったのではないか、と推測する。それが「一番真相に近い(34)」という。委員会のなかには警察のスパイがいたので、筒抜けに密告されたのだと断定する。これが真相であったとすれば、一月一〇日以降、西田と宮崎は「泳がされて」いたことになる。

西田の指令を受けた金子政喜が宮崎を訪ねてきたのは、一月二〇日ころであった。宮崎は、一月一〇日の状況を説明し、十分に用心するようにとの西田への伝言を依頼したうえで、二月一〇日の定期連絡を確認した。宮崎は、一月一〇日前後の主要新聞記事を丹念に読んだが、八女郡に強盗事件が発生したという記事はなかった。

二月九日、西田は紫村一重とともに、昼間は九大フラク会議、夜は部落解放同盟関係の会議に出席して、深夜に別れた。これは紫村の証言で、彼ははじめこの日を二月一〇日と記憶していたが、のちに訂正している。小山梅香は、一〇日の夜に西田から検挙された場合の心得と覚悟を教えられた、と証言しているが、これは紫村証言とも矛盾する。おそらく小山は九日以前のことと錯覚しているのではないだろうか。

二月一〇日当日の西田の行動に関する資料や証言はほとんどない。しかし、宮崎栄との定期連絡のために福岡から久留米の宮の陣橋に向かったことは間違いないことだろう。一方、宮崎もこの日、宮の陣に行ったが、西田に会うことができなかった。「定刻に所定の連絡場所にいったが西田さんは来ていなかった。電車をいくつか待って見たが、西田さんは現われないので(35)」、宮崎は引き返して西鉄急行電車の久留米駅に行った。「町の鉄工所の裏の間道から西鉄の駅前に出た。駅前の広場には黒山のような群衆で埋まっていた(36)」。

道路に立っていた中年の婦人に「何事ですか」と尋ねると、その婦人は「いま強盗がつかまりました。警察に連れてゆかれたところです。もう少し早くお出になっていたら、十人位の警察の方と強盗との乱闘を、あなたも見物することが出来ましたのに、惜しかったですね」といった。広場にはまだ三、四人の警察が残っていた。逮捕された強盗は、サイドカーに乗せられて連れてゆかれたばかりだったらしい。

宮崎は、一月一〇日の「八女郡の強盗事件」、そして二月一〇日の西鉄久留米駅前広場の強盗騒動を連想して、強盗ではなく西田が捕まったのにちがいない、と判断した。すぐ家に戻った宮崎は、部屋を整理したうえで、夕方から夜勤の勤務に出た。そして一一日午前四時、国鉄駅前で特高に逮捕される。

逮捕後に宮崎は、捜査課の警察官から西田の逮捕劇を聞かされた。当時の西鉄久留米駅の出検札口の作りは、幅五〇センチくらいの通路で距離は二メートル、高さ八〇センチほどの枠組みの間を通らなければならなかった。主要用材の部分は、一〇センチ角材からなる柵である。西田が乗車券を職員に渡して柵に入った瞬間、尾行の県警の合図で、県警は背後から、柵越しに所員が一斉に襲いかかって、柵内の乱闘になった。西田のもの凄い力の抵抗に、柵の中では取り抑えきれないで、広場の乱闘となりようやく取り抑えた。負傷者が出たのは柵の中の乱闘のときだった、ということである(37)。

西田はなぜ宮の陣ではなく、久留米で捕まったのだろうか。宮の陣で何か異常を感じて久留米まで行ったのだろうか。西田は福岡からすでに特高につけられていたのだろうか。なぜ一斉検挙の日ではなく、その前日だったのだろうか。

牛島春子は、次のように推測している。


宮崎さんが宮ノ陣で西田さんと連絡があったのは事実だろう。西田さんは福岡から既につけられていたか宮ノ陣駅に異常を感じて、久留米又は花畑まで直行して其処で張り込みの特高に捕まったのではあるまいか。宮崎説を取ると久留米駅になる。西田さんの行動は既に警察に判っており、当日は多数の張りこみが行われていただろう。……久留米署に連行された後、西田さんはその日の内に福岡に送られた。これは当時久留米署にいた人の語ったことなので信じたいと思う。又西田のような謂ゆる大物を地方の署に何日も泊めおくとは思えない。すぐに福岡に送ったのが本当のような気がする。……

西田さんは福岡署で徹底的な拷問に会い、その夜か十一日の未明に死亡した。そして十一日から一斉検挙がはじまった。(「物語西田信春」第二部)

明らかに二月一〇日の西田、宮崎の定期連絡の情報が官憲側に漏れていた。笹倉栄(君島)というスパイがいたのである。九州地方委員会の中枢部(労働組合部長)にいた笹倉栄は、「九州二・一一事件」でも検挙されることなく、北村律子(まあ公)と結婚して生きのびる。

西田が、久留米駅前広場で格闘の末に逮捕されたのは、二月一〇日の午後まもなくの時刻であっただろう。西田はすぐに久留米署から福岡警察署(現・福岡中央署(38))に送られたと思われる。福岡署内でおそらくこの日の夕方から翌日未明にかけて、訊問という名の拷問を受けつづけたのであろう。

一九五九年一月、「西田信春を偲ぶ会」の案内状が発送された(39)。

突然ですが、古い友人西田信春君をしのびたく、一夕かんたんに集りたいと思います。御承知のように、西田君の消息は一九三二年以来たえていましたが、いろいろの方の御尽力で一九三三年二月十――十一日―福岡警察内で急死したことがわかりました。無名戦士の墓への合葬のことも、ようやくこれで運ぶかと思いますが、それにつけても、是非このさい同君についての記憶をあつめておきたいと思います。急ぎのため、とりあえず私たちが発起という形をとりましたが、お仕事御都合の上、どうかお出で下さるように御連絡いたします。

一月二十日

中野重治
石堂清倫

なお、御通知もれの方もあると思います。関係者おさそいのこともお願い致します。

二月十一日（水）午後六―九時
東中野　モナミ（東中野駅陸橋口）
会費　五〇〇円

当日の出席者は二四人であった。小林直樹、難波英夫、赤島秀雄、谷川巌、野田弥三郎、森静夫、酒井定吉、田子一郎、大間知篤三、鹿地亘、小沢正元、高畠春三、金子政喜、志賀多恵子、寺尾とし、道瀬幸雄、田中稔男、石田英一郎、高井貞子、石堂清倫、中野重治、原泉のほか、あと二人はわからない。

石堂の司会ですすめられた「偲ぶ会」の様子については、石堂が二月二〇日付『アカハタ』に掲載した「西田信春をしのんで」（巻末資料④）の一文で推測できるのみである。東大新人会時代の友人が多いが、親族の高井貞子（西田の姪）、九州から金子政喜が出席している。

五九年三月一八日、第一二回解放運動犠牲者合葬追悼会が青山墓地内で開かれた。このとき、「無名戦士の墓」に西田信春も合葬された。中野と石堂が推薦者であった。この合葬について、石堂は、次のように語っている。

　中野が言いだし、私も推薦者となって三月一八日に青山の「無名戦士の墓」に西田を「合葬」した。ながいあいだ西田をスパイと疑っていた連中がいなかったら、べつに「合葬」しなければならないこともなかったのである。（石堂清倫『中野重治と社会主義』）

その翌日（三月一九日）、「いまの桜一丁目であるが建替前のいまにも倒れそうな、しかし風雅な趣きもある家であった」と石堂が描写した中野宅で、一つの会合が持たれた(40)。集まったのは西田の妹静子とその養子勇、金子政喜・千代夫妻、栗原佑、石堂に中野夫妻であった。西田にかんしていろいろ相談するはずだったが、泥酔した栗原が騒ぎたてたため後味の悪い会になってしまった。石堂は、西田親子と池袋で別れ、終電車で帰宅した。

その栗原が、東大新人会時代に西田と石堂が合宿した馬込の家がそのまま残っていることを知らせてきた。四月四日、カメラ持参の中野と石堂は、記憶をたどりながら大森駅を降りて捜し歩いた。「旧居はすこしも変らずにあった。馬込街道から入るところに角のそば屋もあった。二軒長屋で、西田と二人で五円の家賃を払っているうち、岩田義道、栗原佑、大間知篤三が割りこみ、冬近くまで共同生活したところ(41)」であった。中野が撮った家の写真は、『西田信春書簡・追憶』の口絵に掲載されている。

中野あて四月二七日付手紙で、石堂は、「牛島春子さんから手紙がきました。上京していたのに都合で訪問できなかった由。二月十一日西田はクルメでつかまったにちがいなく、前日尾行をつけられて福岡から帰ってきたと確信しているようです(42)」と伝えている。

一九六二（昭和三七）年、西田家では、信春の命日を二月一一日として葬儀を営んだ。「三十二年頃、石堂さん、中野さん御夫妻のお骨折にて、其の後の消息について調べていただき、皆さんの協力のもとに三十三年漸く兄が、坂田、岡、伊藤といった変名で運動を続け、九州で捕われの身となり、調べの過程で拷問死の憂目に合ったと知らされました。……私共では昭和三十三年二月十一日を命日として葬儀を昭和三十七年に営み、祖先のお墓に葬りました(43)」。

西田静子は、一九六三（昭和三八）年、日本共産党中央委員会にあてて「戸籍の死亡除籍」の手続きのため「死亡確認」文書の作成を要請した。この要請に対する日本共産党中央委員会の九月九日付文書の全文は次の通りである。この文面の起草者は中野重治であった。中野の評伝を書いた松下裕が、たまたま中野家の大量の原稿類のなかに「とがった鉛筆書き」の原稿用紙を見つけたのであった(44)。

西田信春の死亡について

一九六三年九月九日

日本共産党中央委員会

一九三〇年代ノ党員西田信春氏ノ死ヲ確認シ断定スル証拠ハワレワレノトコロニ未ダ完全ニハソロッテ

イナイ。シカシ同時ニ、ワレワレハ西田氏ノ死ヲ推定シ確信スルモノデアル。確認、断定ノ証拠ガ不完全ダトハ、西田ガ当時特高警察ニ逮捕サレ警察・拘置所機構ノナカデ消エ、屍体ノユクエモ不明ノママ今日ニイタッタカラデアル。推定シ確信スルトハ、一九三二―三年当時ノ事情ヨリ推シ、一九四五年以後サカノボッテ調査シタ結果ヨリシテ、西田氏ハ一九三三年二月十一日頃、死亡シタモノト推定セザルヲエナイカラデアル。西田信春（一九〇三年生）ハ、一九三二年八月、日本共産党九州地方組織者トシテ北九州ニ派遣サレタ。当時ノ名ハ岡デアル。

一九五八年、当時ノ九州ノ党幹部デアッタ佐伯新一氏、脇坂栄氏、山本斉氏、紫村一重氏ラハ、二十歳頃ノ写真ヲ見テ写真ノ主ヲ岡デアルト確認シテイル。一九三三年二月十日、岡ハ福岡市内デノ党会議ニ出席シタガ、翌十一日ノ会議ニハアラワレナカッタ。二月十一日ハ、九州全体ニワタッテ共産党ハホカ各種団体五〇八名ノ一斉検挙ノ当日デアル。岡スナワチ西田ハコノトキトラエラレタモノト見ラレル。

コノトキ以後西田ノ消息ハ全ク不明トナッタ。西田ハ長男デアッタカラ父ヲハジメトスル家族ハ百方手ヲツクシテ行方ヲタズネタガ明カトナラズ、ツイニ、一九四一年四月三十日、西田ノ推定家族相続人排除ノ裁判ガ確定シタ。

一九三二―三年当時福岡検事局主任検事デアッタ広重慶三郎氏ハ、岡トイウ名ノモノガ心臓病デ急死シタコトヲ記憶シテイル。広重氏ハ夜中特高警察カラ岡急死ノ電話ヲ受ケ、現場ヲ見、警察医、九大法医学教授（氏名不詳）ノ検屍ヲウケ、検事正ト相談ノウエ解剖ニ付スルコトニシタ。

右ノ事情ヲサラニ裏書スルト思ワレルモノハ、昭和八（一九三三年）年二月二十五日付ノ「犯人不明傷害致死被疑事件被害者氏名不詳者ノ屍体」ニツイテノ鑑定書デアル。

コレハ、一九三三年二月十一日、福岡地方裁判所検事、谷津慶次氏ガ福岡市薬院掘端、済生会病院ニオイテ、医学博士藤原教悦郎氏石橋無事氏ノ両鑑定人ニ委嘱シタルモノデアル。

「昭和八年二月十一日福岡地方裁判所谷津慶次氏ハ、左記事項ヲ鑑定スベキ旨余等等ニ委嘱セラレタリ」

「依テ、同日四時四〇分ヨリ前記ノ場所ニオイテ前示検事谷津慶次並ニ裁判所書記川崎政雄立合ノ上藤原教悦郎執刀、石橋無事筆記コレヲ解剖スルニ其ノ所見次ノ如シ」

「一男屍、身長一六九・〇センチ、体格大、栄養圭良、皮膚ノ色ハ一般ニ蒼白ニシテ死体硬直ハ各関節ニ於テ稍強ク存在シ、背面ニハ大腿ノ後面ニ亘リ暗紫色ノ屍斑ヲ形成ス。」

「本屍ノ年齢ハ略二七、八歳前後ト推定ス。」

「本屍ノ死後経過時間ハ本屍ノ死後現象並ニ気温等ヲ参照シ、解剖着手迄大体約十四、五時間内外ト推測ス」

「コノ鑑定日数ハ昭和八年二月十一日ヨリ同年同月二五日ニ至ル十五日間トス。」

　昭和八年二月二十五日

福岡市薬研町十二番地

鑑定人　医学博士

藤原教悦郎

福岡県粕原郡箱崎町西御門町一九〇五

鑑定人　石橋　無事

右鑑定人ニ記述サレタ「氏名不詳」ノ身体的特徴ニツイテハ、血縁者ナラビニ親シイ友人ハスベテ一致シテ西田ノモノト信ジテイル。

以上カラ見テ、西田信春氏ハ、一九三三年二月十日―十一日ノ間ニ警察ノ手ニ逮捕サレ、何ラカノ原因ニヨッテ即日死亡シタモノト推断セザルヲエナイ。当時ノ警察ノ政治活動家ニ対スル扱イ方オヨビ本人ノ平素ノ志操ヨリシテ、ワレワレハカク推断シ、カク信ジルモノデアル。

文書は、共産党中央委員会の公式文書として、砂間一良をとおして新十津川村橋本の西田静子に送られたが、六四年四月一〇日付中野のハガキによると、西田の姪高井貞子の話として、西田の死亡証明にかんする中央委文書はやはり裁判所として法的根拠とはできず、失踪広告をして六ヵ月たつと法的効果を生じることからその手続きをした、とのことであった。

六四年はじめころ、中野の福井県一本田の実家の土蔵から、中野にあてた西田の手紙が多数見つかった。これを出版してはどうかという話が、中野と石堂の間で持ちあがった。しかし、この時期、中野は、部分核実験禁止条約問題、「四・一七公労協スト」問題などをめぐって共産党中央部と意見の対立を深めているときで、五月の志賀義雄、鈴木市蔵についで九月末には神山茂夫とともに除名されている。石堂はすでに六一年八月、離党届を書いていた。

一九六五（昭和四〇）年四月から翌年六月にかけて、九州の牛島春子は、『風雪』誌に「物語西田信春」を一四回にわたって連載した。さらに六六年七月から「第二部」を五回にわたって同誌に連載した。七月二〇日の『風雪』第三七号には、寺尾としの「物語西田信春を読みて」（巻末資料⑤）が掲載された。これに関連して、石堂は中野あての手紙（六七年五月二一日付）で、次のように述べている。

牛島さんの「物語西田信春」に九州地方委員長坂本または坂田とあるので、公安調査庁資料「日本共産党党史（戦前）」をもう一度調べてみたら「（二）九州地方委員会。昭和七年十二月二十七日頃から、山県平、笹倉栄、坂田某らで委員会を組織して、各地区の組織を逐次再建しつつあったが、同八年二月中旬頃以降相次いで検挙された」（三九五ページ）というのがでてきました。これは調書などを基礎に執筆したものですが、この場合を除き、全部実名と仮名が出てくるのに、西田の場合は仲間も実名を知らなかったと見えます。このことを牛島女史に知らせてやります。彼女は写真をほしがっているので、一高受験の手札型のものをひき伸してあったのでこんどは縮写して送ろうかと思っています。（石堂清倫『中野重治との日々』）

## 2　屍体鑑定書——検事・医師の証言

石堂清倫は、「西田信春についての中間報告」（五九年一月三〇日作成）を中平解に送った。そこに載っていた「屍体鑑定書」中の「鑑定人石橋無事」の名に覚えがあった中平が、『同窓会名簿』で調べたところ、やはり宇和島中学の二年先輩であり、住所もわかった。

石堂が六〇年二月一一日付の手紙で、原泉に石橋無事の住所（葛飾区小菅一二四〇）を知らせたのは、この流れに沿っている。ただし、石堂、中野夫妻が石橋医師にあって話を聞くのは、その一〇年後（一九七〇年九月一二日）であった。

一方、牛島春子は、九大教職員組合事務局長の石田青年から「鑑定書」の存在を確認した。そのとき、石田青年は「ぼくより前に調べていった人がいる」と話し、それは牛島も知るI教授であった。石田青年に調査を依頼するきっかけは東京で発行された『西田信春資料ニュース』だったが、「あの『ニュース』の出所はその教授だったんだなとわかった」と、牛島は語っている(45)。

牛島は、さらに「これは石堂さんたちの調査だったそうで……」とも書いている(46)。I教授から岡崎次郎の手をへて「鑑定書」が石堂にわたり、『西田信春資料ニュース』に掲載されたのであっただろう。いずれにしても、西田の「鑑定書」は東京と九州でそれぞれ明らかにされていったのであった。

牛島春子が「鑑定書」全文を自身の眼で確認したのは、一九六六（昭和四一）年一〇月半ばのことである。この日、牛島は、『風雪』編集者の鳥居重樹とともに九大法医学教室を訪ねた。牧角主任教授の案内で研究室に入ると、助手の青年が戸棚から一冊の綴じ込みを取り出してわたしてくれた。「綴入みはくすんだ緑色の表紙をつけた古びた分厚いもの」だった。昭和八年の個所はすぐにわかった。二月一一日付「氏名不詳」の解剖記録は、うすい圭（罫）紙であった。その記録にだけ屍体図がついてなかった。

牛島は、窓際のテーブルでノートに筆写しはじめた。二人で写して三時間余りかかった。「写し終えて帰路についたときはもう学校の構内も街も日がかげっていた。夕暮近い時間を思わせた(47)」。

氏名不詳傷害致死被疑事件鑑定書

昭和八年二月十一日福岡地方裁判所検事谷津慶次ハ福岡市薬院堀端済生会福岡病院ニ於テ犯人不明傷害致死事件被害者氏名不詳者ノ屍体ニ付キ左記事項ヲ鑑定スヘキ旨余等ニ委嘱セラレタリ

鑑定事項

一、創傷ノ部位、形状、程度及ビ種類
二、死因
三、自他殺ノ区別若シ他殺ナリトスレハ凶器ノ種類
四、推定年齢
五、死後ノ経過時間
但シ必要アル場合ハ右屍体ヲ解剖スルコトヲ得

以上

依テ同日午後四時四十分ヨリ前記ノ場所ニ於テ前示検事谷津慶次並ニ裁判所書記川崎政雄立合ノ上藤原教悦郎執刀、石橋無事筆記之ヲ解剖スルニ其ノ所見次ノ如シ

死体解剖検査記録

第一、外表検査

一、一男屍、身長一六九・〇糎、体格大、営養佳良、皮膚ノ色ハ一般ニ蒼白ニシテ死体強直ハ各関節ニ於テ稍強ク存在シ、背面ニハ大腿ノ後面ニ亘リ暗紫紅色ノ屍斑ヲ形成ス。

二、頭部ニハ長サ一五・〇糎ノ黒髪密生シ損傷異常ナシ。

三、顔面蒼白ニシテ右眼瞥ノ外方三・四糎ノ部ニ径約一・〇糎ノ類円形褐色表皮剥脱アリ、皮下ニ凝血ヲ認メス、左右ノ眼球及ヒ眼瞼結膜蒼白溢血ヲ認メス、角膜ハ稍溷濁シ瞳孔ハ円形中等大ニシテ左右同大ナリ、鼻翼ヲ圧スルニ少許ノ透明ナル粘液ヲ洩ス、口唇粘膜蒼白、歯列正ニシテ舌尖ハ後方ニアリ、左右ノ耳殻及ヒ耳腔ニ損傷異常ナシ。

四、頸部ニ損傷異常ヲ認メス、胸部ニハ右乳頭ノ外上方ニ上下径四・〇糎左右径二・〇糎ヲ算スル長楕円形ノ表皮剥脱アリ、ソノ下方〇・五糎ヲ隔テ径約〇・六糎ノ類円形表皮剥脱アリ、何レモ赤褐色ニシテ皮下ニ凝血ヲ認メス。

五、腹部稍膨満シ損傷異常ナシ。

六、外陰部ニ損傷異常ナク尿道口ヨリ灰白色粘稠液ヲ洩ス、肛門ハ閉鎖シ周囲ニ汚染ナシ。

七、左上肢ニハ鶯嘴ノ外方三・〇糎ノ部ニ約五十銭銀貨大類円形赤褐色斑、鶯嘴ノ下方四・〇糎ノ部ニ四個ノ扁豆大乃至拇指頭大淡紫赤色斑アリ、皮膚ヲ割截スルニ何レモ皮下ニ凝血ヲ認メス、左前膊尺骨頭部ニ九箇ノ粟粒大乃至米粒大表皮剥脱アリ。暗褐色ニシテ乾固ス、右上肢ニハ肘関節ノ外方ニ六・〇―一〇・〇糎ノ紫赤色斑アリ皮下ニ凝血ヲ認メス、右手背ニハ第四指掌関節ノ部ニ半米粒大ノ表皮剥脱、第四指及ヒ中指ノ指掌関節ノ中央ニ大豆大不正四角形表皮剥脱、ソノ上方一・五糎ノ部ニ半米粒大及ヒ粟粒大二個ノ表皮剥脱アリ、何レモ暗褐色ヲ呈シ皮下ニ凝血ヲ認メス、左脛骨櫛ニハ脛骨結節ノ下方一〇・五糎ノ部ニ径〇・八糎ヲ算スル暗紫褐色斑アリ、皮膚ヲ割截スルニ皮下ニ凝血ヲ認ム、ソノ内方二・五糎ノ部ニ米粒大ノ表皮剥脱アリ赤褐色ヲ呈ス、右下肢脛骨櫛上ニ於テ脛骨結節ノ下方七・〇糎ノ部ニ栂指頭大暗紫褐色斑及ヒ其下方二・〇糎ノ部ニ二個ノ小指頭大同様斑アリ何レモ皮下ニ多少ノ凝血ヲ認ム。

八、背面ニ損傷異常ナシ。

第二、内景検査

甲、胸腹腔開検

九、頸胸腹部ノ皮膚ヲ其ノ正中ニ於テ開検スルニ皮下脂肪層発育中等、筋肉赤褐色乾燥セリ、大網膜脂肪ニ富ミ、腹腔内異常ノ液ヲ容レス、腹膜ハ血管稍充盈シ癒着ナク、腹腔臓器ノ位置ニ異常ナシ、横隔膜ノ高サ左ハ第五肋骨ノ中央、右ハ第四肋骨ノ下縁ニ相当ス。

其一、胸腔臓器

十、胸腔ヲ開クニ肺ノ前縁能ク露出シ左胸腔内異常ノ液ヲ容レス肋膜ニ癒着ナシ右肋膜ハ右肺下葉ノ後外側ニ於テ強ク結締織性癒着ヲナシ剥離シ難ク腔内異常ノ液ヲ容レス。

十一、心嚢ハ堅ク心外膜ト結締織性癒着ヲ営ミ、其間空隙ヲ存セス従テ心嚢液ヲ容レス、癒着ヲ剥離スルニ心臓ノ大サ約本屍手拳ノ一倍半ニシテ心臓ノ表面粗糙多数ノ針尖大血点ヲ生ス、心外膜下脂肪中等度、心臓ヲ切開スルニ左心室内約五〇・〇瓩、右心室内約五〇・〇瓩ノ暗赤色流動血ヲ容レ内ニ凝血ヲ含マス、心嚢摘出ニ際シ周囲ノ血管ヨリ約一〇〇・〇瓩ノ同様液ヲ洩ス、心筋ノ厚サ左ハ一・六糎、右ハ〇・三糎赤褐色ニシテ溷濁ヲ認メス、乳嘴筋亦同様ナリ、心内膜及ヒ各弁膜ニ異常ヲ認メス。

十二、胸腺ハ実質尚残存ス。

十三、左肺容積ニ富ミ表面蒼白ニシテ滑沢溢血点ヲ認メス、割面ノ色表面ニ同シク圧ニヨリ中等量ノ血液及ヒ気泡ヲ洩シ硬結ヲ触レス、気管枝内帯黄色稍粘稠ナル粘液ヲ容レ粘膜血管稍充盈ス、肺門部淋巴腺大豆大ニシテ黒褐色ヲ呈ス、右肺容積ニ富ミ下葉癒着部ハ剥離シ難ク小児手掌大ノ部分実質欠損ヲ来シ上葉ト下葉ノ葉面截痕面ハ軽ク結締織性癒着ヲナス、前記癒着部ノ他、表面一般ニ滑沢蒼白ニシテ溢血点ヲ認メス、割面、気管枝及ヒ肺門部淋巴腺ノ性状左ノモノニ同シ。

十四、頸部臓器ヲ連結ノ儘一斉ニ剔出シテ検スルニ舌ハ蒼白ニシテ質尋常、左右ノ口蓋扁桃腺ハ蚕豆大ニシテ蒼白血量ニ乏シ、舌根朧胞稍肥大シ咽頭及ヒ食道ノ粘膜蒼白滑沢ニシテ異常ナク食道内少許ノ食物残渣ヲ附着ス、喉頭及ヒ気管ノ上部亦少許ノ食物残渣ヲ附着シ粘膜蒼白ニシテ異常ナシ舌骨及ヒ甲状軟骨ニ骨折ナク甲状腺蒼白ニシテ血量ニ乏シク膠質ニ富ミ異常ナシ、左右ノ総頸動脈及ヒ大動脈弓部ノ内膜滑沢蒼白ニシテ異常ヲ認メス。

其二、腹腔臓器

十五、脾臓大サ一一・五―六・〇―一・五糎、表色紫褐色質尋常割面ノ色表面ノソレニ同シク髄材ノ別明ラカニシテ稍血量ニ乏シ。

十六、左腎大サ一一・〇―五・五―二・六糎、莢膜剥離シ易ク表面褐色、割面ノ色表面ニ同シク皮髄ノ別明ラカニシテ溷濁ナク血量中等ナリ、腎盂ノ粘膜蒼白滑沢ニシテ異常ヲ認メス、右腎大サ一〇・五―六・〇―二・三糎性状凡テ左腎ニ同シ左右ノ副腎ニ異常ヲ認メス。

十七、膀胱内黄褐色透明尿約七〇・〇瓱ヲ容レ粘膜蒼白ニシテ異常ナシ。

十八、胃ヲ其ノ位置ニ於テ大彎ニ沿ヒ開検スルニ粘膜蒼白ニシテ異常ナク内容ハ約一〇二〇瓱ヲ算シ主トシテ米飯及ヒ帯黄色液状物ニテ、肉片、野菜及ヒ漬物ノ小片ヲ混在シ酸性ナリ（内容ヲ清浄ナル瓶ニ収メ毒物有無ノ検査ニ供ス）

十九、十二指腸内多量ノ黄色糜粥物ヲ容レ胆道通ス。

二十、腸管ヲ開検スルニ小腸上部ニハ帯黄色半流動性液、下部ニハ少許ノ暗黄褐色軟便ヲ容レ粘膜ニ異常ナク弧腺及ヒ集腺ノ腫大ヲ認メス、大腸内帯緑黄褐色軟便ヲ容レ粘膜蒼白ニシテ異常ヲ認メス。

二十一、肝臓大サ二五・〇―一六・五―五・七糎、表面褐色ニシテ滑沢、割面ノ色表面ノソレニ同シク血量中程度、小葉ノ分界明瞭ニシテ質尋常、病的変化ヲ認メス、胆嚢内約一〇・〇瓱ノ黄褐色胆汁ヲ容レ粘膜ニ異常ナシ。

二十二、膵臓ハ蒼白ニシテ血量ニ乏シク異常ヲ認メス。

二十三、腸間膜蒼白ニシテ脂肪ニ富ミ、腸間膜淋巴腺ハ大豆大ニシテ異常ナシ、腹部大動脈内膜蒼白滑沢ニシテ異常ヲ認メス。

乙、頭腔開検

二十四、式ノ如ク頭皮ヲ切開シテ検スルニ皮下組織ハ頭頂部並ニ後頭部ニ於テ血量ニ富ム頭蓋骨ヲ鋸断スルニ頭蓋穹窿ハ左右略均等ニシテ骨ノ厚サ〇・六―〇・二糎、血量中等、骨ニ損傷ヲ認メス、縦静脈質内少許ノ暗赤色流動血ヲ容レ内ニ凝血ヲ含マス、硬軟脳膜滑沢ニシテ異常ナシ、大脳半球ハ左右略同形同大ニシテ廻転ノ造構ニ異常ナク側室内少許ノ淡黄色透明液ヲ容レ脈絡叢血管充盈シ第四脳室殆ド空虚、小脳、脳脚、脳橋、延髄等ニ異常ナシ、底面軟硬脳膜ノ性状穹窿部ノモノニ同シク横静脈竇内少許ノ暗赤色流動血ヲ容レ底面ノ骨質ニ損傷異常ナシ。

右ニテ解剖検査終了ス、時ニ午後七時ナリ。

胃内要物中毒物有無ノ生物学的検査

解剖検査ノ際採取セシ胃内容物ヲ充分混和シ其一〇〇・〇瓩ヲ採リテ濾過シ濾液約三五・〇瓩ヲ得タリ、此濾液ハ「ラクムス」試験紙ヲ赤変シ其酸度ハ水素イオン濃度三・七ニ相当ス。

一、此濾液ヲ其儘二頭ノ「マウス」ノ皮下ニ体重一・〇瓦ニ付〇・一瓦ノ割ニ注射ス。

二、全濾液ヲ十分ノ一定規苛性曹達液ヲ以テ中和シ前同様二頭ノ「マウス」ノ皮下ニ体重一・〇瓦ニ付キ〇・一瓩ノ割ニ注射ス。

三、全濾液十二・〇瓩ヲ中和シタル後水溶上ニ蒸発濃縮シテ約四・〇瓩トナシ之ヲ前記同様二頭ノ「マウス」ノ皮下ニ注射セリ。

四、対照トシテ二頭ノ「マウス」ニ前記胃内容物ト同一酸度ヲ有スル塩酸水ヲ同一割合ニ皮下ニ注射ス。

以上ノ各試験中一、二及ヒ三ノ試験ニ於テハ対照タル塩酸水ヲ注射セシモノニ比シ動物ハ幾分運動不活発ノ状ニアルモ次第ニ元気ヲ恢復シ悉ク生存セリ、以上各試験ニ於テ試験動物ノ幾分不活発ナリシハ胃内容物中ニ含マルル消化液並ニ消化経過中ニ生シタル中間産物ニ由来スルモノニシテ大ナル毒物ヲ有スルモノニ非ス。依テ本屍ノ胃内容中ニハ毒物ヲ含有セサルモノト推測ス。

鑑　定

前記解剖検査所見ニ拠リ鑑定スルコト次ノ如シ

一、本屍ノ体中左ノ損傷アリ
イ、顔面右顴骨部ニ径約一・〇糎ヲ算スル類円形表皮剥脱一箇
ロ、右上胸部ニ上下径四・〇糎、左右径二・〇糎ノ長楕円形表皮剥脱一箇及ヒ径約〇・六糎ノ類円形表皮剥脱一箇
ハ、左前膊尺骨頭部ニ九箇ノ粟粒大乃至米粒大表皮剥脱
ニ、右手背ニ四箇ノ粟粒大乃至大豆大表皮剥脱
ホ、左脛骨櫛ノ中央部ニ径約〇・八糎ノ皮下出血斑一箇及ヒ米粒大表皮剥脱一箇
ヘ、右脛骨櫛ノ略中央ニ一箇ノ拇指頭大皮下出血斑及ヒ二箇ノ小指頭大皮下出血斑
二、以上ノ皮下出血及ヒ表皮剥脱ハ何レモ本屍ノ生前闘争等ノ際地上等ニ衝突若クハ擦過セシコトニヨリ生ジタル軽微ナル損傷ニシテ創傷ト名ツクヘキ程度ノモノニ非ス
三、本屍ノ体中癒着性心嚢炎、心臓ノ肥大拡張、右限局性癒着性肋膜炎、胸腺実質ノ遺残等ノ病的変化アリ是等ノ疾患殊ニ癒着性心嚢炎及ヒ之ニ続発セル心臓ノ肥大拡張並ニ胸腺実質ノ遺残等ヲ有スルモノハ屢々極メテ軽微ナル精神神経ノ刺戟ニヨリ急激ナル死ヲ招来スルコトアリ、本屍ニハ解剖上他ニ死因

タルヘキ創傷及ヒ病的変化又ハ毒物ヲ嚥下セシ形迹ヲ認メス、加之上述ノ如ク本屍ハ急死ヲ招来スヘキ特異体質ヲ有スルヲ以テ恐ラク精神ノ興奮等精神神経ノ刺戟ニヨリ急ニ心臓機能ノ停止ヲ来シ死ニ至リタルモノト推測ス従テ病死トス

四、本屍ノ年齢ハ略二十七、八歳前後ト推測ス

五、本屍ノ死後経過時間ハ本屍ノ死後現象並ニ気温等ヲ参照シ解剖着手迄大約十四、五時間内外ト推測ス

此鑑定日数ハ昭和八年二月十一日ヨリ同年同月二十五日ニ至ル十五日間トス

昭和八年二月二十五日

福岡市薬研町十二番地
鑑定人　医学博士　藤　原　教悦郎
福岡県粕屋郡箱崎町西御門町一九〇五
鑑定人　石　橋　無　事

西田信春の最期の状況を知るうえで、重要な証言が残されている。広重慶三郎は、「岡」（西田）の死亡時に、福岡地方裁判所検事局の主任（思想）検事であった。一九六〇年三月に、日本共産党（たぶん関西地方委員会）が広重思想検事に接触して、談話をとっている。その談話を、山岸一章が紹介している。

その後、九州大学法医学教室から死体を解剖した氏名不詳の「鑑定書」も発見されました。さらに党組織

の調査で、当時の主任検事広重慶三郎氏（現在大阪で弁護士）の談話も書き残されました。その談話は次のような内容でした。

「随分古い話なので記憶はうすいが、岡という名と心臓病で死んだということを聞くと記憶がある。主任検事をしており、夜中に特高警察から電話があり、岡が死んだと言ってきた。おどろいて現場を動かすなと指示してとんでいった。岡氏は便器の上にうつぶせになって倒れていた。警察医や九大の法医学教授が検死に来た。検事正と相談して解剖するよう警察に指示した。

結果については確認していない。身体は頑丈で終始一貫事実を（話すのを）拒否して闘っていたように記憶している。当時は岩田義道が虐殺されたばかりであり、拷問がやられていると困ると思って特に注意してしらべたが、注射のあとはあったが拷問のあとは見ていないように記憶している。指紋とマスクをとって全国をさがしたが、結局ひき取り人はなかった。当時の特高課長は佐藤章三か、青柳一郎と思う。主任刑事の百武某は戦死、担当の刑事河野某も死んだと聞いている」（一九六〇年三月の談で、当時広重氏は、枚方事件の一被告の私選弁護人で、東中光男主任弁護人と歩調を合わせていました。）（『革命と青春』）

石堂清倫「死亡推定まで」（『西田信春書簡・追憶』所収）に、次の記述がある。これは、おそらく前者と同じ「広重談話」の説明と思われる。

当時、福岡地方検事局の思想検事であった広重慶三郎氏（戦後、大阪で弁護士）について、戦後党の関西地方委員会がたしかめたところによると、岡は頑丈な身体で、終始一貫事実の陳述を拒否したこと、取調中急死の報をうけ、同検事が留置場にかけつけたところ、屍体はすでに別室に安置されていたということもわかった。（この留置場はじめ福岡署であろうと思っていたが、金子政喜、同千代夫妻によると、福岡署の留置場では一度も岡を見なかったということであり、西田だけはたぶん県警察部に留置されていたのであろうということである。）

その後いろいろ調べたところによると、福岡の検事正は、岩田義道殺害（七年十一月三日）からまもないこととて、被疑者の変死について憂慮し、思想関係検事でなしに、異例のことであるが次席検事に命じて検死にあたらせ、屍体剖検にも立合わせたということになっている。屍体鑑定書にある谷津慶次とはこの次席検事である。

前記「証言」とは別に、牛島春子も広重思想検事を訪問して、話を聞いている。その時期は不明だが、牛島春子が九大法医学教室で「鑑定書」を筆記した一九六六（昭和四一）年一〇月半ば以降のことである。

……吹田市の奥まった住宅街にある広重氏の家を探しあてた。（中略）応接室に現われた広重氏はまるで昔と変わらないように見えた。口をつぼめるようにしてあの微笑をうかべている。

「私はもう八十歳です。」と広重氏はいったが信じられないほど若かった。……

「私たちの間では笹倉はスパイだったという見方が広まっています。私も状況から見てそう思えるのですが」。そういって私はその状況と云うのを話した。……広重氏は例の微笑をうかべたまゝ聞いていたが、すこし間をおいてゆっくりと、「県警の森田課長というのはスパイを使うのがうまい人でしてね。情報は全部はじめからわたしの耳に入っていたんだが――」。そう云って含みのある表情をした。広重氏は暗に笹倉スパイ説を肯定しているのだと私には思える。

「西田さんのことなんですが、私は九大の法医学教室に行って、屍体の解剖検査記録を読みました」。広重氏の口元から微笑が消えた。

「あの時は県警から西田君について連絡がありましてね。上司に相談したところ、この人は頭の働く人で、君は行かないがいいということで副検事をやりました。だからわたしは直接検死に立ち合っていないのですが、私の聞いたところでは、夜半、留置場の便器の上にうつ伏せになって死んでいた、と聞きました」。

犯人不明、傷害致死事件にするためには、検死にも解剖にも、思想検事の広重氏は立ち合ってはならないと上司は判断したのだろう。（「未発表手記」）

これらの「広重証言」には、いくつかの共通点と相違点（矛盾点）が含まれている。

第一に、広重思想検事は、取調べ中の「岡」が急死したとの県警（特高警察）からの連絡を夜中に受けた。岡は頑丈な身体で、終始一貫して事実の陳述を拒否していたと聞いている。

第二に、山岸と石堂は、広重検事が現場の留置場にかけつけたと聞いているが、その場合も屍体の置かれていた場所と状況が、一方は「便器の上にうつぶせになって倒れていた」、他方は「屍体はすでに別室に安置されていた」と、異なる証言を記録している。さらに、牛島にたいする証言では、広重検事は、県警から連絡を受けたあと、上司（検事正）と相談のうえ、自分は行かずに副検事（次席検事）を行かせた、としている。

第三に、留置場まで行ったとする山岸本の広重検事は、屍体の様子を注意深く調べている。「拷問がやられていると困ると思っ」たからだが、「注射のあとはあったが拷問のあとは見ていないように記憶している」という。広重思想検事ははたして現場（留置場）に行ったのか、行かなかったのか。意図的に証言を「行った」から「行かなかった」に変えた可能性はあるが、記憶がぼやけていたために証言が食い違ったとは常識的に考えられないことであろう。留置場まで行って屍体を見、調べたかどうかという自身の行為の記憶すらあいまい、どころか一八〇度異なる認識を持つことはありえないことのように思われる。

「夜中に特高警察から電話があり、……おどろいて現場を動かすなと指示してとんでいった。……警察医や九大の法医学教授が検屍に来た(48)」という広重検事の証言にたいして、石橋医師は「広重検事さんの記憶の間違いだと思いますね。広重検事が深夜に検死させたというようなことを書いてありますが、あれは間違いです」と断言している(49)。石橋医師は、その前日（二月一〇日）までは藤原教授と一緒に研究室におり、「そんな検死があれば、藤原先生が一人で行くということは決してありません。必ず助手を連れてゆきます(50)」ということである。

おそらくは広重検事は県警から連絡を受けて留置場に行って、屍体を見たが、その後の検死や解剖に立ち会うことを避けたということなのではないか。

第四に、「指紋とマスクをとって全国をさがした」というのは虚偽証言に近いのではないだろうか。西田は「四・一六事件」で検挙されて、指紋も顔写真もとられていたはずだし、二年数ヵ月間政治犯として獄中にいた人物である。警察（特高）や司法機関が調べて西田を特定できなかったはずはない。

第五に、金子政喜夫妻が岡（西田）の姿を福岡署の留置場で見なかったのは、当然のことであろう。西田は、一一日午前二時ころにはすでに殺されていたのであって、「九州二・一一事件」の被検挙者たちが入ってくる朝まで留置場に屍体をおいておくはずがない。

山岸一章「九州の西田信春同志」が『月刊学習』一九六九年一〇、一一月号に連載された。これを知った石橋無事医師から山岸に連絡があって、山岸は石橋医師に会って話を聞くことができた。その主な内容が『革命と青春』（一九七〇年八月出版）に紹介されている。

一方、石堂らは早くから「氏名不詳傷害致死被疑事件鑑定書」にある鑑定人の一人である石橋無事医師について、中平解をつうじて承知していたが、『西田信春書簡・追憶』出版（一九七〇年一〇月）の直前になって、面会して屍体解剖時の状況について詳しく聞く機会をえた。

それは、一九七〇年九月一二日のことであった。九州の牛島春子も誘われたが、都合がつかなかったらしい。石堂清倫と中野重治夫妻は、この日、石橋医院の書斎で、岡（西田）の解剖に鑑定人として立ち合った石橋医師から、生々しくも重大な証言を聞くことになった。「そのときの記憶」と題して『西田信春書簡・追憶』に収録された会談記録を、以下に要約する。それは、山岸一章が聞いた内容とほとんど重なっている。

①　その日、藤原先生と私（石橋）は、警察から迎えの車が来たので、解剖用具を持って案内されていった。九大医学部を出て東公園を通りかかると、小学生が日の丸の旗を持って行列で歩いているのを見て、今日が「紀元節の日」であったことを思い出した。

②　病院（どういう病院かは知らなかった）の裏門、通用門から入ると、その裏口のところに私服が二、三人立ち話をして警戒しており、奥から私服が出てきて私たちをすぐに案内した。

③　廊下の右手の部屋に入った。その部屋は木造の板敷きの部屋で、十八畳ある私の書斎の二・五倍か三倍位

ある広い部屋だったが、「壁は白壁、それもネズミ色にくすんでいて、がらんとした薄汚い部屋」であった。
④部屋の中央に黒塗りの木製の手術台のような台が置かれていて、その上に裸のままの屍体が置かれてあった。一見して、「体格がとてもいい、労働できたえたような、労働者上がりの人、という感じを受けた。」
⑤部屋には十五、六人の私服がいたが、「その日に限って、みなちょうど悪いことをした中学生が、教頭先生か担任の先生の前に出ておこられているようなかっこうで、頭をたれてシューンとしている」ので、これはおかしいぞ、いつもと様子が違うぞと感じた。
⑥部屋の一番奥のところに五、六人が一団になっていたが、谷津検事を中心とした裁判所の人たちだった。そこへすぐに藤原先生が呼ばれて行った。私は解剖の準備をはじめた。
⑦しばらくしてから、案内されて「一段と偉そうな、いい背広を着た男が一人」入ってきた。たぶん特高課長か、あるいは刑事課長だったかも知れない。
⑧その人は藤原先生と谷津検事の前に行って、コソコソと話をしていたが、準備作業をしている私の耳に「職務熱心のあまりついこないになりまして」と、四、五度言いながら、「谷津さんにペコペコ、バッタのように頭を下げていました」ので、私は「何かやったんだな」と思った。
⑨その間に、私は、屍体にかなりの傷があるのでその傷をノートに写生していると、私服の一人がスーッとうしろに来て「先生、それを写生するんですか」という。今までそんなことをいわれたことはない。おかしいな、と思って、「はい、写生しますよ」といったら、「そうですか」といいながら、「いかにもそれはやっちゃ困るというような、威圧的な態度」であった。それで藤原先生の方を見たら、「藤原先生も谷津検事も、苦り切った顔をして立っているんですね。藤原先生は黙って、じっとぼくのほうを見ているんです。どうもただごと

じゃないと思ったんで、それで写生をやめちゃったんです。」

⑩　解剖衣やゴム手袋の準備をしていたら、一人の私服が寄ってきて「この男は共産党の大物だと思いますけれども、氏名不詳で頑固に何も言わない。それできのう昼、久留米駅頭でつかまえたんです。そのときに非常に格闘して、強い抵抗をしたから、警察の刑事のほうにも二、三人の負傷者を出しました」という。きのうの昼というのだから、「この屍体の人は十日の昼までは元気でいたんだ、そうすると死後推定時間の参考になる」と考えた。

⑪　そのうちに、打合せを終えた藤原先生が「きょうの執刀はぼくがする」とおっしゃった。普通とは逆に、「藤原先生がみずから執刀されるというのだから、これはよっぽど重大な事件で難事件か」と私は考えた。

⑫　藤原先生に白衣を着せて、先生が屍体の右側、私が左側に立って、いつものように黙礼をしてから検案をはじめた。

⑬　法医解剖は外表検査が非常にやかましい。「頭から顔面頸部、軀幹、四肢をすっかり見まして、藁屑一本ついていてもそれをとって証拠にするんで、非常に外表検査がむずかしい。もちろん傷も、手を見てはこう、足を見てはこう、背中をひっくり返してはこう、それをずっとわたしも見ながら筆記するわけです。」

⑭　それから胸を開いた。「心臓が普通の人よりずっと大きくて、……私のこぶしの二倍くらいはありました。」心臓にメスを入れて開くと、「心臓と心嚢の間に、まっ白な糸屑みたいな」結締織維という癒着があって、それを引き離したら心臓の表面にずっと点状の溢血があって、心嚢炎にかかったことがあるのがわかった。肺の右下の裏の方にも白い癒着があって、肋膜炎をやったことがあることが判明した。

⑮　胸骨の裏側に胸腺実質がまだ残っているのを、藤原先生に見せられて私が筆記した。胸腺は思春期の頃に

は普通の人ははほとんど消えているのだが、人によって残っている場合があり、残っている人は「わずかの刺激に対して死ぬ」ことがある。「頓死する人は胸腺淋巴腺体質の人が多いんです。その体質は、青年期は元気で、普通の人と変りなく何でもやるんですね。壮年期、いわゆる二十四、五歳から三十五、六歳のときに、何か精神的なショックとか肉体的なショックで、普通の人では死なないのに、コロッと死ぬような、そういうのを胸腺体質というのです。」

⑯　解剖が終って屍体の後始末を済ませて、片付けをしているときに、「また一人私服がヒョコヒョコとやってきまして、それで「これね、あんまり白状しないから、しようがないから足を持って二階から階段を上から下まで引きおろして、下から上までぐっとやって、四、五回やったら死んじゃったんですよ」と、そういう話をしてくれました。」

⑰　共産党の山岸一章さんが来られて、「朝五時ごろ逮捕された」とか「十一日に見たと言う人もある」というが、それはおかしい。解剖したのは十一日に間違いない、午後四時半に解剖している。「屍体強直や屍斑や、眼球検査とか何かのいろいろな死後反応から見ていって、どうしても十四、五時間と藤原先生が鑑定」したのは納得する。そうすると十一日の午前一時か二時頃には殺されていた。刑事は私に「昨日の昼に久留米駅頭でつかまった」といったことを、山岸さんに話した。

⑱　胃の検査は私がやったが、「米飯が少しと、野菜が少しと、肉切れの小さいのが出てきて、淡黄色の液です。そうすると、晩飯食ってなかったんじゃないかというように推測します。」

⑲　山岸氏の本を読んだが、広重検事の記憶の間違いだと思う。「広重検事が深夜に検死させたというようなことが書いてありますが、あれは間違いです。その前の日までは研究室にわたしと藤原先生とは一緒におり

ました。そんな検死があれば、藤原先生が一人で行くということは決してありません。必ず助手を連れてゆきます。」

⑳　死体を見て、致命傷になるような外傷は認められず、他に病気も認められない。中毒で死んだという病状も認められない。「心臓と肋膜と胸腺だということになると、これはどうもショック死かと……」

石橋氏は、以上のような証言をした上で、次のように述べている。

藤原先生は立派な学者だと私は思っている。「だから自分のデータを曲げて書くような人じゃないと思います。だからあの鑑定書も実にりっぱで、本当に官憲をおそれる人なら、精神的なショックによって死んだと書けないですよ。わたしたちが法廷に立てば、弁護士と、検事と、判事の三人から責められますからね。もしその場合に、拷問なんかして足を引っぱり上げたというような証言が出てきた場合は、それで死ぬということは書けますね。ところがその証拠がないのに書けないですね。書くと今度やられます。」藤原先生は、あの鑑定書を科学者として客観的実在に基づいて書いた。「だからわたしはよくショック死と正直にお書きになったなと思いますね。」

「鑑定書」作成に至る経緯を、石橋医師の証言をもとに再現してみる。石橋医師は当時、九州帝大助手で、医学部法医学教室の配属であった。大学の用務員が「解剖をお願いします」といってきたので、藤原教悦郎教授と車に乗った。途中の公園で「日の丸」の旗を持つ小学生を見て、この日が「二月十一日の紀元節」だったことに気づいた。

古ぼけた木造病院に着いた。そこは済生会病院（福岡市薬院堀端）であった。広い手術室に木造黒塗りの手術台があった。部屋の内外に一五、六人の私服刑事がいて、「しょげ切った表情で黙りこんでいる」異様な様子である。部屋には、谷津慶次検事ら裁判所の人たちがいたが、特高課長か主任刑事が「職務熱心のあまり、こういう結果になりまして、まことに申し訳ありません」と平身低頭であやまっていた。「何かやったんだな」と、石橋医師は思った。

藤原教授と谷津検事が打ち合わせをしているあいだに、石橋医師は、「屍体にかなりの傷があるので」図に描きはじめた。これは必ずおこなうことであった。すると、私服（特高）が寄ってきて、「それを写生するんですか」と威圧的な態度でいってきた。藤原教授は黙ってじっと石橋医師の方を見ている。これは、図は描かなくていいという合図と解釈された。

解剖は、谷津検事と川崎政雄書記の立合いで、午後四時四〇分からはじめられた。執刀は藤原教悦郎教授、石橋医師は筆記担当となったが、これはいつもと違っていた。ふつうは助手が解剖して、教授が筆記するのだが、今回は、藤原教授が検事と打合せをしたあとに「今日は執刀はぼくがする」といったのである。

解剖中（あるいは解剖後にも）、特高刑事が寄ってきて、「この男は共産党の大物で、きのうの昼、久留米駅頭で逮捕したのだが、強く抵抗したので刑事も二、三人負傷した」とか「頑固で何も白状しないので、足を持って、二階から階段を上から下、下から上へと引きずり上げたり下げたりして、四、五回やったら死んでしまった」などと説明した。

外表検査では、頭部、頸部、腹部、背面などに損傷異常を認めなかった。ただ、顔面や胸部など数カ所に粟粒大からせいぜい一センチ程度の表皮剥脱がみられた。内景検査では、胸腹腔に異常はないが、心臓が「本人ノ手拳ノ一倍半」と大きく、また心嚢炎と肋膜炎にかかったことがあると判明した。

胸骨の裏側に胸腺実質が残っており、「わずかの刺激」で死ぬような胸腺体質であった可能性がある。胃のなかに「米飯及び帯黄色液状物ニテ、肉片、野菜及ヒ漬物ノ小片」の残存物があったが、その重さはわずかに一・〇二グラムにすぎなかった。腎臓、腸管、肝臓、膵臓などの内臓に異常は認めなかった。

頭部を切開して調べたが、骨に損傷はなく、脳にも異常はなかった。

解剖検査が終了したのは、午後七時であった。三時間二〇分間の検査であった。その後、マウスを使って胃内容物の毒物検査をおこなったが、毒物は含まれていなかった。結局、鑑定の結論は次のようであった。

一　本屍の損傷は、顔面右ほお骨部（約一センチ）、右胸に四×二センチ大と〇・六センチ大の円形表皮剥脱、左前脈膊尺骨頭部に九ヶ、右手背に四ヶの表皮剥脱（米粒あるいは大豆大）、左脛骨節中央部に皮下出血斑と表皮剥脱（それぞれ一ヶずつ）、右脛骨節の中央に皮下出血斑（親指大）と小指大の皮下出血斑二ケ、を認める。

以上の皮下出血および表皮剥脱は、「軽微ナル損傷ニシテ創傷ト名ツクヘキ程度ノモノニ非ス」すなわち生前に闘争などで打撲したり擦った程度の軽微な傷で、刃物などでつけられた傷ではない。

二　本屍は、癒着性心嚢炎、心臓肥大、癒着性肋膜炎、胸部実質の遺残がみられるが、これらはしばしばきわめて軽微な精神神経の刺激によって急激な死を招来することがある。他に死因となるべき形跡が見あたらないので、「本屍ハ急死ヲ招来スヘキ特異体質ヲ有スルヲ以テ恐ラク精神ノ興奮等精神神経ノ刺戟ニヨリ急ニ心臓機能ノ停止ヲ来シ死ニ至リタルモノト推測」する。
したがって、死因は「病死」である。
三　本屍の年齢はおよそ二七、八歳前後と推測する。
四　本屍ノ死後経過時間は「約十四、五時間内外」と推測する。

「鑑定書」は、一九三三（昭和八）年二月二五日付で、藤原教悦郎（医学博士）、石橋無事両鑑定人の署名で発行された。「鑑定書」や石橋医師の証言から明らかになったことの一つは、西田信春の逮捕と死亡の日時である。解剖は二月一一日午後四時四〇分から午後七時にかけておこなわれた。「きのうの昼」すなわち二月一〇日の昼ころに、西田は久留米駅頭で検挙された。福岡署で訊問を受けたが、一言も発せず、解剖時より一四、五時間前つまり「十一日の午前一時か二時頃」に殺された。

訊問は一〇日午後から深夜にかけて、およそ一〇～一二時間もつづけられたことになる。胃の残存物から、その間何も食べることを許されなかったようである。いかなる訊問であったのか。最後に階段を上下に引きずられた以外に、どんな拷問や過酷な取り扱いを受けたのだろうか。屍体にその痕跡は残さなかったようであるが、それは拷問や迫害がなかったことの証明にはならないだろう。

死因について、鑑定の結論は「病死」であり、特異体質による「ショック死」である、とされている。石橋医師は、藤原教授が科学者として客観的立場に立って正直に「ショック死」と書いたと思う、と述べている。たしかに何らかの外部的な刺激（たとえば拷問のような）を受けたためにショック死した可能性を否定はしない「鑑定書」ではある。しかし、屍体の体表図を書くことに官憲が「威圧的な態度」をとったこと、藤原教授が図を書かなくてよいと合図してきたこと、慣例と異なって助手ではなく教授が自ら執刀したこと、足を持って階段を四、五回上下したというのに、頭部や顔面に小さな表皮剥脱が残るのみとされていること、また、十数人の刑事たちの様子が尋常でなかったこと、など不審は少なくない。「鑑定書」に一片の「作為」も「忖度」もないと断言できるかどうか、疑問なしとしない(51)。

## 註　終章　甦る死

1　西田信春を探して

(1) 中野重治は、次のように述べている（一九三四年一二月二〇日）。

もし僕らが、みずから招いた汚濁にもかかわらず第一義的作家として必ず生きかえろうという固い信念とそのための努力とのなかで少しでも動揺したが最後、……僕らは、死に別れた小林の生きかえつてくることを恐れはじめねばならなくなり、そのことで彼を殺したものを作家として支えねばならなくなるのである。僕が革命の党を裏切りそれにたいする人民の信頼を裏切つたという事実は、未来にわたつて消えないのである。それだから僕は、あるいは僕らは、作家としての新生の道を第一義的生活と制作とより以外のところにはおけないのである。もし僕らが、みずから呼んだ降伏の恥の社会的個人的要因の錯綜を文学的綜合のなかへ肉付けすることで、文学作品として打ちだした自己批判をとおして日本の革命運動の伝統の革命的批判に加われたならば、僕らは、そのときも過去は過去としてあるのではあるが、その消えぬ痣《あざ》を頬に浮べたまま人間および作家として第一義の道を進めるのである。(「文学者に就いて」について」『中野重治全集』第十巻 57ページ)

(2) 中野重治の小説「小説の書けぬ小説家」のなかに、「田川英助」(西田信春がモデル)の「父田川栄太郎」からきた手紙として紹介されている内容は、中野が「本郷の大学近所の宿屋」で会ったときに実際に西田英太郎から聞いた言葉とほぼ同様である。小説が『改造』に発表されたのは一九三六年一月号であるから、中野が西田の父英太郎と会った時期は、一九三四年五月末から三五年中にかけてであったと推測できる。

(3) 中野重治「とびとびの記憶」『書簡・追憶』323ページ

ただし、十津川人はほとんどが神道であり、西田家もそうであったと推測される。妹静子も「神に祈り」と書いているから、「仏壇」は中野の取り違えで、「神棚」が正解であろう。

(4) 西田静子「追憶」『書簡・追憶』446ページ

(5) 中野重治『愛しき者へ』下巻 415ページ

(6) 石堂清倫『わが異端の昭和史』159ページ

(7) 石堂清倫 前掲書 231〜232ページ

(8) 石堂清倫 前掲書 263ページ

(9) 石堂清倫『中野重治と社会主義』202ページ

(10) 石堂清倫「死亡推定まで」『書簡・追憶』508ページ

(11) 牛島春子「物語西田信春」ただし、内務省警保局の資料は、「転向理由書」の表題になっていて、父に面会した際に「自分の頑固さが意地も張りもなく音を立て崩れて行くのを感じました。私の転向の動機は只それ丈です」

となっている、という。（坂本博編「牛島春子年譜」第三稿）

（12）牛島春子「未発表手記」『隠された光』159ページ
（13）多田茂治『満州・重い鎖』74ページ
（14）牛島春子「手記原稿」第二部　7ページ
（15）鄭穎『牛島春子研究――「満洲」は彼女にどう作用したか』　93ページ
（16）牛島春子「未発表手記」『隠された光』159ページ
（17）鄭穎　前掲書　103ページ
（18）鶴見俊輔『夢野久作　迷宮の佳人』　双葉文庫　138ページ
（19）『わが地方のたたかいの思い出』第三集　38ページ
（20）一九五六（昭和三一）年に石堂清倫と中野重治は日本共産党東京都委員となり、さらに中央機関紙編集委員に任命された。そこで「九州と関西の組織にいくつかの事項を調査してもらう」とともに、「『アカハタ』にも数回西田の記事をのせてもらった」と、石堂は「死亡推定まで」に書いている。その数回の記事は未確認だが、牛島春子がその切り抜きを送ってもらったという「西田信春について」の囲み記事（「物語西田信春」）というのは、あるいはそのうちの一つではないだろうか。

そうした想定をもって筆者が問い合わせたところ、日本共産党史資料室の橋本伸氏からお返事をいただいた（二〇一七年一一月一五日付ファクス）。昭和三一年から三二年四月までの『アカハタ』を丹念に調査したが、残念ながら西田信春関連記事は発見できなかった、とのことであった。ただ、昭和三二年二月二五日付『アカハタ』に作家の壺井繁治が「小林多喜二のこと」という一文を掲載しており、それに小樽高商入学当時の多喜二の写真が載っているので、牛島春子は「この記事を西田のものと、記憶ちがいしたのではないかとも考えられます」と併記されていた。

(21) 岡崎次郎『マルクスに凭れて六十年』103ページ

(22) 岡崎次郎　前掲書　103～104ページ

(23) 牛島春子「物語西田信春」第二部（完）（『風雪』一九六六年一一月二〇日）

(24) 石堂が西田の写真を九州に送付して、「西田」である証言をえた時期について、石堂は『中野重治と社会主義』(203ページ）で、それが「一九五七年三月下旬のことである」として、つづけて「関係者の証言が三回『アカハタ』に掲載された」と記している。『アカハタ』の証言とは、福岡支局、石堂、寺尾としの書いた記事のことであろう。いずれも一九五七年四～七月に掲載されている。石堂が「鑑定書」入手後に九州に写真を送ったとすれば、「鑑定書」入手を石堂から依頼された時期を「一九五八年末か五九年のはじめ」とする岡崎次郎の証言と一年以上の食い違いが出てくる。他方、『中野重治との日々』(81ページ）の「一九五八年九月二二日」欄には、石堂が中野にあてた次のような手紙が紹介されている。

西田の写真を複製して、九州の人々に送ったところ、これは岡にちがいないという人が二人あった。……ひょっとすると埋葬したところもわかりそうで、これは田代君にたのんだ。……

(25) 牛島春子「物語西田信春」第二部（1）『風雪』一九六六年七月二〇日

(26) 牛島春子「未発表手記」『隠された光』159ページ

(27) 牛島春子「物語西田信春」第二部（2）『風雪』一九六六年八月二〇日

(28) 牛島春子「未発表手記」『隠された光』161ページ

(29) 牛島春子「物語西田信春」第二部（3）『風雪』一九六六年九月二〇日
(30) 顕乗寺は浄土真宗本願寺派の寺院で、創建は一六七三（延宝元）年と伝えられる。
(31) 牛島春子「手記原稿」には「帰入無為楽」とある。
(32) 西田が検挙された日を「十一日朝」としていた山岸一章も、石橋無事医師の証言などから、「一〇日午後二時前」説に修正している。（『革命と青春』95ページ）
(33) 山県平「西田を憶う」『書簡・追憶』409ページ
(34) 宮崎栄「久留米の革新運動」54『風雪』第140号　一九七六年七月二〇日
(35) 牛島春子「物語西田信春」第二部（4）『風雪』一九六六年一〇月二〇日
なお、牛島春子「未発表手記」（『隠された光』164ページ）は、宮崎の言として次のように記している。

ひるすこし前宮ノ陣駅に降りると、土手の下あたりに顔見知りの久留米署の刑事が二、三人目立たぬように立っていた。「どうしたとな」とさり気なく声をかけると、「いや、八女郡に強盗が入って、それがこの辺に立ち廻るという情報が入ったけんな」と刑事の一人が答えた。宮崎さんは危ないと思いそのまま久留米に引き返した。

ただし、宮崎栄「久留米の革新運動」（52）では、久留米署の顔見知りの刑事が立っていたという話は一月一一日（最初に実行されるはずだった定期連絡の日）のことで、「八女郡の強盗」云々のことを宮崎が聞いた相手は、久留米署の刑事ではなく、近くで畑仕事中の老人であった、とされている。
(36) 宮崎栄「久留米の革新運動」56『風雪』第143号　一九七六年一一月二〇日
(37) 宮崎栄「久留米の革新運動」57『風雪』第144号　一九七六年一二月二〇日

(38)「福岡中央署で拷問、虐殺されたことが、戦後明らかになる」と、『隠された光』(148ページ)にはある。

(39)石堂清倫『中野重治との日々』12ページ

案内状をもらった岡崎次郎は欠席と返事をし、追憶文執筆の依頼にも応じなかった。岡崎は、次のようにその心境を語っている。

私は、大局において西田と志を同じくしながら、なにもしなかった、なにをする勇気もなかった人間であり、彼から虚無主義者の烙印を押された人間である。そして自己反省からもこの烙印を正当なものと認めざるをえなかった。あの時世に、到底勝てる見込みのない戦いを、ただただ自己の信念から、戦わずにいられなかった西田、彼の無残な死にざまは覚悟の上のことであり、超人的に強靭な精神力をもっていた彼にふさわしい。他人から非情と言われようと、なんと言われようと、私はそう思う。

一九八四年、八〇歳を迎えた岡崎次郎は、身辺を整理したうえで夫人とともに死出の旅に出た。その最期は今だに不明である、という。

(40)一九五九年三月一九日の会合以前にも、一九五八年三月九日に西田の姪高井貞子、石堂夫妻らが集まって「西田の会」を開いている。また、同年一一月二九日には、津本賢秀(西田の従兄弟)をむかえて、いずれも中野重治の家で会合を開いているようだが、それらの詳細は不明である。

(41)石堂清倫『中野重治と社会主義』204ページ

(42)石堂清倫『中野重治との日々』87ページ

(43)西田静子「追憶」『書簡・追憶』446ページ

(44)松下裕『評伝中野重治』336ページ　なお、西田の「死亡確認」文書作成については、中野自身、六三年九月一一日付石堂あてのハガキに「月曜日に砂間に会い……「これこれにより、死亡と推定せざるを得ず」という意味の中央委の書状を……出したらよかろうということになり、その文案を僕がつくり（半ビラ九枚）、砂間にわたし……」と書いている。（石堂清倫『中野重治との日々』22ページ）

西田の虐殺死は判明したが、法的には失踪状態にあり、西田の父の死亡後法定遺産相続のため、西田家から中野に相談があり、結局、中野が執筆して、それを共産党中央委員会名義で発表するように、本部勤務の砂間一良にたのんだといういきさつであった。

2　「屍体鑑定書」――検事・医師の証言

(45) 牛島春子「物語西田信春」第二部（3）『風雪』一九六六年九月二〇日

(46) 牛島春子「追憶」『書簡・追憶』371ページ

(47) 牛島春子「未発表手記」『隠された光』165ページ

なお、牛島らが鑑定書を筆写した時期について、堺弘毅は「顕乗寺を訪ねてからそう日は経っていなかったと思われる」と注記している（『隠された光』167ページ）。牛島らの顕乗寺訪問は一九六〇年一月のことである。しかし、牛島自身は「昭和四十一（一九六六）年の十月半ばに、『風雪』……の編集をしている鳥居重樹さんと九大法医学教室を訪ね、古い鑑定記録を見せて貰うことができました」（「追憶」）と書いており、多田茂治『満州・重い鎖』にも同様の記述があることから、鑑定書筆写は「一九六六年十月半ば」で間違いないと思われる。

(48) 山岸一章『革命と青春』90ページ　なお、同書94ページには「……広重主任検事の談によれば、藤原教授は福岡署で深夜の検屍もしており……」とある。

（49）（50）「そのときの記憶」『書簡・追憶』497ページ

（51）石橋鑑定人は、のちに次のように語っている。

それが東大新人会の共産党員西田信春の屍だったことは、ずっと後で知りました。……ひどい拷問を受けても黙秘をつづけ、しまいに、足を持って階段を上から下まで逆さに引きおろされ、それを四、五回くりかえされたら死んでしまった。それが夜中の午前一時ごろなのに、僕達がよばれて行ったのは十五、六時間もたった午後四時ごろです（治安維持法犠牲者国家賠償要求同盟機関紙『不屈』一九八一年三月号）。

# あとがき

児童文学者川村たかしの大河小説『新十津川物語』の主人公フキは、奈良県十津川村那知合で大水災に遭遇して両親を失い、北海道新十津川村に集団移住した。一家をかまえて開拓に汗を流すフキは、明治二九年の秋に砂川駅の待合室で捨て子を拾い、豊彦と名づけて育てるのである。

豊彦は賢い子であった。小学校卒業後は旭川中学校から一高にすすむ。ボート部に入り、千葉で合宿を終えた直後に関東大震災に直面する。東京帝大を卒業すると、鉄道従業員組合本部の書記となる。学生時代から社会主義（マルクス主義）に関心を深めていた豊彦の周囲に、特高刑事があらわれるようになるが、豊彦は各地のストライキの応援に行ったり、蜂須賀農場の小作争議で演説したりしている。

ある日、豊彦は忽然と姿を消した。

友人たちが彼の消息を探しはじめる。それによると、豊彦はオルグとして九州に入った。九州では豊彦は「坂本」と名のり、律子という「妻」がいた。鐘紡の博多工場に勤めていた律子は、「昭和八年の十一月の初め、久留米から宮ノ陣へ渡る筑後川の橋の上で」豊彦に会っている。律子の友人山崎志緒は、昭和九年四月三十日、天長節の翌日に坂本（豊彦）と別れた、と証言する。「久留米市東《ひがし》町の急行電車停留所の前にいたのを見た人がいます。それが最後になりました」「消えたのです」と。

戦後のある日、豊彦の活動仲間が訪ねてきて、入手した一通の死亡鑑定書のことを知らせるのである。鑑定書の「氏名不詳者の死体」は、昭和九年五月二日に心臓病で急死したが、解剖結果によると胸腺体質によって精神的なショックで死んだらしい。執刀医の話では、私服刑事が、あんまり白状しないから階段を四、五回引きずり上げたり下げたりしたら死んでしまったと話していた、ということであった。

祖先探しにとりくむ（その筆者なりの成果は『父祖たちの風景』として二〇一三年五月に上梓した）なかで、『新十津川物語』に登場する「豊彦」のモデルが西田信春という実在の人物であることを知った。彼は新十津川村で育ち、札幌一中をへて一高から東京帝大を卒業し、青年革命家としての短い活動の末に官憲によって虐殺された。その死の真相は隠蔽され、一九五七（昭和三二）年まで消息不明のままであった。

同じ時期に相次いで虐殺された小林多喜二や野呂栄太郎と異なって無名の活動家ではあったが、同じ北海道出身でありながら西田信春を知る人は、私を含めてあまりに少ないように思われる。

私が西田信春について調べてみたいと思い立った動機の一つはそこにあった。

西田が北九州の久留米市で逮捕され、福岡署で拷問の末に殺害されたのは、一九三三（昭和八）年二月一一日の早朝であった。

すでにその一年半前の一九三一年九月一八日、関東軍は柳条湖事件を起こして満州侵略を強行していた。満州事変の勃発は、西田が豊多摩刑務所に在監中のことであったが、保釈出獄後の三二年三月には「満州国」が建国されている。西田が上京して「三・一五」「四・一六」統一公判対策活動に従事していた時期に、国内では血盟団事件や「五・一五事件」など軍部と右翼の暗躍が激化していた。ドイツでヒトラーのナチス政権が生まれたのは、西田が殺害される直前のことであった。その直後、国際連盟を脱退して「世界の孤児」となった日本は、米英ソ連と対峙しつつ急速に独伊のファシズム権力との連携を強め、朝鮮・満州を拠点にして中国大陸侵略（日中戦争）にのめり込んでいく。

西田信春の最期の時期は、まさに日本が中国侵略からアジア太平洋戦争に至る無謀かつ破滅的な「一五年戦争」に突入した時期であり、軍国主義体制が確立し、天皇制ファシズムが吹き荒れはじめた時であった。社会主義者・共産主義者への迫害はさらに激しさを加え、ついには民主主義や自由主義思想までもが圧殺されていくのである。

戦前において、国家権力が「主義者」を恐れ、激しく敵視した最大の理由は、彼らが「国体の変革」＝「天皇制の打倒」を目標に掲げていたからであった。だからこそ、たとえば水野成夫、是枝恭二、浅野晃ら「解党派」（日本共産党労働者派）が一九二九年に「天皇制の下での社会主義革命」を唱え、また、佐野学、鍋山貞親が獄中で「共同被告同志に告ぐる書」を発表（一九三三年六月）して、天皇制の存在を前提にした「一国社会主義」を主張することによって、権力側からその「転向」を認められたのである。

岩田義道や西田信春、小林多喜二、野呂栄太郎らは、コミンテルンが発した「日本の情勢と日本共産党の任務にかんするテーゼ」（「三二年テーゼ」）の犠牲者であった、ともいわれる。「三二年テーゼ」が侵略戦争反対と絶対主義的天皇制の打倒を掲げており、それが当時の日本共産党の闘争目標とされていたからであった。だが、それはスローガンとして掲げられていたものの、いかにして天皇制廃止を実現するかの戦略も戦術も明示されていなかったし、党自身もその具体的展望を提起することはできなかった。いわばむき出しの裸の宣言に過ぎなかった。歴史的限界があったと見るべきだろうが、少なくとも国民大衆の理解と支持を得ることができなかったのは当然のことであった。

それにつけても西田信春にたいする官憲の陰湿な対応は異常であった。虐殺した屍体は身元不明者として秘かに焼却処分され、埋葬された場所も明らかにされなかったのであった。

私が、「西田信春とその時代」、とりわけ昭和初期の時代背景にこだわって描こうとしたのには理由、動機がある。私自身がその「晩年」を生きる今日の日本の政治状況が、西田の時代ときわめて相似的に映ずることへの危機意識が私のなかにあるためだ。

とりわけ「戦後レジームからの脱却」を掲げて二〇一二年に再登場した保守長期政権の下で、現代的に仮装された「戦前復帰」ともいうべき諸施策が着々と、しかも強行的に押しすすめられている。

国民の「知る権利」など民主主義の根幹を脅かす恐れがある「特定秘密保護法」が強引に国会を通過した（二〇一三年一二月六日。二〇一四年一二月施行）。それは、日露戦争前の軍機保護法やアジア太平洋戦争前の国防保安法に擬せられるほどのものである。

二〇一三年一二月の閣議は、「国家安全保障戦略」を決定した。それは、戦後の歴代保守政権すら守ってきた「専守防衛」を変更して、「積極的平和主義」の名の下に自衛隊の海外での武力行使（すでに一九九一年の湾岸戦争後に成立した国連平和維持活動協力法（ＰＫＯ）によって自衛隊の海外派兵は、ペルシャ湾やカンボジア、インド洋、イラクなどで実施されている）を可能にするものであった。それは、憲法改正とりわけ第九条の削除に等しい暴挙であり、しかもそれを閣議で決定したことは国民主権、立憲主義に反するものであった、といえる。

さらに、保守反動政府は二〇一四年四月、「防衛装備移転三原則」を閣議決定した。それは、「武器輸出三原則」

をなし崩し的に緩和し、「非核三原則」の放棄に道を開く措置であった。同年七月には、「集団的自衛権の行使容認」の閣議決定を強行し、「武力行使三原則」なるものを打ち出した。

こうした一連の流れの先に登場するのが、「専守防衛」に徹してきた戦後の安全保障政策の大転換であった。二〇一五年三月、自公政権は「安保関連法」案の骨格を合意するや、国会審議を待たずに翌月には、それを「日米防衛協力指針」（ガイドライン）の改定に反映させた上で、同年九月、国会において「安保関連法」を強行採決したのであった。それは「集団的自衛権」の行使を可能にする法改正であった。自衛隊活動の地理的制約を撤廃して海外派遣を飛躍的に拡大させ、米軍以外の多国籍の後方支援を地球規模に拡げ、弾薬提供を解禁した。それは、憲法第九条の空文化に他ならない「悪法」であった。安倍晋三首相が「血の同盟」と呼んだ日米同盟は対米従属的に一層強化されていく。「安保関連法」は翌二〇一六年三月に施行された。ＰＫＯで南スーダンに派遣された自衛隊は、現地における武器使用を従来の「自己防衛」だけでなく「任務遂行」にも認められていく。

二〇一七年三月、政府は「組織犯罪処罰法改正案」なるものを閣議決定し、すぐさま国会に提出した。それは、過去に三回廃案となった「共謀罪」の焼き直しにすぎないものであったが、「テロ等準備罪」なるものを新設し、「組織犯罪集団」が「実行準備行為をした段階」つまりは計画段階で処罰できる、というものであった。それは「平成の治安維持法」などとも評されて、国民的反対運動が巻き起こったにもかかわらず、衆院法務委員会の強行採決をへて、五月二三日に衆議院本会議でも強行可決され、翌月一五日、参議院本会議でも可決されて成立した。まさに電光石火の暴挙であった。警察権力による国民監視、捜査権が拡大強化され、国民一人一人の「内心の自由」が侵害される懸念が深刻に拡がっている。

こうした右翼的現政権の諸政策の強行の行き着く先に「憲法改正」（天皇の元首化や第九条改変を柱とする自

由民主党の「日本国憲法改正草案」は二〇一二年四月に発表されている）があり、それはすでに今（二〇一八年八月現在）、具体的日程に上りつつある。

今日の政治状況は、まさに西田信春が生き、そして死んだ昭和初期のそれときわめて類似しているように私には見える。あたかもそれは、現代的装いを凝らしながら、「戦後の終わり」、「戦時体制のよみがえり」を企図しているかのようでもある。昭和の歴史を再検証することは、そうした意味で今日的な課題に繋がるように思われる。

最後になるが、本原稿作成にあたって多くの方々のお世話になった。ここに記録して謝意を表したいと思う。

西田信春の死の真相を明らかにした一九五七～五九年当時の『アカハタ』記事については、高橋哲雄響文社社長を介して日本共産党中央委員会赤旗日曜版編集部の古荘智子さんに依頼した。その結果、共産党本部資料室から当時の『アカハタ』縮刷版からのコピーが送付されてきた。さらに、古荘さんを通じて、石堂清倫が「昭和三一年～三二年四月にかけて『アカハタ』に西田の記事を数回載せてもらった」と記述しているその記事の調査を依頼したところ、党史資料室の橋本伸氏から「『アカハタ』一年四ヵ月分を丹念に調査しましたが、残念ながら発見できませんでした」とのお返事をいただいた。また、牛島春子の『物語西田信春』（第二部）および「未発表手記」のなかに、「昭和三一、二年頃、アカハタに「西田信春について」の記事が載ったが、そこに西田の学生時代の写真と略歴があった」との記述があり、その記事の所在を問い合わせたところ、橋本氏から、そうした記事は見あたらず「昭和三二年二月二五日の『アカハタ』に壺井繁治が「小林多喜二のこと」という一文を書いており、その記事には多喜二の小樽高商入学時の写真が掲載されている」「その記事を西田のものと、記憶違いしたのではないかと考えられます」との丁寧なご教示をいただいた。

私の父方の祖先と同じ奈良県十津川村今西の出身で大阪在住の玉置幸孝氏（詩人で『大阪の文学』主宰者。代表的詩集として『十津川詩集』『青春の悔恨』他、祖先の地十津川村釜中の歴史を描いた『将監の空白』などの作品があり、私はその寄贈を受けた。『十津川詩集』に長詩「西田信春」が掲載されている）から、治安維持法犠牲者国家賠償要求同盟奈良県本部の田辺実会長を紹介された。田辺会長から十津川村小森在住の西田の縁故者三人を紹介いただき、早速それぞれに西田にかかわる質問事項をふくむお手紙を送ったのだが、残念ながらいずれの方からもお返事をいただくことはできなかった。ご高齢あるいは入院中などの諸事情があったらしい。

久留米市立中央図書館にはたびたびお手数をかけた。牛島春子「物語西田信春（第一部・第二部）」（『風雪』掲載）のコピーを送付いただいたばかりでなく、牛島「未発表手記」原稿の所在を調べて下さり、それが野田宇太郎文学資料館（福岡県小郡市）に所蔵されていることを連絡して下さった。野田宇太郎文学資料館の渡邊学芸員と数回の応答を通じて、牛島春子「未発表原稿」（二六八枚）のすべてのコピーを借用し、活用させていただいた。

『西田信春日記』（『北方文芸』）および鈴木孝二「西田信春君を憶う」（『北方文芸』）は、私の長男がそれぞれ旭川中央図書館、函館中央図書館でコピーしてくれたものである。

また、地元長沼町の図書館を介して、苫小牧市中央図書館から岡崎次郎『マルクスに凭れて六十年』を、道立図書館から林淑美『昭和イデオロギー』と高榮蘭『戦後」というイデオロギー』、大西巨人『日本人論争』などの書籍資料を借用した。

私は、二〇一四（平成二六）年六月に新十津川町の西田家の墓や西田信春記念碑を訪ねることができた。その翌年の二月一一日、西田信春没後八二年碑前祭（新十津川町大和、於・西田小公園）のあとに開かれた懇親会で、日本共産党新十津川町議の樋坂里子ご夫妻から西田信春について話をうかがうことができた。さらに詳しい情報を得たいと願いながら、その直後から体調を崩し入院、手術を繰り返す身となってしまったためにその機会を得ないまま現在に至っている。新十津川ばかりでなく、西田にかかわる奈良県十津川村や久留米市、福岡市などの現地を訪ねることができれば、と願っている。

# 巻末資料

## 資料① 「アカハタ」 一九五七（昭和三二）年四月一六日

### 二十数年ぶりに判る
### 故　西田信春氏　虐殺当時　の模様

【福岡発】三・一五、四・一六またそれいご相つぐ弾圧のなかで上田茂樹はじめいくたりかのすぐれた指導者は虐殺されたままどこに葬られたかさえわからなくなっている。西田信春もそのひとり。九州地方で活動中逮捕されたまま、いらい二十数年、歴史の暗黒にかくされた。そのころ西田同志と活動した人たちは敗戦後調査をすすめてきたがこのほどようやく西田同志の活動や逮捕当時のもよう、虐殺責任者の氏名などがあきらかになった。これは四・一六記念日に新たに加えられた先覚者の〝墓碑銘〟のひとつである。

昭和八年二月十一日福岡県を中心に九州六県にわたって共産党はじめ全協、全農全会派、文化団体など五百八名の大検挙がおこなわれた。この検挙で当時共産党九州地方委員会の中心となっていた西田信春氏もとらえられた。

西田氏は奈良県出身、昭和三年東大文学部倫理科卒業後、ただちに無産者新聞の編集部で活動し、四・一六に東京で検挙されたが、昭和七年ごろ保釈出所するとふたたび地下運動に入った。七年八月、九州地方オルグとして派遣され、うちつづく検挙によって破壊された九州の組織の再建にあたった。西田氏（当時、岡、伊藤、坂田などのペンネームをもちいた）を先頭とする活動によって、八幡製鉄所、黒崎窯業、小倉駅、戸畑明治紡績をはじめ、福岡市、早良郡、筑豊、久留米などに組織がつくられていった。

十二月には福岡県船小屋温泉で日本共産党九州地方委員会が確立され、西田、佐伯新一（現在活動中）、脇坂栄（現在活動中）、吉田寛の四氏で九州ビューローがつくられた。翌八年二月十日夜、西田氏は福岡市箱崎の学生アパートのアジトでの会合に出席した。翌十一日は九州地方委員会書記局会議がひらかれるはずで、西田氏は同日朝十時に市内呉服町で前記の佐伯新一氏と連絡をとることになっていたが、この連絡には姿をみせず、以来同氏の消息はまったく不明となった。

箱崎の会合に出席し、十一日朝検挙された紫村一重氏(直方市在住、現日農統一派福岡県連副会長)がその後ある機会にみた検事調書には「二月十一日久留米市花畑付近で検挙、福岡署にうつさる。二月某日福岡署で取調べ中心臓麻痺で急死、氏名、年令、住所など全然不明、ただ通称岡または伊藤」とある。これが西田氏関係の調書とみられ、取調べには最後まで黙秘をつづけ警察の拷問にたおれたものと推測されている。

最近、自由法曹団諫山弁護士(福岡市)が西田氏について調査を要求したのにたいして、警察は「関係書類は火事で焼けた」とこたえている。西田氏の死体は福岡市のどこかの無縁墓地にうめられているはずだという。なお昭和八年二月十一日の大検挙を指揮したのは青柳福岡県警察部特高課長、百武警部、河野警部補、中村巡査部長で、西田氏を逮捕あるいは尋問したものはわからないが、これらの警察官は真相を知るものとみられる。また二月十一日事件の係検事は広重思想係主任検事、裁判長ははじめ井上判事、つぎに衛藤判事だった。

佐伯新一氏(戸畑市在住)は西田氏について次のように思い出を語った。

「坂田さんは三十才前のヤセ型の人で、いつも折目のついた洋服で服装にも細心の注意を払い、厳格な人だった。しかし私が福岡に泊るとき、アジトに不寝番のピケをたててくれるほど細かい思いやりのある同志だった」

## 資料②　「アカハタ」　一九五七年五月七日

### 同志西田信春のこと　　石堂清倫

四月十六日付「アカハタ」は西田信春が昭和八年二月福岡の警察で殺された事実を確認した。私たち在京の友人は、昭和七年七月いらい彼の消息を知ることができなかったので、この間の事情を明らかにして下さった九州の同志諸君に深く感謝する。

西田の革命家としての生涯については、これまで記録がなく「解放のいしずえ」にも記事がない。いまのうちにできるだけ事実をあきらかにしておくのは、私たち残ったものの義務であると思うので、とりあえず私自身の知っていることを述べておきたい。

生年は一九〇四年(ことによると一九〇三年)、出身は北海道の新十津川村、第一高等学校文科を経て、大正十三年に東大文学部倫理学科に入学、昭和二年に卒業している(「アカハタ」が三年としているのはまちがいである)。新人会に加入したのは大正十五年はじめであったかと思う。そのまえから東大学友会社会科学研究部の哲学研究会などに参加していた。大正十五年四月から森川町一番地の新人会合宿に入った。学外では大衆教育同盟の活動に参加した。卒業後、全日本鉄道従業員組合の書紀となり大森区の馬込谷中に私とともに住んだ。秋になって、野方村(いまの中野区大和町)にともに移転、組合では山田春男という名前をつかっていた。

昭和二年一月に西田は一年志願兵として入営、翌年除隊して、無産者新聞の編集に参加し、四・一六で検挙された。昭和七年出所後中野重治(当時入獄中)の留守宅で世話になっていたが、七月下旬に姿を消した。これからあとのことがこれまで一切不明であった。「アカハタ」によると九州地方ビューローの責任者として活動し、翌八年二月の九州地方の一斉検挙で捕えられ、やがて殺されたわけである。

一高のボート仲間がときどき合宿にやってきた。高校以来村山籐四郎、園部真一から影響をうけたようにいっていた(ともに故人)。新人会当時はかなり知人があったはずである。大衆教育同盟、鉄道従業員組合、四・一六直前の無産者新聞、九州の組織の関係者諸氏の協力によれば、もうすこしいろいろのことがわかるのでないかと思われる。私的には私のほかに中野重治、原泉子夫妻と関係がふかい。馬込の合宿には合計五名いたが、そのうち岩田義道と西田と二人まで敵の手にかかったわけである。

彼の執筆したものは、卒業論文(マックス・シェラー論)くらいなもので、学生運動や従業員組合の機関紙に多少書いたものがあるはずだけれども、いまのところわからない。

　西田はだれ一人かれを敬愛しないものがないくらい立派な人であった。男らしいという言葉がだれよりもあてはまるようなところがあった。いそがしいうちにもよく勉強した。よく人の意見をいれ偏見というものはもたなかった。四・一六直前に在監中の党中央部の人との面会にしげしげと通ったことは私信でわかっていた。（中央機関紙編集委員）

## 資料③　「アカハタ」　一九五七年七月一日

### 西田信春のこと　――戦前の活動家の思い出――

東京　寺尾とし

◇四月十六日のアカハタで、ながねん心にかかっていた西田信春氏の消息がわかり喜んでいたところ、また五月七日の同紙上に石堂清倫氏の「同志西田信春のこと」という記事がのっているのをみて、わたしも西田氏としたしかった一人として書いてみることにしました。
◇私は四・一六事件の保釈者の集会の時にはじめて西田氏とあいました。それ以来姉弟のようにしたしくまた同志として信頼しあう間となりました。四・一六の公判が近づくにつれて外部の被告会議がたびたび開かれました。当時の保釈出所者はほとんどが弱かったので、非合法の党としては一応保釈の全被告の党籍をご破算にして、あらたにそのなかに三人でグループを組織し、わたしがキャップとなり、西田氏と竹内文次氏が入って毎日わたしの家で顔をあわせて協議をしたのでした。仕事が順調にすすんだのも西田氏とコンビで活動できたからだと思っています。わたしが接した多くの同志のうちでも、彼はほんとうに得がたい同志でした。
◇一九三一《ママ》年七月五日の求刑で公判闘争も一段落となり、わたしと竹内氏は岩田義道氏のもとで公判対策の仕事を命ぜられ、西田氏は他の仕事についたのでめったに顔をあわせることもなくなりました。それでもときどき服装のことで相談を受け、ジュバンや浴衣や袷（あわせ）をつくっては街頭で彼にわたしておりました。
◇さいごにあったのは一九三一《ママ》年十月二十九日の夜でした。ちょうどその翌日が熱海事件で、わたしが連絡を受持っていた岩田義道氏も捕えられて虐殺され、他の多くの同志も検挙されたのです。神田のある洋食店で別離の夕食をともにした時、「君ともいよいよお別れだなァ」としみじみいった彼の言葉をいまでも忘れません。
◇翌日、熱海事件の記事が新聞にでると、わたしはむさぼるように西田氏の名をさがしました。彼が神田で「重要な会議に出席してから九州へいく」といったので、それが熱海会議だと思ったからです。しかし彼の名がなかったので「うまく逃げのびて九州へいったらしい」と安堵しました。
◇三十六年ぶりに同志たちに消息が知れて、きっと彼も冥することでしょう。西田氏を知るしたしい友人知己が一度あつまって、思い出の会でもひらくことができたら、地下の彼はどんなによろこぶことでしょう。

## 資料④　「アカハタ」　一九五九年二月二〇日

### 西田信春をしのんで　石堂清倫

二月十一日西田信春の旧友二十四名が集まった。遠くにいたり、所用でどうしても来られない人びとはどれだけ心のこりであったかと思われる。

一九二五、六年ころからマルクス主義者となり、一九二九年に共産党員となった西田は、一九三三年二月十一日九州地方オルグとして福岡警察署内でころされた。四・一六事件での警察や法廷での西田の態度はみごとなものであった。ころされたときも、いっさいの陳述を拒否したそうである。

二十四名の人びとが西田について述べたことはすべて一致していた。しかし私にはそれをつたえる力がない。西田は頑健で素朴であった。非常な勉強家であったが、理論をてらわなかった。どんなときにも休息も後退もせず、鷹揚《おうよう》に、しかも剽悍《ひょうかん》に前進した。中野重治は「小説の書けぬ小説家」のなかで、田川栄助（西田）が、あらゆる点で中野のどの知合いともちがっていること、どんなにかれのことを説明しようとしても、豪傑になるかカリカチュアになるおそれがあるとなげいている。

私はこの中野の言葉に完全に同意する。前にも後にも西田のような人はいなかったから、あの中野でさえ西田をえがくことが困難であったのだと思う。

あつまった二十四名には共産主義者もあればそうでないものもある。しかしすべての人が西田をつうじて一つであると思われた。三十年の歳月はそれをあらためて感じさせた。共産主義者とはどんなものであるかときかれたら西田のような人だとこたえてよいように思われる。

あつまった人びとの息子や娘は、西田や私たちがいっしょにはたらいていたころの年配に近づいている。これらの息子や娘たちに、私たちは真実の人間、真実の共産主義者西田を語りついでいきたい。

この会合のメンバーを二度と集めることはできないであろう。私たちは去りがたい思いをのこして、おそくなって解散した。

西田は獄中からの手紙をいくつかのこしている。その出版には既知・未知の方々の協力をお願いしたい。また西田の生涯の事実についてはまだ不明なことがのこっている。かれを知るすべての人びとに、大小となくかれについての記事を送って下さることを、かさねておねがいしたい。（評論家）

西田信春同志は一九〇三年一月、北海道樺戸郡新十津川村橋本に生まれた。本籍は奈良県吉野郡十津川村小森である。札幌一中、第一高等学校を経て東大文学部倫理学科を卒業。東大在学中は新人会会員であった。一九二七年大学卒業とともに全日本鉄道従業員組合本部で山田春男の名で活動していた。

かれは九州で活動中、一九三三年二月十一日以降消息を絶った。だが、かれの父母や親族友人は、戦後になってもかれが生きているのではないかとの淡い希望をもっていた。

二月十一日の「西田信春をしのぶあつまり」は、一昨年、アカハタで西田同志が福岡警察署で虐殺されていたことを報道してから、はじめての「旧友のあつまり」であった。当日は西田同志の書簡集の出版と「無名戦士の墓」に合葬手続きをとることなどが話しあわれた。

## 資料⑤『風雪』

一九六七（昭和四二）年七月二〇日

### 『物語西田信春』を読みて　寺尾とし

本文は『伝説の時代』の著者寺尾としさんが、牛島春子さんの労作『物語西田信春』を読んで、なつかしさのあまり、西村桜東洋氏に寄せた手紙である。西村さんが、寺尾さんの了解を得て掲載することにした。

一昨夜からすっかり風邪を引きこんで閉口しています。ここ数日来こちらは冬の逆もどりで雪が降ったり一〇センチも練馬で積もったという馬鹿陽気です。あなたは旅のつかれも出ないで元気ですか。

〝風雪〟を早速送って下さってありがとうございます。物語『西田信春』は、むさぼるように読みました。西田の面影、人となりがホーフツとしてなつかしくうれしく存じました。そして西田が沈黙を守って死んでいった気持がよく理解されました。そして尊敬の念を一層深めております。

私たちが保釈になって間もなく、四・一六公判の被告会議の中にグループが結成され、私がそのキャップに任命され西田と竹内という二人の男性に紹介されて三人で毎日グループ会議を開き、私が党（そのときは松尾茂樹）と連絡をとって指導されたのでした。

私はその時はじめて西田を知ったのです。あの物語の中にも出てくるようにほんとうに信頼できるいい男でした。お互に保釈になった理由などを話し合ったとき西田は如何にも口惜しそうに私にこう言いました。

「我々平党員は少し退いても外に出るという方針だと友人が教えてくれたのでそれが党の方針だとばかり思って自分も保釈になってきたのだったがそんな方針は間違い

であったと聞かされて、ほんとうに馬鹿を見たと悔んでいる」と。

その時から彼にはこんど捕ったら立派に党員としての義務を果そうという決意があったと私は信じている。

彼はどんなつまらぬことでもよくやった。女のキャップの下で私を対等に見てどんな犠牲も惜しまなかった。公判闘争が終って被告会議は一応解かれることになったとき、当時私と連絡をとっていた岩田義道が四・一六事件の被告の各々の傾向をくわしく聞いたことがあった。

私は西田を絶賛して推選《ママ》したものである。西田は仕事の面で親しかったばかりでなく、ほとんど私のところに来て食事をしたり泊って行ったりしたので、個人的にも大変親しかった。

彼の姉さんが私の郷里に近い村に嫁いで姑とのいろいろ複雑なことがあり井戸に投身して死んだというプライベイトの話しさえも打ち明けてくれる間柄であった。

私は彼が好きだった。彼も私がいやでないことは一年余りの交りの中でわかっていた。しかし二人ともそれは口にしないままに別れてしまったのである。今でもそれは悔まれる一事なのだが――。

岩田は私を信じていてくれたので、私の推選の西田を九州地方の党の責任者として派遣したのであろう。それと決った少し前頃から、和服の縫える私にいろいろな着物を依頼するようになった。かなり上等ものばかりだったから、いよいよ重要な非合法活動に入るのだなと直感した。私は彼のためにいろいろとデパートで見つくろってきた反物を仕立てては街頭連絡で二、三回手渡した。いつも京橋方面だったからその方面に住んでいたのかもしれぬ。ある夜彼は「近く自分は九州方面へ行くことになったから当分逢えない」といった。その頃どこへ行くということなどは口にしてはならぬ頃だったから私は彼にこうまで信頼されているのかとうれしかった、それで日を定めて二人だけで別離の夕食をしたのである。レストランを出て左右に別れる時、彼と再び逢えるかどうかわからないと思って胸が痛かった。「元気でね」と固い握手を交わしたとき彼も同じ思いのようで思わず手に力が入った、今でもその時の手のぬくもりを覚えている。

私が戦後、誰よりも逢いたいと思ったのは、西田であった。

彼の親友だった谷川さんに聞いて見たが「どこにも彼を見た人がないところを見るとソヴィエートへでも渡ったのじゃないか」という返事だった。まさか福岡の留置場で殺されていたとは夢にも知らなかった。

彼の親しい友人で彼が東京を去るとき最後に逢ったのは私一人でないかと思っている。私はその時のことを一生忘れないであろう。

〝風雪〟は四一年の十月二〇日附までしかないので、「西田信春」の物語は未完で終っている。その後の号もあったらぜひ送ってほしい。

西田と私と二人だけの心に秘めた感情は、三十数年の今日も私の心の奥深く大切にしまってあるので彼のことは何でも知りたいと思います。

ボツボツ〝伝説の時代〟の後編にかかりはじめました。大事業のような気がします。ではくれぐれもお体を大事に。

# 付記

この原稿は未完である。いわば第一次原稿にすぎない。私の力不足、時間不足の故であるが、公表に値するものではない。「私家版」として記録にとどめる所以である。

闘病しながらの約三年間、西田信春に関する書籍や資料などを渉猟しながら、私なりにその生涯を整理してみたが、それは表面的なものに過ぎず、私自身の思索や分析などはほとんど書けていない。時代背景の説明にしても上っ面をなぞった程度で、深みに欠けると自己認識している。

何よりも最大の欠陥と考えていることは、西田とその死に繋がる縁故者や関係者を発掘し訪ねることがほとんどできなかったこと、そして、十津川村、新十津川町、小学校から東大に及ぶ諸学校、九州の久留米市や福岡市など、現地に足を運んで関係者の証言をあつめたり、新たな資料や情報を入手したりして、原稿の裏づけ作業をおこなう身体的・時間的余裕がまったくなかったこと、である。

私にとっては、それは残念至極のことで心残りではあるが、人生の終末期に入って一つのテーマを与えられ、それが「生きる力」となってきたことは事実である。不完全とはいいながら、私のおそらく最期の作業の結晶にはちがいない。願わくば、私に繋がる誰であれ意志ある者が引き継いで、可能なかぎりこの原稿を継承保存してくれることを願っている。

二〇一八（平成三〇）年九月

上杉朋史

# 解説

荻野 富士夫

## 執筆の経緯

二〇一三年五月に上梓した『父祖たちの風景』(響文社)の資料・文献収集と執筆の過程で、著者上杉朋史氏は自らの父祖のルーツである奈良県十津川・北海道新十津川につながる西田信春の存在を知った。直接的には奈良県五條市出身の児童文学作家川村たかしの『新十津川物語』に登場する「豊彦」との出会いからであった。『新十津川物語』の最終巻『マンサクの花』には一九六〇年の「小さな弔い」として、豊彦の告別式が描かれた。育ての親フキは「豊彦は、おれの磁石やったの。日本中を飛びまわったあげく、気がつくと神さんになっていた。神さんやさけ、おれが生きとるかぎり、あれも死なん。」、「じゃあけんど、豊彦の命をねじ切ったやつを、おれは許さんぞ。だれがなんといおうと、こらえたるわけにはいかん。」と語る。この場面に著者は触発されたことだろう。

「同じ時期に相次いで虐殺された小林多喜二や野呂栄太郎と異なって無名の活動家ではあったが、同じ北海道出身者でありながら西田信春を知る人は、私を含めてあまりに少ないように思われる」(「あとがき」)ことが、上杉氏を『父祖たちの風景』につづくもう一つの「祖先探し」に駆り立てる動機となり、原動力となった。

二〇一四年六月に新十津川町の西田家の墓や西田信春記念碑を訪ね、翌年二月一一日の西田信春没後八二年碑前祭と懇親会に参加する頃から、上杉氏の西田探訪の情熱は高まり、資料収集（ご家族の支援も受けながら）と評伝の構想を固めることに力を振り絞ったと思われる。それは「体調を崩し入院、手術を繰り返す」状況と重なりながら、おそらく「人生の終末期」という自覚を抱きつつ、この探訪を「生きる力」とすることで三年ほどの執筆期間をへて、二〇一八年九月、原稿『甦る死――西田信春とその時代』を完成させた。そして、その直後の一〇月一一日、死去された。享年七五歳であった。

文字通り遺稿として原稿は残された。著者自身の「付記」によれば、入退院を繰りかえすなか、十津川村から東京時代、そして九州の久留米市・福岡市などの現地に足を運び、関係者の証言を自ら集めることができなかったこと、すなわち「原稿の裏づけ作業をおこなう身体的・時間的余裕がまったくなかったこと」を大きな悔いとしながらも、「私のおそらく最期の作業」を結晶させた。本書の刊行により、「私に繋がるものが誰であれ意志ある者が引き継いで、可能なかぎりこの原稿を継承保存してくれることを」という希望が、完全ではないにしろ、実現をみたことになる。

## 西田への親愛と現代的状況との対峙

体調の不良と日々向き合いつつ、大きく二つのことが、上杉氏を初めての西田信春評伝の完成へと衝き動かした。一つは西田への深い親愛の情であり、もう一つは西田の虐殺死を甦らせることにより、現代の政治・社会状況と鋭く対峙させたいという強い思いである。

本書のなかで直截に西田への親愛を吐露した箇所はないが、全体を通じて淡々とした平明で冷静な筆致ながら、西田の人間性から醸成される魅力に惹きつけられていたことは十分にうかがえる。おそらく著者はまず石堂清倫・

中野重治・原泉編『西田信春書簡・追憶』（土筆社、一九七〇年）を読み込むことによって、西田信春の輪郭をつかむと同時に、その温かで豊かな人間性に魅了されていったのではないだろうか。

同書「この書の刊行について」には、西田を含む日本共産党の殉難者について「二つの型」がみとめられるとして、「多くの述作、すぐれた書きものを残して、死後もその業績のそれと辿られる人々があり、他方それと並んで、格別の述作の暇もなく、からだそのものを動かして生涯を終えた人々があります」と記されている。小林多喜二や野呂栄太郎は第一のタイプに属し、西田は「第二のタイプ」に属するが、そもそも中野ら編者が西田の生きた足跡をまとめたいと考えたのも、単に「第二のタイプ」を掘り起こして記録に残すだけにとどまらず、書簡や西田と接する人々が一様に受け取ったその優れた人間性に発するものを共有したいという、友情を超えた親愛からであった。それは著者自身もすぐに感じとったと思われる。

その西田の人間性に発する魅力とは、『西田信春書簡・回想』の書評として小田切進が書いた次の文章に、的確に表現されている（「西田信春の本のこと」、『群像』一九七一年二月号。なお、著者はこの書評を「巻末資料」の一つとして収録する意向だったが、本書では都合により割愛した）。

> 西田の手紙を何通か読むうちに、西田の人がら・人となり・ものの考えかた・革命家として、人間としてのすぐれた性質というようなものが、強くにじみ出ていてわかってくる。一人ずつの回想文はまったくバラバラでしかないが、どの文章もが同じ一つのことを語っている。西田とほんの一時期しか交渉をもたなかった人たちにまで、西田がすぐれた人物だったこと、それだけでなくおだやかな、やさしい、立派な人間だったということである。……四十名の大多数の人たちがこの本に具体的に書いているそれぞれの時期の西田の

姿は、まさに西田が右に述べたような、稀にしか存在しない卓抜した人物だったことを明らかにしているのである。西田を知った人たちすべての人の胸の中に、西田は今も生きている、という言いかたが少しも言いすぎにならないと思う。一通ずつ、一編ずつがまったくバラバラなのに、全体を読んでいくと、西田がどんな人で、どう革命運動に近づいていったか、なぜ入党し、逮捕されてからどう闘ったか、革命家として、人間としてどうすぐれており、なぜ多くの人たちの胸の中に今も生きているのかまでが、鮮やかに浮かびあがってくるのである。鮮烈な印象がきざまれていく、というのはこういうことを言うのだろう。

西田の獄中書簡は、家族への素直な慈愛に満ち、独房から感じるわずかな季節のうつろいにも鋭敏で、時にユーモアにあふれており、文学的ないし思想的な作品として多喜二の獄中書簡を想起させる。たとえば、一九二九年一一月一三日の妹西田静子宛の市谷刑務所からの書簡より、著者の引用（本書119頁）につづく部分を引く。

僕はこゝへ来てから僕を小さい時から可愛いがつてくれ、そして僕の欲するがまゝに、本当に自由に、不平がましいこと、干渉がましいこと何一つ云つてくれるでもなく、勉強させてくれ心から僕を信頼しきつて居て下さつた父上の恩をつくづくと顧みて、自身の幸福であつた過去についてどんな言葉を以て報ゆるかを知らない。而も僕が長い年月の学問的結果が導いて行つた終局的な決意、理論は、悲しくも、かくも愛する父上に大きな悲歎を以て報ゆると云ふ結果を生んで了つたことであつた。真面目に生きる人には親を愛すると云ふことさへも許されない社会制度を更に更に深く心に銘じなければならないのです、そしてこのことは此等凡てについての何の理解もないどころか反つて反対に極めて保守的の傾向の強い郷里や又年も次第にとられ時々は病さへもが訪れる父上の身を思ふ時には更に切なるものがある。……

寒く曇り沈鬱な冬の来たことをしみじみと知らせるやうな日が毎日とつゞき、又冷い雨に終日暮れる日が二三日もつゞいて、青桐の葉が真先に枯れ、銀杏の葉が風なきに散る、冬が来たのだ

とともに、西田の虐殺死に対する上杉氏の静かで深い憤りが、「甦る死」と題した終章の「屍体鑑定書」の徹底した検証となり、西田を現在の政治・社会状況と対峙させるためにも、今こそ西田をその死から甦させねばやまぬという気迫を奥深く秘めた叙述となった。

上杉氏が原稿の副題を「西田信春とその時代」としたのは、「今日の日本の政治状況が、西田の時代ときわめて相似的に映ずることへの危機意識」にもとづいている。著者がこの西田評伝に取りくみ始めた時期は、「右翼的現政権の諸政策の強行」が露わになった段階と重なる。著者は「あたかもそれは、現代的装いを凝らしながら、「戦後の終わり」、「戦時体制のよみがえり」を企図しているかのようでもある」と鋭敏にとらえ、特定秘密保護法、安保関連法、そして共謀罪法の強行採決という現実政治の進行にも追い立てられるようなかたちで、本書の完成に全力を注がれた。「昭和の歴史を再検証することは、そうした意味で今日的な課題に繋がることのように思われる」という確信が本書を貫き、西田をその生きた時代のなかに浮かび上がらせた。

## 本書刊行の意義

本書刊行の意義は、何よりも西田信春についての本格的な評伝の出現ということである。前掲『西田信春書簡・回想』は直接的に西田の思想と行動、その人間的魅力を伝えるものとして今後も不可欠なものとしてありつづけ

るが、これまで西田に関してはいくつかの簡略な紹介や小伝にとどまっていた。それは、今まで西田が前述の「第二のタイプ」に属すると考えられていたことと、やはり消息不明として九州時代の活動が唐突に断ち切られたことが大きかった。西田の親族や学生時代の友人、社会運動を展開するなかでの同志たちに深い印象を刻みつけながらも、それらは証言・回想として限られた範囲にしか知られてこなかった。

本書は、西田の誕生から虐殺死とその真相の解明まで、活字として残された証言・回想類を博捜し、断片的なピースを組み合わせる作業を丹念に精密に繰りかえし、その生きた政治・社会状況のなかに再現させることによって、ほぼ現在において考えられる限りの完成度をもって西田の全体像をつくりあげた。

その方法はオーソドックスな実証主義に貫かれている。それは、前著『父祖たちの風景』において実践されたものを踏襲したといってよい。同書「あとがきに代えて」には「遥かに遠い十津川郷の特異な歴史と血を受け継ぎながら、それぞれの時代を民衆の一人として生き、そして死んでいった祖先たちの存在（生きた証）を子孫の一人として次の世代に伝え残すことは、一つの「義務」であるとも思う」とあった。西田信春も「民衆の一人」として生き、死んでいった存在であり、とりわけその特異な死が、西田自身の生き方によって、また特高の暴虐によってもたらされたことを伝え残すことを著者は自らの「責務」とした。

『西田信春書簡・回想』の各書簡・回想によって造形されてきた西田の原型に、本書で新たな肉付けをした重要な資料群は西田自身の「日記」と、九州時代の牛島春子の文章である。前者は札幌一中時代のもの（北海道民衆史道連パンフレット『新十津川アイヌ強制移住事件』中の「反戦弾圧犠牲者「西田信春碑」」で紹介）と東京帝大時代のもの（前半部のみ『北方文芸』第五六号～五九号所収）で、書簡以外に西田の思想形成を垣間見せてくれる数少ない貴重な肉声となっている。

東京帝大時代の「日記」を抄録した後、著者は「あらゆる社会からの拘束力を焼き尽くすような「熱烈な恋」を夢想する青年だった」、「日常生活のなかでしばしば友人たちと花札につきあったり、煙草やビールを喫することもあり、蹴球見物や築地小劇場、歌舞伎座に行くこともあったようだ」などと、その青年らしい生活ぶりに目を向ける。一方、「明らかに西田の読書（思想）傾向はマルクス主義、唯物史観の方向へすすんでいると見ることができる」とするほか、多くの講演を聞くなかで、それが「連続して農業問題の講演会に集中している」ことに注目し、「西田の意識が農業問題に向かっていたのだろうか」と推測する。

えてして「日記」などの読解では行間の意味を過剰に読みとってしまいがちだが、著者は行間の意味も含めて抑制的に読みとることで、西田の等身大の実像に迫っている。

もう一つは、西田の九州時代の活動と死の真相に迫るために不可欠といってよい「牛島春子が西田信春とともに活動した半年間、さらには戦後になって西田の消息を探索した経緯を追った文章」（第四章注）の活用である。具体的には牛島「物語西田信春（第一部・第二部）」（『風雪』掲載）と牛島「手記原稿」（野田宇太郎文学資料館所蔵）を取り寄せ、それらをさまざまに錯綜する九州時代の西田周辺の人々の証言・回想のなかで基軸に据えた。堺弘毅編著『隠された光』に一部収録された牛島の「未発表手記」も利用している。

たとえば、次のような九州時代の党地区委員会の再建に奔走する西田（ここでは「坂本」を名のる）をめぐる「三人娘」の活写は、限られた証言・回想を読み込んだ上杉氏の再現力の豊かさと確かさをよく示している。

> 坂本をとりまく三人娘の誕生である。春子（つねちゃん）は坂本の秘書、律子（まあ公）は鳥飼の坂本のアジトに同居、梅香（ミネコ）は市バスの車掌として活動することになるが、それまでの約一ヵ月間、坂本・

律子「夫妻」の妹ということで鳥飼のアジトで三人暮らしをしていた。武田千代は鐘紡博多工場にもぐり込んだ。春子はその後、西公園下の伊崎浦に下宿を移すが、春子と梅香は坂本のアジトに出入りすることを許されていた。

また、「西田信春の逮捕にいたる経緯」や消息不明となってしまった西田について戦後の探求の軌跡、そして「氏名不詳傷害致死被疑事件鑑定書」という「屍体鑑定書」の検証も可能な限りの周到さでなされている。「屍体鑑定」にあたり、官憲の「威圧的な態度」の下でおこなわれたことや「足を持って階段を四、五回上下したというのに、頭部や顔面に小さな表皮剥脱が残るのみとされていたこと」などを指摘して、この「鑑定書」への信憑性について「疑問なしとしない」という判断を下すのは、きわめて順当である。

## 中野重治「雨の降る品川駅」をめぐって

第三章において、「5　君主制をめぐって――「雨の降る品川駅」問題」について著者はかなりの分量を割いて論じている。その手がかりは一九三一年五月二〇日付の中野重治宛の「君の詩――それについて君自身拙かつたと云ふのを聞いたのだつたが、その理由を僕は聞かなかつた――も当時吾々の間に残つてゐた政治的誤謬の一斑――コムニストたるものが恰もモナーキーの撤廃にのみ狂奔する自由主義者の態度を示した――を示していたのではなかつたらうか」という西田の獄中書簡にあったが、著者はここから西田評伝のやや外側に踏み出し、「君主制」撤廃のありように食い込んでいった。

これまで中野の「雨の降る品川駅」については、その「日本プロレタリアートのうしろ盾まえ盾」をめぐる論議に集中してきた感がある。しかし、上杉氏は西田の「恰もモナーキーの撤廃にのみ狂奔する自由主義者」の「政治的誤謬」という推測を手がかりに、中野の「描かつた」という自己批判の内実に迫っていく。

西田の推測について、「「君主制の撤廃」はブルジョア民主主義革命における重要目標ではあるが、それにかまけて社会主義革命の展望（課題）を見失ってはいけない、という意味であろう」とする判断は的確であり、治安維持法体制下における「君主制」を再考するうえで重要な論点の提起となっている。また、「天皇暗殺」＝テロリズムの問題について、「見当違いの文面」などとする先行研究を批判して「西田はモナーキーの撤廃にのみ狂奔する」態度を批判したのであって、「撤廃を戦略目標とすること」を批判したわけではないと論じることも首肯できる。

「日本プロレタリアートのうしろ盾まえ盾」の文節については、「朝鮮プロレタリアートを日本プロレタリアートの露骨で一方的な「弾よけ」ないし「先陣・しんがり」部隊の意味に解釈することは適切ではないだろう。しかし、「プロレタリアートの国際的な連帯式の表現」とか、「朝鮮人民と日本プロレタリアートは相互にうしろ盾になったりまえ盾になったりして共に闘おうというインターナショナルな精神」を謳っている、などといった解釈にも無理がある」としたうえで、「共通の敵日本帝国主義と闘おうというプロレタリア国際主義と、「民族エゴイズムのしっぽのようなもの」の両方を包みこんだ表現であった、といえるかも知れない」と述べている。中野の詩作とその改訂の経緯を詳細に分析し、それぞれの政治・社会状況のなかに位置づけることによって導かれたこの見解は、大いに示唆に富んでいる。

## 本書刊行の経緯

私は生前に著者と面識をもたなかったものの、上杉氏の友人松元保昭氏を通して『甦る死――西田信春とその時代』の原稿を読む機会を得た。それまでに『西田信春書簡・回想』により、書簡の卓越さと親族や友人らの証言・回想によって造形される西田の人物像の豊かさをいくらかは理解してはいたものの、この上杉氏の原稿の通読によってはじめて西田の思想形成や虐殺死をめぐる真相の究明を具体的かつ鮮明につかみ得た。すぐにこの原稿を刊行すべきと確信した。

小林多喜二と生没年・北海道での思想形成という点で重なりあうことも、西田への親近感を増した。大学卒業後、労働運動に入っていった西田はおそらく多喜二と知り合う機会はなかったと思われるが、『一九二八年三月十五日』や『蟹工船』で一躍プロレタリア文学の旗手となった多喜二を、西田は敬意と同郷の親しみをもって眺めていただろう。それぞれの獄中生活が重なることもあって二人は邂逅する機会もなかったはずだが、たとえば中野重治やその妹中野鈴子（ともに鈴子宛の獄中書簡がある）を介すると、多喜二と西田はかなり近いところに位置していたといえる。また、西田は岩田義道とは一時期いっしょに暮らした。また、野呂栄太郎とも面識があった可能性がある。

ともにほぼ同時期に相次いで特高警察の犠牲となった岩田・西田・多喜二、そして野呂は、同じ政治・社会状況のなかで変革の意志をもちつづけ、それゆえに理不尽な死を強要されたといえる。岩田とともに文筆によって世に立つことのなかった西田を、しかも現代の政治状況と対峙させつつ甦らせたいという上杉氏の意図を実現させるためにも、この原稿は書籍のかたちで世に問う必然性があると考えた。

具体的な出版への手順については、この方面で豊富な経験とノウハウをお持ちの藤田廣登氏と、著者の古くからの友人である松元氏にご相談することとした。幸に治安維持法犠牲者国家賠償要求同盟の全面的なご支援も得ることもできた。

ただし、上杉氏に二つの点でご寛恕を請わねばならない。まず、現在の出版状況と刊行後の販売・頒布状況を考えると、もとの大部の原稿のままでは困難と判断し、主に第一章と第二章の時代状況について叙述している部分を中心に、全体として約二割の圧縮をおこなったことである。それは、上杉氏の意図する「西田信春とその時代」を描こうとされた部分の割愛ということになり、断腸の思いであるが、全体を勘案してそのような決断をした。それに加えて、著者の予定されていた書名を『甦る死――西田信春とその時代』から『西田信春――甦る死』に変更した。これも西田信春の名を真正面に掲げるという判断による。

●著者紹介

**上杉朋史**（うえすぎ・ともし）

1943年2月、北海道札幌郡琴似町に生まれる。1966年、北海道学芸大学札幌分校（現・北海道教育大学札幌校）を卒業する。同年より37年間、北星学園男子高等学校（現・北星学園大学付属高等学校）で社会科教師をつとめる。2003年に同校を退職。

2018年10月11日、本書を執筆直後に死去。

著書に『父祖たちの風景』2013年、響文社。

**西《にし》田《だ》信春《のぶはる》**　——甦《よみがえ》る死《し》——

定価は裏表紙に表示

2020年2月11日　初版

---

著　者　上《うえ》杉《すぎ》朋《とも》史《し》

発　売　株式会社　学習の友社

〒113-0034　東京都文京区湯島2-4-4

平和と労働センター・全労連会館5階

TEL.03-5842-5641　fax.03-5842-5645

郵便振替　00100-6-179157

制　作　株式会社　プラス・ワン

印　刷　モリモト印刷株式会社

---



ISBN 978-4-7617-0716-3